Genehmigte Lizenzausgabe für Verlagsgruppe Weltbild GmbH,
Steinerne Furt, 86167 Augsburg
Copyright © 2009 by Flechsig Verlag in der Verlagshaus Würzburg GmbH & Co. KG, Würzburg
Umschlaggestaltung: Uhlig, Augsburg / www.coverdesign.net
Gesamtherstellung: Offizin Andersen Nexö Leipzig GmbH, Zwenkau
Printed in the EU
ISBN 978-3-8289-0917-5

2013   2012   2011   2010
Die letzte Jahreszahl gibt die aktuelle Lizenzausgabe an.

Einkaufen im Internet: *www.weltbild.de*

WIDMUNG

*Dieses Buch ist Herrn Georg-Hinrich Kuhlmann
gewidmet, ohne dessen Initiative und aktive Mithilfe
dieses Werk nicht möglich gewesen wäre!*

† 05.12.2005

WIDMUNG

*Auf diesem Weg möchten wir uns von Herrn Eduard Oerder (U 218)
verabschieden und für seine tatkräftige Unterstützung Dank sagen.
Sein Tod hinterlässt eine große Lücke!*

† 19.08.2007

Aus dem Inhalt

Vorwort

Über U 1223 steht in der einschlägigen U-Boots-Literatur nur sehr wenig, zu meist wird das Boot überhaupt nicht erwähnt. Weshalb ist das so? Von U 1223 gibt es, außer vier Seiten, die die Ausbildungs- und Einfahrtzeiten des Bootes beinhalten, kein weiteres Kriegstagebuch, obwohl U 1223 von Ende August 1944 bis Weihnachten 1944 auf Feindfahrt vor der kanadischen Küste und im St. Lorenzstrom operierte. Vermutlich ging das Kriegstagebuch von U 1223 in den Wirren der letzten Kriegsmonate irgendwo in Deutschland verloren.

Trotzdem konnte aus vorhandenen persönlichen Aufzeichnungen und Erinnerungen einzelner Kameraden von U 1223 ein sogenanntes „Logbuch" erstellt werden. Obwohl einige der zu findenden Daten, Positionen, sowie Maßnahmen unvollständig und unsicher sind, gelang es, die Geschichte des Bootes zu rekonstruieren.

Insbesondere muss man die Notizen von Wilhelm Mackenroth+ und Georg-Hinrich Kuhlmann+, sowie das Tagebuch von Manfred Kurtz+ erwähnen. Ferner ein über die Dauer der ganzen Fahrt tagebuchartig fortgeschriebener Brief von Peter Ternes+ an seine Frau.

Zum ersten Entwurf der Chronik hatte der ehemalige Kommandant Albert Kneip+ aus seinen Erinnerungen wertvolle Ergänzungen und Berichtigungen beigesteuert, desgleichen auch Günther Barck+. Schließlich haben viele Kameraden von U 1223 in Gesprächen Hinweise gegeben, die die vorhandenen Angaben bestätigten oder Zweifel an der Zuverlässigkeit der persönlichen Erinnerungen ausräumten.

Denn aus allen diesen abgeleiteten „Logbuchangaben" wird meistens die wörtliche Wiedergabe der privaten und persönlichen Aufzeichnungen in diesem Buch verwendet, in das auch noch ergänzende Angaben und Erinnerungen einfließen konnten.

Dabei muss besonders das Tagebuch von Manfred Kurtz+ hervorgehoben werden. Es stellt ein einmaliges, historisches Dokument dar, wie es seiner Zeit auf einem U-Boot zugegangen ist. Das laufende Such- und Versteckspiel vor dem Feind, das die Sinne der Männer auf 's äußerste anstrengte, kostete enorme Nervenkraft. Schließlich hatte der Gegner ja 1944 die absolute Luft- und Seeherrschaft auf seiner Seite. Außerdem erforderte das Operieren in den engen Gewässern des St. Lorenzstromes ein vorsichtiges und behutsames Steuern des Bootes, damit die immer gleichbleibende Gefahr des Entdecktwerdens auf ein Minimum begrenzt werden konnte.

Schließlich wird auch das harte Leben an Bord beschrieben. Die übermenschlichen Anstrengungen, die die Besatzung erleiden mußte, hervorgerufen durch Stürme, Alarmtauchen vor Bewachern, Schnorchelpannen, der ständig stinkige Müll und die vielen weiteren unsäglichen Schwierigkeiten waren und bleiben einfach unfaßbar.

Dieses Buch ist kein Kriegsbuch – davon gibt es genug, vielleicht sogar übergenug. Es möchte zeigen und begreifbar machen, wie die Ereignisse im Krieg als erster wichtiger Akt im Drama des Lebens, die einzelnen Menschen aller Jahrgänge geprägt hat.

Was konnten sie, was mußten sie an bösen Erfahrungen vergessen, verdrängen, was an guten Erlebnissen in sich weiter wirken lassen, was sollten sie umsetzen und weitertragen, um das künftige Leben im Frieden zu meistern, um anderen zu helfen, ihr Leben mit Sinn zu erfüllen, persönlich und beruflich. Die Männer von U 1223 haben dies getan!

Was von U 1223 und seiner Besatzung geblieben ist, sind Erinnerungen, die hier so weit- und so gut wie möglich zusammengefaßt sind.

Zudem ist dieses Buch auch eine Erinnerung an all' diejenigen, die im U-Boot-Krieg ihr höchstes Gut, ihr Leben ließen. Schließlich sind etwa 80% der deutschen U-Bootfahrer im Zweiten Weltkrieg gefallen. Auch der ehemalige Gegner sollte nicht vergessen werden. Er stand an Tapferkeit auf See den deutschen Soldaten nicht nach.

Besonders bedanken möchten wir uns bei Herrn Georg-Hinrich Kuhlmann+, der mit seinem nimmermüden Einsatz das Buch: „U 1223-Das Rosenboot", ins Leben rief und immer unterstützte. Durch seine Korrespondenz mit noch lebenden U-Bootmännern von U 1223 oder deren Angehörigen, konnten noch vorhandene Lücken geschlossen werden. Hierfür möchten wir uns besonders bedanken bei Frau Uschi Barck, Willi Beutel+, Hans-Hinrich Blank, Karla Bosüner, Irma Brunner, Immanuel Bühler, Horst Claus, Erich Czernia, Hermann Dieminger+, Erika Egner, Horst Ewert, Werner Fiedler, Horst Fischer, Walter Fuhs, Rudolf Hinz+, Georg Horstmann+, Günter Hülsenbeck+, Vinzenz Junk, Norbert Kaeding, Alfred Kletzin, Gabi Knaus (Josef Wanner), Martin Kneip, Karin Kofler (Hans Eibl+), Manfred Kurtz+, Wilhelm Mackenroth+, Heinz Nordmeyer, Günter Reddmann+, Johanna Reichenwallner, Wilhelm Schwartz+, Wolfgang Steinort+, Christiane-Maria Ternes, Rolf Tonndorf, Fritz Tschirner, Frau Edelgard Winkel und Andreas Günther+.

Des Weiteren möchten wir uns bei Herrn Horst Bredow, dem Begründer und Leiter der Stiftung „Traditionsarchiv Unterseeboote" in Cuxhaven-Altenbruch, für die andauernde fachliche Unterstützung bedanken. Er stand uns immer mit Rat zur Seite, ebenso wie Herr Thomas Weis vom Institut für Zeitgeschichte Stuttgart und die Deutsche Dienststelle für die Benachrichtigung der nächsten Angehörigen von Soldaten der ehemaligen Wehrmacht (WASt).

Das wichtige und wertvolle Quellenmaterial über U 1223 stellte uns Herr Georg-Hinrich Kuhlmann zur Verfügung. Leider konnte er das Ende dieser Arbeit über sein „Rosenboot" nicht mehr erleben. Ihm gilt unser ganz besonderer Dank.

U 1223

- Ein U-Boot vom Typ IX-C/40 -

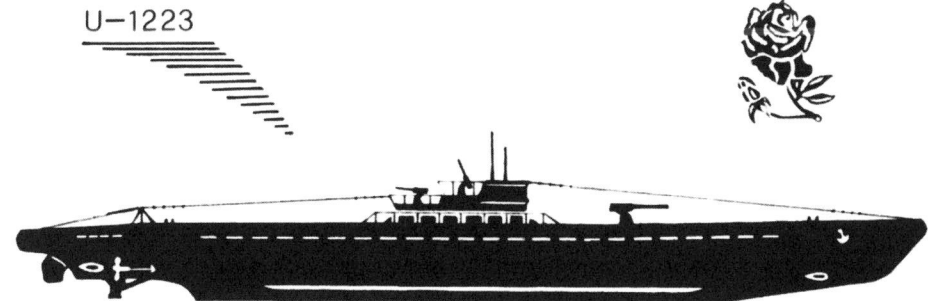

U 1223

Bauwerft: ....Deutsche Werft AG in Hamburg-Finkenwerder
Bauauftrag: 25.08.1941
Baunummer: 386
Feldpostnummer: M-53 099
Kiellegung: 25.11.1942
Stapellauf: 23.06.1943
Abnahme: 29.09.1943
Indienststellung: 06.10.1943
Außerdienststellung: 16.04.1945

U 1223 / Typ IX-C/40

Länge: ....76,76 m
Breite: .... 6,86 m
Tiefgang: .... 4,67 m (über Wasser voll ausgeblasen)

Druckkörper:
Länge: ....57,75 m
Durchmesser: .... 4,44 m
max. Dicke der Druckkörperplatten: . 18,50 mm

Verdrängung über Wasser: .... 1144 t
Verdrängung unter Wasser: .... 1257 t
Antrieb: .... Diesel - Elektrisch, zwei Wellen
Maschinenleistung über Wasser: .... 2x 2200 PS MAN 9 Zyl.-Viertakt-Diesel
M9V 40/46 mit Gebläseaufladung
Maschinenleistung unter Wasser: ...... 2x 500 PS Siemens-Schuckert-Werke
(SSW)-Doppelmaschinen 2 GU 345/34
Batterien: .... 2x 62 Zellen AFA 44 MAL 740 W mit
11300 Ah bei 20-stündiger Entladung
Batteriegewicht: .... 74,90 t
Geschwindigkeit über Wasser: .... 18,3 kn
Geschwindigkeit unter Wasser: ....   7,3 kn
Treiböl: .... 214 t
Fahrbereich über Wasser: .... bei 18,3 kn ca. 5100 Seemeilen
bei 10,0 kn ca. 13850 Seemeilen
Sparfahrt Diesel/E-Mot. ca. 16800
Seemeilen
Fahrbereich unter Wasser: .... bei 2 kn ca. 128 Seemeilen
bei 4 kn ca. 63 Seemeilen
Tauchzeit: .... 35 sek

Tauchtiefe: .... 100 m Konstruktionstauchtiefe
165 m Prüftauchtiefe
200 m (+) Einsatztauchtiefe
13,5 m Sehrohrtauchtiefe
Rechnerische Zerstörungstauchtiefe: . 250 bis 280 m

Bewaffnung:
    4 Bug- und 2 Heck-Torpedorohre 53,3 cm,
    22 Torpedos (mit Oberdeckstuben)oder 66 Minen
Bewaffnung bei Feindfahrt U 1223:
    16 Torpedos (5x T-5 / 4x G7a / 7x G7e)
Artillerie bei Indienststellung U 1223:
    1x 10,5cm Kanone L/45 u. 1x 2cm Vierlingsflak
Bei Auslaufen zur Feindfahrt U 1223:
    1x 3,7cm Zwillingsflak u. 2x 2cm Zwillingsflak
Besatzung normal:
    4 Offiziere, 44 bis 48 Mannschaften
Besatzungsstärke bei Feindfahrt U 1223:
    5 Offiziere, einschließlich Bordarzt und 51 Mannschaften. Gesamt: 56 Mann

Gewichte:
Schiffskörper ohne Ballast:
S I   Schiffbau: .... 358,75 t
S II Schlosserei: .... 52,80 t
S III Tischlerei: .... 3,38 t
S IV Malerei: .... 5,30 t

Maschinenanlage:
M I   Hauptmaschinen: .... 208,60 t
M II Hilfsmaschinen: .... 63,23 t
M III M.-, E-Geräte etc.: .... 8,55 t
Wasser, Öl, Luft etc.: .... 9,60 t

Sonstiges:
Bewaffnung und Zuladung: .... 168,01 t
Indiensthaltungsreserve: .... 2,00 t
Schiffsgewicht ohne Ballast: .... 880,22 t
Wirksamer Ballast: .... 88,87 t
Schiffsgewicht bei kleiner Zuladung: ... 969,09 t
Schiffsgewicht bei großer Zuladung: ....1096,74 t

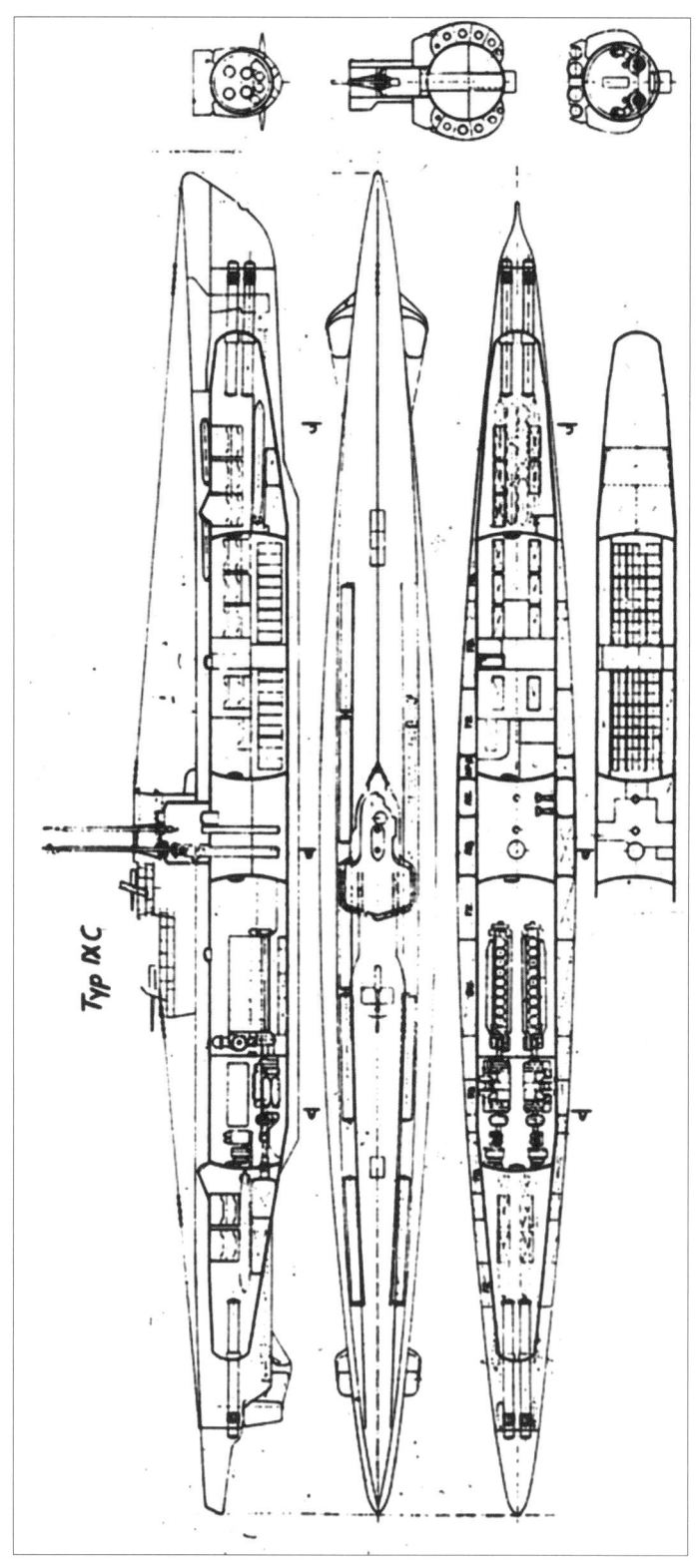

Anmerkung:

Von dieser Variante des Typs IX-C/40 wurden zwischen 1942 und 1944 nur 87 Boote gebaut und in Dienst gestellt. Im Grunde war der Unterschied zur vorhergehenden Version IX-C eine weitere Steigerung des Brennstoffvorrates auf 214,22 Tonnen. Zur Unterbringung der Brennstoffzellen wurde vom Raum zwischen den Hüllen größerer Gebrauch gemacht. Die maximale Überwasserfahrtstrecke vergrößerte sich um etwa 1500 bis 1800 Seemeilen. Die Lieferverträge für weitere 76 Einheiten wurden 1944 zugunsten der neuen Elektro-U-Boote des Typs XXI annulliert, zu deren Bau man alle Ressourcen der deutschen Schiffbau-Industrie verfügbar gemacht hatte.

Die Geschichte von U 1223

in chronologischer Folge

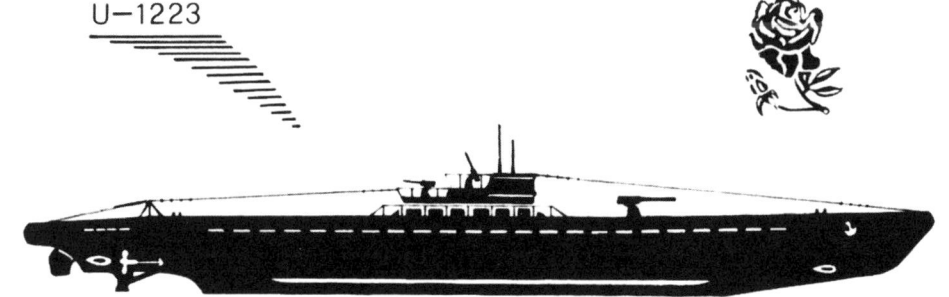

Eine Chronologie der Ereignisse von der Indienststellung am 06.10.1943 bis zum Ende der Feindfahrt am 27.12.1944

U 1223 wurde im Jahr 1943 auf der Deutschen Werft in Hamburg-Finkenwerder gebaut. Es entstand zu der Zeit, als die Stadt Hamburg den unvorstellbar grausamen alliierten Luftangriffen, während der Operation „Gomorrha", zum Opfer fiel und weitgehend zerstört wurde. Viele der am Bau von U 1223 beteiligten Arbeiter und Ingenieure verloren dabei ihr Zuhause und teilweise auch Familienangehörige. Trotz dieser Belastungen haben sie ein U-Boot gebaut, dass auch später im harten Einsatz seine Besatzung nie im Stich gelassen hat. Während andere Hamburger Werften bei diesen Luftangriffen stark beschädigt wurden, blieb die Deutsche Werft völlig unversehrt, so dass sich unter Arbeitern und Besatzungsangehörigen die Parole breit machte, an der Werft wäre englisches Kapital beteiligt und die Engländer würden sie für ihre eigenen Zwecke nach dem Kriege schonen.

Die Besatzung traf ab Juni 1943 in Hamburg ein und wurde bis zur Indienststellung des Bootes der 8. Kriegsschiffsbaulehrabteilung, mit Dienststelle in Hamburg-Reiherstieg und dem Kommandeur Fregattenkapitän (Ing.) Albrecht, unterstellt. Die Besatzung U 1223 wurde der 3. Kompanie dieser 8. K.L.A. zugeteilt, deren Chef Korvettenkapitän (Ing.) Möhring war. Bis zu den schweren Luftangriffen wohnten die Offiziere und Oberfeldwebel an Land, danach wurde die gesamte Besatzung in Finkenwerder im Werftgelände untergebracht, teils in Baracken, teils auf dem Wohnschiff „Warnow", dem die Soldaten schnell den Namen „Kakerlakkendampfer" gaben.
Während der Bauzeit des Bootes wurden einzelne Besatzungsangehörige oder auch Gruppen zu Speziallehrgängen an Schulen oder Firmen geschickt, um sie dort mit den neuesten Entwicklungen auf ihrem Fachgebiet vertraut zu machen. Nach dem Stapellauf am 16.06.1943 erfolgten der Endausbau und die Ausrüstung im U-Bootsbunker der Werft.

Das Nachfolge-U-Boot U 1224 wurde am 20.10.1943 von einer deutschen Besatzung in Dienst gestellt und später von einer japanischen Besatzung übernommen. Mit dieser hatten die Männer von U 1223 gelegentlich Kontakt, soweit es die Sprachschwierigkeiten und auch die unwahrscheinlich strenge Disziplin der Japaner zuließ. Während der Ausbildung trafen sich beide Besatzungen manchmal in Gotenhafen oder Danzig. Mit einem der japanischen Offiziere konnte sich der III. WO H.H. Blank gut verständigen, da er Englisch sprach. Beim Sport, der im Wesentlichen aus „Jiu-Jitsu-Übungen" bestand, durften auch der III. WO und Besatzungsangehörige von U 1223 mitmachen, wobei H.H. Blank schon vor seiner Marinezeit auf der Schule „Jiu-Jitsu" kennen gelernt hatte.

Mittwoch 06.10.1943

Es war soweit. Um 11 Uhr übergab Fregattenkapitän (Ing.) Albrecht das Boot an den Kommandanten Kapitänleutnant Harald Bosüner im Bunker der Deutschen Werft. Nach einer kurzen Ansprache durch den Kommandanten erschallte dessen Befehl: „Heiß Flagge und Wimpel!" durch den Bunker bis hinaus ins Hafenbecken. U 1223 war in Dienst gestellt und wurde in die 4. U-Flottille, mit Stützpunkt Stettin, eingegliedert. Anschließend fand eine schlichte Feier der Besatzung zusammen mit den Angehörigen der Werft, die am Bau des Bootes beteiligt waren, auf dem Werftgelände unter freiem Himmel statt.

Donnerstag 07.10.1943 – Freitag 08.10.1943

Es erfolgten Erprobungen und Einzelausbildungen in der Werft und auf der Elbe. Dabei kam das Boot beim Einlaufen in den Werfthafen, unmittelbar neben der Einfahrt, durch den stark quersetzenden Strom kurz auf den Steinen der Böschung fest.

Sonnabend 09.10.1943

Um 06 Uhr morgens verließ U 1223 Hamburg-Finkenwerder, an Bord hatte der Garantie-Ingenieur Curt Muhs eingeschifft. Der Marsch führte das Boot durch den Nord-Ostsee-Kanal – damals Kaiser-Wilhelm-Kanal – nach Kiel, wo es um 18 Uhr in Kiel-Wik festmachte.

Sonntag 10.10.1943 – Dienstag 26.10.1943

Von 10.10. bis 26.10. unterstand U 1223 dem Unterseebootsabnahmekommando (U.A.K.) Kiel. Hier wurden Tag für Tag Erprobungen in der westlichen Ostsee durchgeführt. Während dieser Zeit wurde das Boot von der 5. U-Flottille in Kiel betreut. Chef dieser Flottille war der Ritterkreuzträger Korvettenkapitän Moehle, dessen Stabsquartier sich auf dem Wohnschiff „St. Louis" befand.
Höhepunkt dieser Ausbildungen waren am 25.- und 26.10. Abhorchversuche vor Sonderburg / Dänemark.

Mittwoch 27.10.1943

Befehlsgemäß verließ U 1223 früh um 07 Uhr Kiel, um mit Äußerster Kraft (A.K.) nach Warnemünde zu laufen. Um 15 Uhr machte das Boot in Warnemünde fest. Normalerweise war während der Ausbildungszeit das Fahren mit „AK", wegen des hohen Treibstoffverbrauchs und der starken Motorenbelastung, nicht erlaubt, aber in diesem Fall gehörte die Fahrt mit hoher Geschwindigkeit über längere Zeit zum Ausbildungsprogramm.

Donnerstag 28.10.1943

Bereits um 06 Uhr war U 1223 wieder seeklar zum Marsch nach Swinemünde, wo das Boot gegen 17 Uhr festmachte.

Freitag 29.10.1943 – Donnerstag 04.11.1943
Hier wurde die Besatzung in der Flakschule Swinemünde im Umgang mit Maschinenwaffen und Fliegerabwehrkanonen ausgebildet. Zudem musste sich das U-Boot im Kampf gegen Flugzeuge und im Flak-Seezielschießen bewähren.

Freitag 05.11.1943
Um 08 Uhr früh ging es nach Stettin, zu der für das Boot zuständigen 4. U-Flottille. Chef der Flottille war Fregattenkapitän Heinz Fischer. Das Wohnschiff in Stettin, auf dem sich die Büros des Flottillenstabes befanden, war die schon recht betagte und ziemlich vergammelte „Oceana". Um 14 Uhr macht das Boot in Stettin fest. Sofort wurde mit dem Einräumen der Last begonnen. Die „Last" ist ein Raum - meist auf dem Gelände der Flottille- der dazu diente, alle während der Ausbildung nicht benötigten Dinge von Bord zu geben und aufzubewahren.

Sonnabend 06.11.1943 – Sonntag 07.11.1943
Um 14 Uhr legte U 1223 in Stettin zum Marsch nach Danzig ab, wo es am nächsten Tag um 16 Uhr eintraf. U 1223 wurde in Danzig der U.A.K.-Zweigstelle unterstellt.

Montag 08.11.1943 – Donnerstag 11.11.1943
Von 08.- bis 11.11.1943 nahm das Boot an Erprobungen in der Danziger Bucht teil. Am Ende dieser Übungen stieg der Garantie-Ingenieur Curt Muhs wieder aus.

Freitag 12.11.1943
Gegen 10 Uhr verließ U 1223 Danzig, um nach Pillau zu verlegen, wo es um 16 Uhr festmachte.

Sonnabend 13.11.1943 – Donnerstag 18.11.1943
In Pillau wurde bei der 20. U-Flottille Hafenausbildung geübt.

Freitag 19.11.1943
Um 06.30 Uhr legte U 1223 in Pillau ab. Der Marsch führte das Boot nach Gotenhafen, wo es gegen 13 Uhr einlief.

Sonnabend 20.11.1943 – Montag 22.11.1943
In Gotenhafen wurden Erprobungen beim Torpedo-Erprobungs-Kommando (T.E.K.) durchgeführt.

Dienstag 23.11.1943
Verlegungsmarsch nach Hela (08 Uhr Gotenhafen aus – 11.30 Hela ein).

Mittwoch 24.11.1943 – Freitag 26.11.1943

In Hela wurde das Boot ausgeräumt.

Sonnabend 27.11.1943

Morgens um 04 Uhr verließ U 1223 Hela wieder, um nach Königsberg zu marschieren, wo es gegen 10 Uhr eintraf.

Sonntag 28.11.1943 – Donnerstag 16.12.1943

U 1223 lag zu Reparaturarbeiten in der Schichau-Werft in Königsberg. Die Besatzung wohnte während dieser Zeit auf dem Wohnschiff „Der Deutsche", einem ehemaligen KdF-Schiff. Dieses „KdF-Schiff" war ein Passagierschiff, das zur „Kraft durch Freude"-Reederei gehörte und verwendet wurde, um verdienten Werktätigen eine Seereise auf Staatskosten zu ermöglichen. In Kriegszeiten wurden alle Passagierschiffe beschlagnahmt und dienten entweder als Transporter oder als Wohnschiffe – wie auch u. a. die „Wilhelm Gustloff".

Freitag 17.12.1943

Um 07 Uhr früh machte sich U 1223 auf den Weg nach Hela, wo es gegen 15 Uhr festmachte. Am Morgen vor dem Auslaufen brachte der Leitende Ingenieur ein Fahrrad an Bord, dessen Herkunft ein Geheimnis blieb und bis heute nicht geklärt werden konnte.

Sonnabend 18.12.1943 – Donnerstag 13.01.1944

Boot und Besatzung absolvierten ihre Ausbildung bei der Agru-Front (Technische Ausbildungsgruppe für Front-Unterseeboote). Ziel dieser Ausbildung bei der Agru-Front war die Beherrschung des Bootes in extremen Gefahrensituationen. Erfahrene U-Bootsoffiziere führten mit dem Boot und der Besatzung Alarmübungen, Alarmtauchen und ähnliche Manöver durch. Das Bekämpfen von Ausfällen aller Art wurde gefechtsmäßig durchgeführt. Die Beseitigung aller nur denkbaren Störungen bei Unterwasserfahrt musste von der Besatzung durchexerziert werden. Unvergesslich waren die Schreie: „Fliegerbombe – Achtung – Null!" Am Ende dieser Ausbildung erhielt fast jedes Boot den Stempel „Frontreif" an den Turm. In diese Zeit fallen das gemeinsame Weihnachtsessen auf der „Swakopmund" und die Silvesterfeier im Gasthaus „Goldener Löwe". Starke Beanspruchung erfuhr das LI-Fahrrad durch den Kommandanten Harald Bosüner, der mit seiner Frau an Land wohnte, zuerst im Dorf, später in Hela-Heide.

Freitag 14.01.1944

U 1223 stach um 05 Uhr früh wieder in See zum Marsch nach Pillau, wo gegen 09 Uhr morgens eingelaufen wurde.

Sonnabend 15.01.1944 – Mittwoch 26.01.1944

Boot und Besatzung absolvierten die vortaktischen Übungen bei der 20. U-Flottille. Geübt wurden Fahrmanöver, Evolutionieren und das Durchführen aller seemännischen Manöver. Ausbildungsziel war eben die Beherrschung des Bootes bei Überwasserfahrt und jedem Wetter. Nach Beendigung dieser Ausbildung wurde das Boot erneut nach Hela beordert.

Donnerstag 27.01.1944

Um 09 Uhr früh lief U 1223 von Pillau aus und machte gegen 15 Uhr in Hela fest. Aber auch hier gab es für die Besatzung keine Ruhe.

Freitag 28.01.1944 – Donnerstag 03.02.1944

Fortsetzung der Ausbildung bei Agru-Front.

Freitag 04.02.1944 – Sonnabend 05.02.1944

Um 11 Uhr war U 1223 von Hela ausgelaufen zum Marsch nach Libau, wo es am 05.02. um 02 Uhr morgens eintraf.

Sonntag 06.02.1944 – Freitag 18.02.1944

Das Boot trat zur 25. U-Flottille, der so genannten Schießflottille. Hier wurde das Torpedoschießen schulmäßig durchgeführt. Zunächst wurden gegen einzeln fahrende Überwasserschiffe bei Tag und Nacht Angriffe gefahren. Stufenweise wurden die gestellten Aufgaben erschwert. Immer mehr wird von Boot und Besatzung bei den Übungsangriffen gefordert, immer härter und kriegsmäßiger werden die Bedingungen bei den Anläufen. Schließlich hat das Boot allein auf sich gestellt, gegen einen völlig willkürlich zackenden, durch schnelle Seestreitkräfte gesicherten Geleitzug, zu manövrieren. Die Sicherungsfahrzeuge bemühten sich dabei, das Boot möglichst lange unter Wasser zu zwingen und nicht zum Schuss kommen zu lassen. Selbst einen Wasserbombenangriff müssen sie, allerdings in einem entsprechenden Sicherheitsabstand, über sich ergehen lassen. Nach der gut vierzehntägigen Schießausbildung waren dann so ziemlich alle Möglichkeiten durchexerziert, um einen Torpedo an den Feind zu tragen. Während dieser Zeit fand in Libau ein fröhliches Fest der Unteroffiziere und Offiziere, einschließlich des Kommandanten Harald Bosüner, im Quartier der Unteroffiziere statt. Der III. Wachoffizier Blank machte wieder mal den „Nachtwächter". Es traf – wie immer – den Jüngsten.

Sonnabend 19.02.1944

Um 00 Uhr lief U 1223 von Libau zum Verlegungsmarsch nach Gotenhafen aus, wo es um 14 Uhr festmachte.

Sonntag 20.02.1944

Gegen 11 Uhr verlegte das Boot nach Hela. Eintreffen Hela um 13 Uhr.

Montag 21.02.1944 – Freitag 03.03.1944

Noch einmal wurde bei der Agru-Front ausgebildet. In dieser Zeit machte sich eine Erkrankung des Kommandanten immer stärker bemerkbar, so dass in Hela kaum mehr ausgelaufen, sondern überwiegend Ausbildung an der Pier gemacht wurde. Wegen einer „Augenparallaxe" musste am 03.03.1944 Harald Bosüner das Kommando als Kommandant von U 1223 abgeben. Neuer Kommandant wurde an diesem Tag Oberleutnant zur See Albert Kneip. Der Kommandantenwechsel brachte es mit sich, dass das Boot nahezu alle Ausbildungsabschnitte wiederholen musste. Die Besatzung war darüber sehr missgelaunt, weil Boote, die mit U 1223 die Ausbildung begonnen hatten oder sogar später in Dienst gestellt worden waren, lange vor U 1223 auf Feindfahrt gingen. Trotzdem muss man sagen, dass sich die doppelte Ausbildung später positiv auf den Leistungsstand der Besatzung auswirkte.

Sonnabend 04.03.1944 – Sonnabend 11.03.1944

Erneut wurde die Ausbildung bei der Agru-Front wiederholt. Danach erhielt das Boot den Stempel „Frontreif".

Sonntag 12.03.1944

Um 09 Uhr wurde von Hela ausgelaufen zum Marsch nach Pillau, wo das Boot um 18 Uhr festmachte.

Montag 13.03.1944 – Freitag 24.03.1944

Vortaktische Übungen bei der 20. U-Flottille.
Durch den bereits vorhandenen Ausbildungsstand der Besatzung wurden diese Übungen ohne besondere Vorkommnisse absolviert.

Sonnabend 25.03.1944 – Freitag 14.04.1944

Gleich danach begann das Torpedoschießen bei der 26. U-Flottille, ebenfalls in Pillau. Am 14.04. um 10 Uhr lief U 1223 von Pillau zum Verlegungsmarsch nach Gotenhafen aus, wo das Boot um 17 Uhr eintraf.

Sonnabend 15.04.1944 – Mittwoch 26.04.1944

Während dieser Zeit wurden die Taktischen Übungen bei der 27. U-Fottille in Gotenhafen absolviert. Die Taktische Übung war ein groß angelegtes Manöver, bei dem sieben bis zehn U-Boote auf einen, durch Überwasserstreitkräfte und Flugzeuge gesicherten Konvoi operierten. Das eigentliche Operationsgebiet lag in der Mittleren Ostsee zwischen Bornholm und Memel. Für die geforderte Zusammenarbeit mit anderen U-Booten war der bereits erworbene hohe Ausbildungsstand der Besatzung vorteilhaft. Immer größere Seegebiete, immer längere Zeiträume wurden für die einzelnen Übungen in Anspruch genommen. Ob Kälte, Nässe, schwerer Seegang oder Nebel, es gab keine Pausen mehr. Im Rahmen der langausgedehnten, kriegsmäßigen Übungen wurde immer mehr

Zeit auf See verbracht. Diese Übung stand am Schluss jeder U-Bootsausbildung und war gleichzeitig der Höhepunkt. U-Boote, deren Leistungen unbefriedigend waren, mussten die Übung wiederholen.

U 1223 wurde am 24.04. nach Abschluss der Taktischen Übung, aber noch vor der Schlußbesprechung, zum Marsch nach Gotenhafen entlassen. Der Rückmarsch nach Gotenhafen erfolgte nachts bei schlechter Sicht. Gleich nach dem Einlaufen in Gotenhafen trat der Kommandant einen Kurzurlaub an.

Donnerstag 27.04.1944 – Freitag 28.04.1944
Bereits um 04 Uhr wurde von Gotenhafen ausgelaufen zum Marsch nach Stettin. Am 28.04. um 17 Uhr traf das Boot in Stettin ein, wo sofort die „Last" übernommen wurde. An diesem Tag erfuhr der Leitende Ingenieur Georg Kuhlmann seine Beförderung zum Oberleutnant (Ing.).

Sonnabend 29.04.1944 – Sonntag 30.04.1944
Verlegungsmarsch nach Kiel (Stettin 29.04./09 Uhr aus – Kiel 30.04. ein).

Montag 01.05.1944 – Mittwoch 05.07.1944
Es folgten die Restarbeiten am Boot auf der Werft Deutsche Werke Kiel.
Zuerst wurden die 10,5 cm-Kanone und das 2-cm-Fla-Vierlingsgeschütz ausgebaut. Danach erfolgte der Umbau des Turms mit Einbau der 3,7-cm-Doppellafette und der zwei 2-cm-Zwillings-Fla-Kanonen, einschließlich druckfester Munitionsbehälter. Zum Schluss wurde noch ein Schnorchel eingebaut. In dieser Zeit erfolgte die Abkommandierung des bisherigen I. Wachoffiziers Hans-Otto Bartels, der auf U 863 (v. d. Esch) kommandiert wurde und am 29.09.1944 als I. Wachoffizier von U 863 im Südatlantik gefallen ist. Neuer I. Wachoffizier wurde der bisherige II. WO Leutnant zur See Wolfgang Steinort, neuer II. Wachoffizier Leutnant zur See Hans-Hinrich Blank, der vorher bereits als III. WO an Bord war. Zusätzlich wurde der Oberassistenzarzt Dr. med. Karl-heinz Peters auf U 1223 kommandiert.

Donnerstag 06.07.1944 – Donnerstag 13.07.1944
Nach Beendigung der Werftarbeiten wurde am 06.07.1944 um 07.30 Uhr eine Werft-Probefahrt angesetzt. Sofort danach begannen die Erprobungen beim U-Boots-Abnahmekommando (U.A.K.) und der U-Boots-Abnahmegruppe Schall (UAGr. Schall) in Kiel.

Donnerstag 13.07.1944 – Freitag 14.07.1944
Um 23.15 Uhr von Kiel ausgelaufen und nach Swinemünde marschiert. Das dortige Eintreffen war am 14.07. um 17.35 Uhr.

Freitag 14.07.1944 – Donnerstag 20.07.1944
In Swinemünde erfolgte die Fliegerabwehr-Ausbildung bei der Flakschule VII. Hier erlebte die Besatzung den 20. Juli, das Attentat auf Hitler. Während am Nachmittag noch Ungewissheit herrschte, brachte am Abend ein Fernschreiben die endgültige Klarheit über den Fehlschlag des Attentats.

Freitag 21.07.1944
Um 07 Uhr früh von Swinemünde nach Stettin ausgelaufen. Festmachen in Stettin 11 Uhr.

Freitag 21.07.1944 – Sonnabend 29.07.1944
Noch einmal wurden in Stettin Werftarbeiten, sowie die Ausrüstung des Bootes durchgeführt. In diese Zeit fiel auch die Einführung des Deutschen Grußes bei der Wehrmacht. Ferner fand in diesen Tagen bei der 4. U-Flottille eine große Wehrbetreuungsveranstaltung statt.

Sonnabend 29.07.1944 – Sonntag 30.07.1944
Um 13 Uhr erfolgte die Verabschiedung von der 4. U-Flottille und die Verlegung nach Kiel. Kurz vor Kiel wollte der Kommandant die Seekarte vom Kieler Hafen einsehen. Sie war unauffindbar. Verantwortlich dafür – natürlich der II. WO. Das große Suchen begann, denn wegen einer fehlenden Geheimsache konnte der Verantwortliche vor das Kriegsgericht gestellt werden. Nach mehreren Stunden der Suche meldete der Funkmaat Neumann: „Seekarte gefunden". Sie steckte im Funkraum in einer Halterung, in der man den Text eines abzugebenden Funkspruchs einklemmte, damit man ihn beim Senden vor Augen hatte. In dieser Halterung steckten noch der Text eines vor Wochen gesendeten Funkspruches und dahinter die Seekarte von Kiel mit dem roten Aufdruck „Geheim". Wer Schuld hatte, konnte im Nachhinein nicht mehr festgestellt werden. Schließlich lief U 1223, ohne weitere Vorkommnisse, am 30.07. um 10 Uhr in Kiel ein.

Montag 31.07.1944 – Sonnabend 05.08.1944
In Kiel fand die Restausrüstung des Bootes statt. Unter anderem wurden einige T-5 (Zaunkönige) übernommen. Dieser Torpedotyp konnte, mittels akustisch aufgefangener Schraubengeräusche der gegnerischen Schiffe auf diese gelenkt und induktiv gezündet, unter einem Schiff explodieren. Außerdem wurde noch eine Kurzsignalgeber-Anlage eingebaut.

Sonntag 06.08.1944
Um 08 Uhr lief U 1223, zusammen mit U 245 (Schumann-Hindenberg), U 482 (v. Matuschka), U 680 (Ulber) und U 979 (Meermeier), zu seiner ersten Unternehmung von Kiel aus. Zur Verabschiedung des Bootes war der Chef der 5. U-Flottille, Korvettenkapitän Moehle (genannt – „Der kleine König von Kiel") er-

schienen. Außerdem hatten die Frauen der drei Portepee-Unteroffiziere in Kiel alle aufzutreibenden roten Rosen aufgekauft. Bei der Verabschiedung steckten sie jedem Besatzungsmitglied eine Rose an das U-Boots-Päckchen, der Rest kam als großer Strauß auf die Brücke. Nach dem Ablegen warfen die auf der Brücke gebliebenen Männer nach und nach die Rosen ins Wasser. Es sah so aus, als wäre U 1223 noch durch eine Rosenkette mit der Pier verbunden. Daraufhin rief Korvettenkapitän Moehle über Lautsprecher dem Boot zu:

„Wir wünschen dem Rosenboot U 1223 viel Erfolg und eine glückliche Heimkehr!" So entstand der Name „Rosenboot".

Montag 07.08.1944 – Mittwoch 09.09.1944
Gleich nach dem Verlassen der Kieler Förde wurde ein schwerer Luftangriff auf Kiel beobachtet. Bereits am 07.08. gelang der Marsch durch das Kattegat. In der Nacht zum 08.08. meldete das in der Nähe von U 1223 befindliche U 482 (v. Matuschka) ein feindliches U-Boot. Daraufhin wurden alle Feuer gelöscht. Beim Morgengrauen wurde der norwegische Kriegshafen Horten angelaufen. Hier sollte die Schnorchelausbildung bei der Agru-Front-Außenstelle Horten stattfinden. Diese leitete der Korvettenkapitän (Ing.) Hans Reibnitz, der auch der Ausbilder der Besatzung in Hela gewesen war. Er wurde von Stabsobermaschinist Schwartz unterstützt.

Donnerstag 10.08.1944
U 1223 wurde bei Unterwasserfahrt am Rande des Übungsgebietes von dem gerade tauchenden U 979 (Meermeier) gerammt. Am Boot traten Schäden am Schnorchelmast, der Ausblaseleitung VIII, Tauchzelle V, Netzabweiser vorn, Oberdeck und Reling auf. Die Besatzung dichtete nach dieser Ramming ein Lied, das nach der Melodie „Liebe kleine Schaffnerin" gesungen wurde.
Der Kehrreim lautete:

„Unter Wasser kam er an,
setzte gleich zum Rammstoß an,
und wir mussten dann schnell' raus.
Der Schnorchel im Arsch,
in die Werft marsch – marsch,
die Feindfahrt ist vorerst aus!"

Freitag 11.08.1944 – Sonntag 13.08.1944
Es wurde in Trebervik geankert und auf Weisungen gewartet. Mit U 1223 warteten auch U 482 (v. Matuschka), U 680 (Ulber) und U 979 (Meermeier) auf einen Ingenieur aus Deutschland, der die neuen Funkgeräte, den Kurzsignalgeber, reparieren sollte.

Montag 14.08.1944 – Donnerstag 17.08.1944

U 1223 marschierte über Horten weiter nach Kristiansand im Geleit mit U 484 (Schäfer) und U 1221 (Ackermann). Am Abend des nächsten Tages wurde im Geleit von Räumbooten der Marsch nach Bergen angetreten, um Lister wegen der Fliegergefahr bei Dunkelheit zu passieren. Nach einer Fahrt bei teilweise sehr schlechter Sicht, dicht auf das führende Räumboot aufgeschlossen, wurde am Mittag des 17.08. Bergen erreicht. Hier wurde das Boot sofort in den Bunker verholt, wo die Reparatur durchgeführt werden sollte. Die Besatzung wohnte in dem sehr schönen U-Stützpunkt Laksevag der 11. U-Flottille gemeinsam in einem Haus.

Freitag 18.08.1944 – Sonntag 27.08.1944

Während dieser Zeit fand die Reparatur des Bootes in der Werft statt. Dabei musste die Besatzung die großartige Improvisation der Werftarbeiter und Ingenieure, besonders bei der Schnorchelreparatur, anerkennen. Nach Abschluss der Arbeiten erfolgte ein Tieftauchversuch im Fjord, den das Boot erfolgreich bestand. Danach wurde nach Bergen zurückgelaufen, um noch einmal die Vorräte aufzufrischen.

Montag 28.08.1944 – Dienstag 29.08.1944

Um 19.10 Uhr machte U 1223 in Bergen zur Feindfahrt los. Zur Verabschiedung waren der Flottillenchef der 11. U-Flottille Fregattenkapitän Hans Cohausz und sein Kapitänleutnant beim Stabe erschienen. Um 22 Uhr wurde das Boot bei Hellisö aus dem Geleit entlassen. Zwanzig Minuten später wird zum Unterwassermarsch getaucht. Das befohlene Ziel war ein Planquadrat im Nordatlantik, da U 1223 wie auch U 1221 als Wetterboote vorgesehen waren.

Mittwoch 30.08.1944

Um 03.45 Uhr gab es den ersten Alarm. Etwa 200 Seemeilen westlich von U 1223 stand ein Geleitzug. Sofort kam der Befehl vom Kommandanten auf den Geleitzug zu operieren, aber es wurde kein Schiff gefunden.

Donnerstag 31.08.1944

Um 06 Uhr früh ertönte der nächste Alarm. Schnell ging das Boot auf Tiefe. Es herrschte ein ordentlicher Sturm und U 1223 schnitt beim Schnorcheln laufend unter. Die Besatzung klagte bereits über Ohrenschmerzen durch den dauernden Druckwechsel, außerdem fehlte es an frischer Luft. Die Männer schafften ihre Zulagen nicht und hatten keinen Appetit mehr. Alle versuchten nur noch zu schlafen. Und sie waren erst vier Tage in See.

Freitag 01.09.1944

Am 01.09. um 21 Uhr wurde etwa auf dem 64. Breitengrad, Kurs West gesteuert. Immer noch war starker Seegang, mit dem Schnorchel laufend untergeschnitten bis auf 22 Meter. Dadurch entstand eine starke Achterlastigkeit, die der LI nur schwer in den Griff bekam. Der Kommandant ordnete „Schleichfahrt" an. Jetzt mussten sich alle ruhig verhalten, durften nicht im Boot herumlaufen. So durften auch keine Teller und Tassen klappern. Alle Geräte – bis auf die langsam laufenden E-Maschinen und den Umformer für die elektrische Versorgung des Horchgerätes – mussten abgeschaltet werden.

Sonnabend 02.09.1944
Etwa seit 01.22 Uhr hatte U 1223 die östliche Halbkugel verlassen. Wenig später musste das Boot auf Tiefe gehen, da Bewacher in der Nähe waren. Der Kommandant ordnete Schleichfahrt an.

Sonntag 03.09.1944
U 1223 stand am 7. Tag in See. Plötzlich wurde ein Dieselgeräusch gehorcht. Wiederum befahl Kneip auf große Tiefe abzutauchen. Nach dem Mittagessen gab der Kommandant bekannt, wohin die Reise gehen sollte. U 1223 wurde nach Kanada befohlen, um dort die amerikanische Küste unsicher zu machen. Inzwischen näherte sich das Boot dem so genannten „Rosengarten", dem Seegebiet zwischen Orkney's und Färöer, dass die Briten besonders gut bewachten. Sie versuchten hier zu verhindern, dass ihnen durch die Enge der Inseln kein U-Boot in den Nordatlantik durchschlüpfte. Und schon ging es los! Die ersten Fliegerbomben detonierten auf etwa 40 Meter Wassertiefe. Aber sie wurden ziellos von Flugzeugen abgeworfen, die hier Sicherung und Aufklärung flogen, deshalb waren sie für U 1223 ungefährlich.

Montag 04.09.1944 – Dienstag 05.09.1944
Das Boot kreuzte vor Island. Seit Tagen herrschte schlechtes Wetter mit Sturm und Regen. Durch die langen Tauchzeiten war der Standort verloren gegangen. Der Kommandant und die Offiziere berieten sich, um dann mit einem Gewaltstreich aufzutauchen. Schnell wurde die Sonne geschossen, um den Standort wieder neu zu bestimmen. Das Manöver verlief ohne Zwischenfall und man kam auch wieder heil unter Wasser. Im Verlauf dieses Tages wurde noch zweimal aufgetaucht, um Sonnenstandslinien zu nehmen und um durch die Versegelung die genaue Position zu ermitteln. Indessen trat ein neues Problem auf. Das Echolot spielte verrückt. Es wurden irreführende und offensichtlich durch Fischschwärme hervorgerufene Lotungen gemeldet. Doch es dauerte einige Zeit und längere Diskussionen bis die Ursache erkannt wurde. Durch Tiefertauchen wurde dann schnell Klarheit geschaffen. Die Tage seit dem Auslaufen waren mittlerweile wie im Flug vergangen und alle an Bord fühlten sich recht einsam. Im Boot lebten sie bereits wie die Schweine, denn waschen ging so gut wie nicht mehr. An der Decke hingen die madigen Schinken. Die ganzen Räume füllten sich langsam mit leeren Dosen und Kisten. Es sah nach einem heillosen Durcheinander aus.

Mittwoch 06.09.1944

In weiter Ferne wurden die ersten Wasserbomben gehört. Über den Steven ging das Boot mit Alarmtauchen auf Tiefe. Im Dieselraum stand das Wasser über den Flurplatten. Die ganze Trimmrechnung des Bootes schien nicht mehr zu stimmen. In der Zentrale wurde hektisch gearbeitet, um das Boot wieder ordentlich in Trimm zu bekommen. Doch trotz aller Versuche gelang es nicht. Entweder befanden sich 1000 Liter Wasser zuviel, oder zu wenig in den Trimmzellen. Dadurch hätte leicht ein Unglück passieren können. Schließlich gelang Günther Barck im Heckraum die Reparatur und Reinigung von Lenzventil und Siebkorb. Er fand Putzlappen aus der Werft. Sofort kam der Verdacht auf, dass Fremdarbeiter während der Werftliegezeit die Putzlappen absichtlich dort hineingelegt hatten. Die Bilge stand immer noch voll Wasser und das Boot war stark hinterlastig. Also wurde lenzen befohlen. Langsam kam das Boot wieder auf ebenen Kiel zurück, aber um danach schnell vorlastig zu werden. Alfons Hasler reichte hastig Günther Barck einen Tauchretter und eine Nasenklemme hinunter, sonst wäre er wohl in der Heckraumbilge ertrunken. Doch jetzt gelang es dem Leitenden Ingenieur das Boot wieder in Griff zu bekommen.

Donnerstag 07.09.1944 – Freitag 08.09.1944

Das einzige, was die Besatzung so unter Wasser mit bekam, war der Wehrmachtsbericht und den auch nicht immer vollständig. Der Kommandant hatte mittlerweile Kurs Südwest befohlen, was uns in Richtung amerikanische Küste bringen sollte. Am nächsten Tag gab es Schwierigkeiten beim Schnorcheln rechtwinklig zur See. Dreimal brach das Boot durch die Wasseroberfläche, bevor es der Leitende Ingenieur unter Kontrolle brachte.

Sonnabend 09.09.1944

Das Boot fuhr an Island vorbei. Es hatte jetzt ein stark bewachtes Seegebiet erreicht. Dieses Operationsgebiet wurde durch alliierte Suchgruppen und Flugzeuge überwacht, deshalb musste der Kommandant nun äußerst vorsichtig handeln. Schon seit Tagen herrschte eine seltsame Ruhe an Bord. Alle wussten, dass jeder Lärm sie verraten könnte. In großer Entfernung hörte man bereits Bomben fallen. Keiner konnte sagen, ob die Detonationen von Flieger- oder Wasserbomben herrührten. Wer weiß, vielleicht machten sie gerade Jagd auf ein Kameradenboot. U 1223 hatte bisher noch Glück gehabt. Mittlerweile stank es im Boot fürchterlich, die Abfälle faulten vor sich hin, ein unbeschreibliches Bild. Zudem wurde es immer kälter, die Männer froren trotz dicker Kleidung erbärmlich.

Sonntag 10.09.1944

Es gab Alarm und das Boot ging schnell auf Tiefe. Die anlaufenden Zerstörer warfen 19 Wasserbomben. Oberleutnant zur See Kneip befahl Schleichfahrt. An Bord rührte sich keiner vom Fleck, alle standen auf ihrer Gefechtsstation. Als nächster Sonntagmorgengruß detonieren noch mal 21 Wabos, dann war der Spuk urplötzlich vorbei.

Montag 11.09.1944

Der Tag begann mit erheblichen Schwierigkeiten beim Schnorcheln durch die grobe See. Da U 1223 in einem ganz gefährlichen Quadrat stand, befahl der Kommandant den Männern, äußerst aufmerksam und vorsichtig zu sein. Im Boot ging es allen schlecht. Sie japsten nach Luft, einigen wurde sogar schwarz vor Augen. Durch den riesigen Abfallhaufen im Bugraum breitete sich starker Faulgeruch aus. Alle fühlten sich schwach und konnten sich kaum auf den Beinen halten. Wegen der Gefahr entdeckt zu werden, konnte der Abfall bisher nicht über Bord geworfen werden.

Dienstag 12.09.1944

Der Tag wurde erneut ungemütlich für die Besatzung. Der Seegang war zum Schnorcheln zu stark. Dem Leitenden Ingenieur gelang es nicht, das Boot auf 13 Meter zu halten. Da aber die Batterien leer waren, musste das Boot unbedingt auftauchen, dem Kommandanten blieb keine andere Wahl. Um 01 Uhr befahl Oberleutnant Kneip aufzutauchen. Oben herrschte Seegang 7- bis 8 und die Brückenwache kotzte sich fast zu Tode. Dazu kam der Gestank von den Abfällen aus dem Boot. Alles flog durcheinander, so dass man sich kaum halten konnte. Trotzdem wurde jetzt versucht, den Abfall über Bord zu bekommen. Es war eine Sauarbeit. Wasser und Dreck kamen immer wieder durchs Turmluk. Oben gingen die beiden Matrosen Kunde und Tschirner beinahe außenbords. Es war die wahre Hölle, oben der heulende Sturm und unten im Boot der erbärmliche Gestank. Vielen drehte sich der Magen um, mit gelblich-weißem Gesicht und hohlen Wangen führten sie die Arbeiten nur noch mechanisch aus. Schließlich kam nach der Abgabe eines Kurzsignals über den neuen Kurzsignalgeber der Befehl zum Tauchen. Um 06 Uhr morgens ging U 1223 auf Tiefe und im Boot kehrte wieder etwas Ruhe ein.

Mittwoch 13.09.1944

Weil das Auftauchmanöver vom vorigen Tag ohne Feindberührung ablief, entschloss sich die Bootsführung, auch in dieser Nacht zum Aufladen der Batterien für zwei Stunden aufzutauchen. Von 00.30 bis 02.30 Uhr wurde aufgetaucht gefahren, danach wieder geschnorchelt. Der Seegang hatte nachgelassen, nur noch die Dünung behinderte das Schnorcheln etwas. Gegen 15.15 Uhr gab es Alarm wegen einer Ortung, aber ohne weitere Folgen. Man hatte das Boot wohl nicht gesehen.

Donnerstag 14.09.1944

U 1223 stand bereits den 18. Tag in See. Nach einer erneuten Horchpeilung wurde gegen 15 Uhr Schleichfahrt befohlen. Währenddessen schlichen die Tage dahin. Durch die wechselnden Wachen konnten die Freiwachen schon mal auf 14- bis 15 Stunden Schlaf pro Tag kommen. Außerdem war der Schlaf das erträglichste Geschäft, nämlich man sparte Luft und die ist im Boot knapp. Außer Luft war auch das Trinkwasser knapp. Es musste ja aus Seewasser destilliert und mit verschiedenen Salzen versetzt werden, und das kostete viel Energie. Gegenüber der Segelschifffahrtszeit hatte sich an der Trinkwasserversorgung so gut wie nichts geändert. Der Koch bekam natürlich sein Wasser zum Kochen, für alle anderen an Bord gab es aber täglich nur ein Glas pro Mann zum Zähneputzen. Aber auch Kaffee oder Tee wurde nur einmal täglich gekocht. Mit dem Essen und überhaupt mit der Tageseinteilung war das so eine Sache. Die Besatzung aß nur zweimal am Tage und zwar um 11.30 Uhr und 23.30 Uhr. Dabei war die Mahlzeit von 23.30 Uhr die Hauptmahlzeit und die von 11.30 Uhr war das Abendessen in Form von Abendbrot, Kaffee oder Tee. Die Hauptmahlzeit war natürlich das reguläre Mittagessen. Im Ganzen sind Tag und Nacht einmal um 12 Stunden verschoben. Entsprechend dieser Tatsache war der innere Bootsbetrieb auch darauf eingestellt. Da an Bord von U 1223 aber die Deutsche Sommerzeit beibehalten wurde und das Boot jeden Tag weiter nach Westen kam, verschob sich der wirkliche Tag auf eine immer spätere Zeit. Deshalb war an diesem 14.09. an Bord um 09.02 Uhr der Sonnenaufgang und erst 22 Uhr Sonnenuntergang. Zum Beispiel gestaltete sich der Wachbetrieb von Obersteuermann Ternes so, dass sein reguläres Schlafengehen zurzeit 07 Uhr war. Dann stand er um 11 Uhr vormittags auf und frühstückte zu Mittag das Abendessen. Von 12- bis 14 Uhr war dann Wache, danach schlief er bis etwa 21 Uhr. Der neue Tag begann also mit dem Feierabend. Nach dem Mittagessen (23.30 Uhr) bis 07 Uhr war dann der eigentliche Arbeitstag, den Obersteuermann Ternes mit einem Mittagsschläfchen begann und ansonsten seine Zeit bis zur nächsten Wache so recht und schlecht wie möglich ausfüllte. Auch das Essen war so ein Problem. Ohne Zweifel war es gut, aber manchem Seemann ging es doch gegen den Strich, wenn er seit acht Tagen krampfhaft Schinken essen musste, denn es herrschte ein heftiger Kampf mit den Maden. Das Brot schmeckte noch gut, aber in 14 Tagen dürfte es alle sein. Dann gab es nur noch Dosenbrot. Frische Kartoffeln waren sowieso nicht an Bord, sondern nur Trockenkartoffeln und solche in Dosen. Die Trockenkartoffeln eigneten sich nur für Eintopf oder Kartoffelbrei und mit den Dosenkartoffeln war auch nicht viel anzufangen.

Freitag 15.09.1944.

Das Leben an Bord wurde immer eintöniger und langweiliger. Durch den laufenden Unterdruck im Boot hatten viele Männer Ohrenschmerzen. Langsam verwilderten sie alle und ihre Bärte wuchsen sichtbar. Selbst auf 50 Meter Tiefe machte sich der Sturm noch bemerkbar. Das Boot schwankte dabei ordentlich, bis zu zehn Grad. Wegen der groben See sollte in der Nacht wieder aufgetaucht und über Wasser gefahren werden.

Sonnabend 16.09.1944

Um 24 Uhr tauchte das Boot auf. Oben herrschte Seegang acht. Die Brückenwache war bei diesem Wetter angeschnallt. Die Brecher liefen über sie hinweg.
Bei besonders hohen Wellen rief der Wachoffizier: „Achtung Brecher", weil
sonst die beiden, die die hinteren Sektoren beobachteten, überrascht wurden
und die See sie umreißen konnte. Krampfhaft hielten sie sich fest, aber den
Gegner mit dem Fernglas auszumachen war nicht möglich. Einmal kam der
I. Wachoffizier zu Fall, riss den Funkmaat mitsamt Radarantenne um. Dieser
fiel mit seiner Länge von fast zwei Meter auf die Matrosengefreiten Kurz und
Czernia. Während dessen Maat Dickhoff ungerührt weiter seinen Rundblick
machte. Die schwere See tat das übliche. Die Ausguckposten wurden hochge-
schleudert und knallten dann mit aller Gewalt an Deck zurück. Der Matrosengefreite Kurz schlug sich dabei den Hinterkopf auf, sein Glas und Südwester gingen über Bord. Ein Glück für sie, dass bei dieser Naturgewalt die Anschnallgur-
te hielten und nicht rissen. Vom ersten Augenblick an auf der Brücke war man
bei diesem Wetter durchnässt. Das salzige Nass lief am Kragen in das Lederzeug hinein und füllte die Seestiefel bis zum Rand. Die Füße brauchten sie auf
der ganzen Reise nicht zu waschen, selbst die manchmal ölverschmierten Hände wurden durch das salzige Wasser gereinigt. Unter den Fingernägeln war kein
Rand zu sehen – ein gewaltiger Vorteil dem Maschinenpersonal gegenüber. Das
Wasser hatte eine Temperatur von 8- bis 11 Grad. Schließlich befand sich das
Boot ja im Golfstrom. Gesprochen wurde nur das Nötigste. Das Seewasser, das
man dabei in den Mund bekam, war zwar sauber, aber keiner mochte es. Anders
die Fische, die in dieser Gegend reichlich vorhanden waren. Trotzdem trafen
sich immer wieder einige hartgesottene im Turm, denn der Kommandant hatte
hier das Rauchen erlaubt, so lange sich das Boot in Überwasserfahrt befand.
Aber wie zur Segelschiffzeit war jeder Seemann froh, wenn die 4-stündige Wache zu Ende war. Meistens gingen sie gleich in den Dieselraum zum Aufwär-
men. Die Maschinenwache zog ihnen das nasse Lederzeug aus und hängte es
zum Trocknen auf. Schließlich musste es ja in dreieinhalb Stunden wieder trocken sein. Man konnte es dann schön warm und eventuell frisch gebügelt in
Empfang nehmen.

Sonntag 17.09.1944

Der Seegang hielt immer noch an. Auf der Brücke standen die Männer bereits
unter Wasser. Der Sturm peitschte ihnen ins Gesicht und die Wellen waren
wirklich furchterregend, mittlerweile bauten sie sich haushoch auf. Das Boot
zitterte und wand sich, stark krängend, durch das Element. Manche der Ausguckposten sollten dies direkt romantisch gefunden haben. Um 07 Uhr ging das
Boot wieder in die ruhige Tiefe des Atlantiks.

Montag 18.09.1944

Der Wind blies unverändert stark. Das war für dieses Seegebiet mehr oder weniger normal. Es kam die Zeit der Herbststürme. Jeden Tag erwarteten alle mit großer Spannung den Wehrmachtsbericht. Viele fragten sich, wie lange der Krieg wohl noch dauern würde. Auch glaubte keiner mehr an die Wunderwaffen und den Endsieg. Aber niemand durfte und wollte seine Meinung laut sagen. Alle dachten an die permanenten Luftangriffe und an die immer schneller vorrückende Rote Armee. Nur Hein Nordmeyer sagte einmal zum II. WO, als sich beide allein im Turm befanden: „Lange dauert es nicht mehr. Dann ist der Krieg vorbei – und wir sitzen in der Röhre irgendwo im kalten Atlantik. Hoffentlich kommen wir noch rechtzeitig nach Haus!"

Dienstag 19.09.1944

Endlich hatten Wind und Seegang nachgelassen. Auf See herrliches Wetter. Nachts gab es zweimal Ortung, nach der sofort auf größere Tiefe getaucht wurde. In weiter Entfernung detonierten einige Wabos – zum Bangemachen.

Mittwoch 20.09.1944

Der Tag verlief ohne größere Vorkommnisse. Nur in der Nacht gab der I. WO Steinort einmal Alarm, aber es ereignete sich nichts.

Donnerstag 21.09.1944 – Freitag 22.09.1944

Am Himmel war eine Lichterscheinung hinter schnell ziehenden Wolken zu sehen. Zur Sicherheit wurde getaucht. Offenbar hatte der Mond einige von uns irritiert, aber besser einmal zu oft als zu wenig getaucht und nie mehr aufgetaucht. Es hätte ja auch ein Flugzeug mit Suchscheinwerfer sein können. Wieder unter Wasser hörten wir die üblichen weit entfernten Explosionsgeräusche von 30 Wasserbomben. Die Besatzung litt unter zunehmender Übelkeit und die meisten schauten gänzlich verwildert aus. Die Haare waren strähnig und verklebt. Shampoo und Wasser ohne Salz war Mangelware. Aber man brauchte sich ja nicht gegenseitig zu mustern oder in den Spiegel zu sehen. Einige hatten Pickel im Gesicht – vom Seewasser meinte der Doktor. Auch die Männer vom Maschinenpersonal sahen ganz blass aus und hatten große Sehnsucht nach der Sonne, denn die ständige Dunkelheit nervte die meisten von ihnen nachhaltig.

Aber sie mussten noch mehr als drei Monate ausharren, bis sie in die Zivilisation zurückkehren konnten. Doch was war das überhaupt für eine Zivilisation? Es herrschte ja noch Krieg – schlimmer als je zuvor. Um 22 Uhr meldet der Leitende Ingenieur dem Kommandanten den Ausfall eines Diesels. Die Reparatur dauerte bis 10 Uhr am nächsten Tag. In der Nacht wurde bei gutem Wetter über Wasser gefahren.

Sonnabend 23.09.1944

Das Boot marschierte in 50 Meter Tiefe und etwa 2000 Meter unter dem Kiel, als aus dem Funkraum eine Horchpeilung gemeldet wurde. In Sicht kam nichts. War es der „fliegende Holländer", der als einziges Segelschiff schon tauchen konnte, bevor es U-Boote gab? Nach einiger Zeit wurde wieder der alte Kurs befohlen.

Sonntag 24.09.1944

Der Kommandant gab das neu zugewiesene Operationsgebiet bekannt. Das Boot sollte in den St. Lorenz-Golf- und Strom gehen. Dort soll seit 1942 kein U-Boot mehr operiert haben. Im Boot herrschte gute Stimmung, denn seit dem Auslaufen konnte zum ersten Mal Musik gehört werden. Alles war still und lauschte andächtig den Klängen, obwohl mit jedem Tag die Besatzung weniger Nahrung zu sich nahm. Es mangelte an frischer Luft und Bewegung. Wenn es abends Mittagessen gab, war die Luft im Boot verbraucht und es fehlte der nötige Appetit.

Montag 25.09.1944 – Dienstag 26.09.1944

Nach fünfmaliger Aufforderung durch die Seekriegsleitung (Skl), eine Passiermeldung aus Planquadrat BD 15 abzugeben, meldete sich das Boot per Kurzsignalgeber, dessen Signal nur etwa eine Sekunde dauerte und daher nicht einzupeilen war. Bereits 1940/41 hatte Otto Kretschmer – bekannt unter dem Namen: „Der schweigsame Otto" – sich trotz Daueranforderungen von B.d.U. und Skl nicht gemeldet. Er war sich sicher – ohne es genau zu wissen –, dass die Engländer eine Möglichkeit hatten, die deutschen Kurzwellensender einzupeilen, weil die Boote, wenn sie sich im Rudel an einem Geleitzug befanden und einen Funkspruch abgegeben hatten, sofort vom nächststehenden Bewacher angegriffen wurden. Doch auf deutscher Seite wollte oder konnte keiner diesem Faktum richtig Glauben schenken. Nicht einmal Großadmiral Dönitz hatte Albert Kneip etwas davon erzählt, als dieser im Januar 1945 zur Berichterstattung ins Oberkommando der Marine (OKM) berufen wurde.

Mittwoch 27.09.1944

Der Tag begann mit einem Temperatursturz von 28 Grad auf 14 Grad. Im Boot wurde mächtig gefroren, sämtliche Knochen taten weh. Es hatte wieder etwas aufgebrist und die Brecher fielen klatschend über die Brücke. Die Flakwaffen benötigten große Pflege, denn durch das Salzwasser fingen sie zu rosten an. Deshalb wurde bei Überwasserfahrt jeden Tag ein Rohr der 2 cm-Flak ausgewechselt. Dabei hatte der einzige Artillerist an Bord, der Obergefreite Tschirner, sehr viel zu tun. Um 09 Uhr gab es eine Ortung, daraufhin befahl der Kommandant zu tauchen.

Donnerstag 28.09.1944 – Freitag 29.09.1944

Am 28. beziehungsweise 29.09. wurde die Neufundlandbank erreicht. Es war eine neblige Vollmondnacht, als um 23 Uhr aufgetaucht wurde. Gegen 05 Uhr morgens wurde vom Boot aus in nördlicher Richtung ein Licht erkannt. Zunächst wurde versucht, in einem weiten Ost-Bogen nach Norden zu laufen, um das Fahrzeug in den Mondsektor zu bekommen. Das Funkmess-Ortungsgerät bestätigte die Ortung, aber vom Fahrzeug keine Spur. Zur Feststellung der Funktionsfähigkeit des Gerätes befahl der Kommandant, Luftballons mit Stanniolstreifen aufsteigen zu lassen. Dies war gefährlich, weil die Ballons einen Durchmesser von einem Meter hatten und mit einer Schnur am Treibanker befestigt waren, der die Ballons in geringer Höhe über der Wasseroberfläche treiben ließ. Denn die meisten der Ballons konnten ganz sicher von Radargeräten an Land oder an Bord geortet werden. Doch diesmal keine Reaktion. Plötzlich war dicht am Boot ein tiefes Nebelhorn, offensichtlich von einem sehr großen Schiff, zu hören. Trotz der geringen Wassertiefe wurde schnell zum Horchen getaucht. Aber nichts war zu hören. Nach einiger Zeit wurde wieder aufgetaucht und der Marsch zum St. Lorenz-Strom fortgesetzt. Nach der Überwasserfahrt fing die Schnorchelei wieder an. Und somit begann das alte Elend. Das größte Leiden war, dass man wegen ein bisschen Luft im Boot leichtsinnig sein musste. Es war schrecklich zu wissen, dass vielleicht 30 Meter über U 1223 die Sonne schien, während die Besatzung unten im Mief beinahe umkam. Alle schauten aus wie der Tod auf Latschen.

Sonnabend 30.09.1944

U 1223 stand südlich Cape Race. Es war eine herrliche, mondhelle Nacht. Der Vollmond schien. Rings um das Boot vergnügten sich ganze Rudel von Tümmlern. Ein herrlicher Anblick. Das Boot steckte jetzt mitten auf der großen Sandbank vor Neufundland bei 60 Meter Wassertiefe, dicht unter Land, weshalb es auch des Öfteren geortet wurde. Bisher waren sie vom Feind unbemerkt geblieben. Aber dennoch blieb es eine unheimlich, belastende Schleicherei. Wenn es in diesem Tempo weiter gehen sollte, müssten sie noch einige Monate in See ausharren. Was die Männer hier aushielten, war unbeschreiblich.

Sonntag 01.10.1944

Albert Kneip befahl die 100 Meter-Linie der Südwest-Kante der Neufundlandbänke zu loten und steuerte mit nordwestlichem Kurs die Cabot-Straße an. Die Temperatur war im Boot auf 2 bis 3 Grad gefallen. Alle froren, das Kondenswasser tropfte auf die Männer, die in ihren Kojen lagen. Einige hatten ihre Lederjacke über die Bettdecke gelegt, um sich vor dem heruntertropfenden Wasser zu schützen. Und die ersten Fälle von Rheuma und Gicht traten auf. Aber das durfte keinem was ausmachen, denn wichtiger war jetzt die bevorstehende, gefährliche Einfahrt in den St. Lorenz-Strom. Ohne genauen Standort befand sich das Boot vor der Einfahrt in den St. Lorenz-Strom. Erst durch dauernde Lotungen, die mit den Tiefenangaben in der Seekarte verglichen wurden, hatte man dann einen relativ genauen Standort. Zum letzten Mal fuhren sie längere Zeit über Wasser.

Montag 02.10.1944

Nach fünf Wochen Fahrt hatte das Boot endlich das zugewiesene Operationsgebiet erreicht. Aber schon stellten sich die ersten Schwierigkeiten ein. Eine E-Maschine war ausgefallen und auch im Dieselraum waren Reparaturen auszuführen. In der Heckraumbilge befand sich zuviel Wasser, es stand bereits an den Flurplatten und niemand wusste wo es herkam. Es herrschte ein ziemliches Durcheinander. Die Gefechtsköpfe der Torpedos waren zur Wartung gezogen. Die Freiwächter konnten kaum schlafen. Die meisten waren mit ihren Gedanken bei den Familien in der Heimat. Laut Wehrmachtsbericht waren die deutschen Truppen fast überall bis an die Grenzen Deutschlands zurückgedrängt worden. Die Leute fragten sich: Steht unser Haus noch? – Wo sind Eltern und Geschwister? – Leben die Großeltern noch in der zerbombten Straße? Die Offiziere fragten sich, wohin sie das Boot zurückfahren sollten. Die Stützpunkte in Frankreich waren entweder gefallen oder fielen wegen Belagerungszustandes aus. U 1223 musste also nach Norwegen oder sogar nach Deutschland zurück. Aber wie sah es dort aus? Bis zur Rückkehr würde das Jahr wohl zu Ende sein. Es waren immer dieselben Fragen, auf denen es meist keine Antwort gab. Als der II. WO H.H. Blank einmal bei Unterwasserfahrt am Sehrohr saß, kam Hein Nordmeyer aus der Zentrale in den Turm. Er hatte seine Familie in Hannover, wo schwere Luftangriffe gewesen waren und meinte: „Bis wir wieder zu Hause sind, werden wohl noch viele Bomben fallen". Und dann kam der Wortlaut eines Flugzettel-Reimes, den ihm sein Vater geschickt hatte, bevor das Boot aus Kiel abgedampft war: „Langenhagen werden wir schonen, in Langenhagen werden wir wohnen!"

Dienstag 03.10.1944

Der Tag brachte sehr schlechtes Wetter. Seit 05 Uhr morgens stürmte es mit Stärke 11 bis 12. Der Wind peitschte den Regen auf die Wellenberge. Es war ein Sturm wie ihn die Besatzung noch nicht erlebt hatte. Unter Deck polterte alles durcheinander. Es nutzte kein Festzurren, selbst zentnerschwere Kisten flogen nur so herum. Die Männer mussten sich in den Kojen anschnallen. Sie hatten sich wegen der Kälte mehrere Pullover und lange Unterhosen angezogen, trotzdem froren sie immer noch. Die in den Kojen liegenden zogen sich die Decken bis über den Kopf. So würde es wahrscheinlich noch mehrere Wochen weiter gehen. Sie hofften, dass die „Aale" bald verschossen sein würden, damit es wenigstens etwas mehr Platz im Boot gäbe. Allerdings ging bei diesem Wetter gar nichts. Und worauf sollten sie wohl schießen? Dem Boot machte das Geschaukel und Unterschneiden nichts aus, aber der Seewache. Sie war durchnässt von den Haaren bis zu den Zehen. Immer wieder musste angeblasen wer-

den. Zum ersten Mal sahen sie ein starkes St.-Elmsfeuer. Aus allen Spitzen traten die Funkentladungen aus. Der II.WO hielt die Hand mit dem nassen Leder-
handschuh hoch und zeigte der Brückenwache das Sprühen aus den Fingerspit-
zen, dann fasste er den kleinen Matrosengefreiten Herre an. Der schrie:
„Mensch, lass' mich los!" Darauf der II. WO: „Dies ist ein sicheres Vorzeichen
für das Erscheinen des Klabautermanns." Aber wir sahen ihn nicht. Wo sollte er
sich auch festhalten? Bei Segelschiffen turnte er bei solcher Gelegenheit in der
Takelage herum, um so dem Kapitän klar zu machen, dass er Rum zum Auf-
wärmen der Matrosen austeilen sollte. Aber eine Takelage existiert auf U-
Booten nicht und auf der Brücke hätten wir ihn ja leicht greifen können. Also
war es nichts mit dem Rum. Um 23 Uhr wurde eine Standortbestimmung gemacht. Oben war eine Saukälte, die Wassertemperatur betrug nur noch 1 bis 2
Grad, dazu ergab die Auswertung einen Standort auf dem Festland. Entweder
war die Versetzung zu groß oder der „Stürkuddel" hatte sich wegen des Seegangs vermessen. Der Kommandant setzte wieder auf Echolotungen.

Mittwoch 04.10.1944
In der Nacht erreichte U 1223 die Cabot-Straße. Im St. Lorenz-Golf trat schlagartig Wetterbesserung ein.

Donnerstag 05.10.1944
Um 12.32 Uhr Horchpeilung in 200 Grad. Sofort wurde mit großer Fahrt in
Richtung der Peilung gelaufen. Um 14.30 Uhr erneut Horchpeilung in 180
Grad. Hastig wurden die Gefechtsstationen besetzt, gleichzeitig kam der Befehl
auf Sehrohrtiefe zu steuern. Die Torpedorohre I bis IV konnten in Eile klarge-
macht werden. Da kam auch schon der Geleitzug in Sicht. Der Kommandant
zählte zuerst fünf Dampfer, gleich darauf schon zehn, darunter einige dicke
Brocken. Alle an Bord fieberten vor Erregung, endlich konnten sie einige Torpedos loswerden. Es herrschte jetzt vollkommene Ruhe im Boot. Aber der Kurs
des Geleitzugs war zu ungünstig und die Entfernung zu groß. Sie kamen nicht
zum Schuss. Die erste Chance zum Angriff war verpasst, die Verfolgung wurde
abgebrochen. Der Geleitzug lief mit großer Fahrt nach Süden ab. Bei Einbruch
der Dunkelheit wurde wieder aufgetaucht. In der Nacht kamen Land und
Leuchtfeuer der Insel „Anticosti" in Sicht.

Freitag 06.10.1944
U 1223 hatte zwischen Kap Gaspè und South-West-Point (Anticosti) den St.
Lorenz-Strom erreicht. Langsam fahrend und schnorchelnd drang das Boot all-
mählich tiefer in das Mündungsgebiet des breiten Stromes ein. Im Boot wurde
heute das einjährige Jubiläum gefeiert, denn seit einem Jahr nun war U 1223 in
Dienst.

Sonnabend 07.10.1944

Am Morgen des Tages wurde um 08.30 Uhr das Feuer von Cape Magdalen in 180 Grad gesichtet.

Sonntag 08.10.1944

Eine Stunde nach Mitternacht kam das Feuer von la Martre in 186 Grad in Sicht. Um 03.20 Uhr wurde schließlich das Leuchtfeuer von Cape Chat in 225 Grad ausgemacht. Der Abstand zur Südküste betrug nur noch zirka 10 Seemeilen. Aber das Jagdgebiet von U 1223 war voller Tücken. Der Strom hatte in der Fahrrinne eine Tiefe von ungefähr 200 bis 300 Meter, aber unter Land betrug die Tiefe nur noch 10 bis 100 Meter. Die Strömung war so gewaltig, dass es für den Leitenden Ingenieur Kuhlmann schwer war, das Boot auf Sehrohrtiefe zu halten. Manchmal fiel U 1223 um 15 Meter und dann stieg es wieder so schnell, dass es mit dem Heck herauskam. In solchen Situationen mussten immer wieder die Untertriebszellen benutzt werden. Denn es wäre schlimm gewesen, wenn das Boot hier entdeckt worden wäre. Trotzdem kam es beinahe zu einem Unglück.

Montag 09.10.1944

Um 02.40 Uhr, nachdem nacheinander Metis Point in 192 Grad und Matane in 96 Grad passiert wurden, durchbrach U 1223 kurz die Wasseroberfläche. Sofort befahl der Leitende Ingenieur die Untertriebszellen zu benutzen und das Boot zum Schnorcheln auf 14 Meter einzupendeln. Aber plötzlich sackte U 1223 mit 20 Grad Achterlastigkeit ab. Die Tiefenmanometer fielen rasch und wollten nicht stehen bleiben. Schnell wurde bei der Bootsführung, aber auch im Boot überlegt, wo der Fehler liegen könnte. Und endlich wurde er gefunden. Langsam kam das Boot zum Stehen, um dann wieder allmählich hochzukommen. Auf Sehrohrtiefe wurde die Fahrt in den St. Lorenz-Strom fortgesetzt.

Dienstag 10.10.1944

Bei Tageslicht befahl Albert Kneip aufzutauchen. Während der schweren See wurde vom Diesel-Obermaschinisten eine Reparatur am Oberdeck ausgeführt. Wegen der Gefahr entdeckt und überrascht zu werden, stand die Besatzung mit Schwimmwesten auf Gefechtsstation. Schließlich konnten sie jeden Moment von einem Kriegsschiff oder Flugzeug angegriffen werden. Nach einer Stunde gab es Alarm. Das Boot war geortet worden. Die Offiziere schickten alle Leute, bis auf den Horchposten und die E-Maschinenheizer, in die Kojen, um Luft zu sparen. Keiner wusste, wie lange sie unten bleiben mussten. Auch auf eine warme Mahlzeit wurde verzichtet, denn kaum in der schützenden Tiefe angelangt, waren die Bewacher schon da und suchten U 1223. Jeder hörte im Boot die Schraubengeräusche der Suchgruppe. Mit Schleichfahrt versuchte der Kommandant zu entkommen.

Mittwoch 11.10.1944
Den ganzen Tag über waren die Schraubengeräusche der Suchgruppe zu hören.

Donnerstag 12.10.1944
Im Boot war es ziemlich kalt und feucht geworden. Es wurden 5 bis 7 Grad gemessen und bei vielen machte sich das Rheuma stark bemerkbar. Eine Heizung war, wie auch bei allen anderen U-Booten, nicht an Bord. Das wäre ja auch ziemlich teuer geworden, wenn geheizt worden wäre. Außerdem hätte sich der Aktionsradius des Bootes dadurch erheblich verkleinert. Bei vielen Seeleuten stellte der Doktor geplatzte Trommelfelle fest, einige litten unter Schwindelgefühl, was auf die Schnorchelei zurück zuführen war.

Freitag 13.10.1944
Standort nordöstlich von Pointe des Monts. U 1223 blieb ständig unter Wasser. Nur alle paar Stunden ging es auf Schnorcheltiefe, um die Batterien immer voll zu haben. Gegen Mittag eine Horchpeilung, die schnell lauter wurde. Der Kommandant sah durch das Sehrohr ein kleines Küstenfahrzeug von etwa 1000 Tonnen. Dafür wollte er keinen Torpedo opfern und seinen Standort verraten. Außerdem war Freitag der Dreizehnte, für einen Seemann unmöglich, an solch einem Tag ein Risiko einzugehen.

Sonnabend 14.10.1944
Der Standort des Bootes lag morgens dicht unter Land bei Pointe des Monts. Durch das Sehrohr wurde gegen 14 Uhr ein Flugzeug beobachtet. Wahrscheinlich ein Bewacher, denn der Funker Horst Claus, mit den besten Ohren von allen, rief im nächsten Moment: „Schraubengeräusche in östlicher Richtung!" Es dauerte aber noch zwei Stunden, bis der Geleitzug in Sicht kam. Er bestand aus 10 Schiffen, die von vier Zerstörern oder Korvetten gesichert waren. Alle an Bord fieberten dem Angriff entgegen, trotzdem herrschte eine unheimliche Ruhe. Da kam auch schon die Meldung vom Obersteuermann: „Torpedowaffe ist auf Gefechtsstation!" „Torpedorohre I bis IV und VI sind fertig zum Schuss!"
Eilig wurden vom Kommandanten die Schusswerte durchgegeben. Die Besatzung auf ihren Gefechtsstationen wartete konzentriert und voller Spannung auf die nächsten Befehle. Die Nerven waren gespannt, plötzlich riss der Kommandant das Sehrohr nach achtern. Ein Bewacher hatte offenbar das Sehrohr gesehen. Er lief mit großer Bugwelle auf das U-Boot zu. Der Kommandant erkannte ihn in etwa 500 Meter Entfernung und rief mit fast überschlagender Stimme: „Rohr VI – fertig zum Schuss!" „Rohr VI – ist fertig!" erfolgte blitzartig die Rückmeldung aus dem Heckraum. Unheimliche Stille im Boot. Nach einigen Sekunden war die befehlsgewohnte, aber doch etwas erregte Stimme des Kommandanten wieder zu hören. Sie befahl: „Rohr VI ---- los!" Der Torpedo vom Typ „T-5" „Zaunkönig" surrte seinem Ziel entgegen. Voll gespannter Erwartung rannen die Sekunden dahin und endlich nach 23 Sekunden erfolgte ein lau-

ter Knall, dann die Explosion, die so heftig war, dass das U-Boot einen deutlichen Satz machte und Farbe von den Stahlwänden bröckelte. Ein leises Hurra schallte durch das ganze Boot, der Torpedo hatte getroffen. Der Kommandant beobachtete noch, wie das Kriegsschiff achtern wegsackte. Nur eine Minute später fiel ein Zweierfächer mit Ziel auf zwei Frachter im Geleitzug. Doch dort hatte man inzwischen den ersten Schreck überwunden. Es begann die Suche nach dem U-Boot. Während des Abtauchens auf große Tiefe detonierten die beiden anderen Torpedos nach 135 Sekunden mit lautem Getöse. Die Wirkung konnte nicht mehr beobachtet werden. Hatten auch sie ein Ziel gefunden?

Unterdessen versuchte U 1223 die schützende Tiefe zu erreichen. Aufgrund des stark unterschiedlichen Salzgehaltes des Wassers, blieb das Boot zunächst bei 80 Meter hängen. Der Leitende Ingenieur musste kräftig fluten. Aber er hatte es wohl etwas zu gut gemeint, oder die nächste Wasserschicht war spezifisch wieder leichter. Jedenfalls sackte das Boot bis über 200 Meter durch. Es gab eine leichte Grundberührung, sehr gefährlich wegen des felsigen Untergrundes. Gegen 18 Uhr gelang es, das Boot bei 190 Meter einzupendeln. So dicht über Grund und wegen der starken Wasserschichtungen waren sie fürs erste vor einer genauen Ortung sicher. Einige Wasserbomben detonierten, sie lagen zwar dicht am Boot, aber nicht nahe genug, um es zu beschädigen. Im Boot hatten sie den Eindruck, dass die Wabos auch nicht tief genug eingestellt waren. Wegen des großen Wasserdrucks bei 200 Meter ist der Aktionsradius einer Wasserbombe erheblich kleiner, als z. B. bei 50 Meter. Deshalb war es wichtig, dass ein U-Boot bei einer Verfolgung möglichst tief unter der Oberfläche erwischt wurde. So ein Geballer unter Wasser, bei dem U 1223 stark durchgeschüttelt wurde, hatte der größte Teil der Besatzung noch nicht erlebt. Es waren 51 Wabos, die sehr nahe am Boot detonierten. Aber es gab keine Meldungen über Wassereinbrüche, nur etliche Glühbirnen waren geplatzt. Nach 10 Stunden und insgesamt 89 Wasserbomben hatten die Matrosen oben auf den Korvetten wohl keine Lust mehr. Vielleicht mussten sie auch ihren Vorrat ergänzen. Unter Umständen gab es aber nur noch Fehlortungen, so dass man die weitere Verfolgung aufgab. Das Boot lag seit 20 Uhr auf Grund. Dadurch wurde Strom gespart. Bis auf wenige in der Zentrale schliefen alle. Nach 24 Stunden mussten sie Sauerstoff aus dem Bordvorrat der Atemluft zusetzen und wegen der Zunahme des CO_2- Gehalts die Kalipatronen in Betrieb nehmen, die das CO_2 binden. Langsam schlichen sie sich, mit kleiner Fahrt und äußerster Vorsicht, vom Ort des Geschehens weg, legten das Boot unter eine schwere Wasserschicht und ließen sich mit der Ebbe treiben. Nach zwei Stunden wurde Sehrohrtiefe befohlen. Dann ein Rundblick durch das Sehrohr. Die Luft war rein. Also wieder hoch auf Schnorcheltiefe, um das Boot durchzulüften und die Batterien aufzuladen.

Doch was war tatsächlich über Wasser geschehen?

Die kanadische Fregatte HMCS „Magog" (1370 t) war gerade fünf Monate alt, als sie am 13.10.1944 zusammen mit der Fregatte HMCS „Stettler" in Sydney ausgelaufen war, um sich mit dem Geleitzug GONS-33 zu treffen. Dieser war ein langsamer englischer Geleitzug, der aus 12 Dampfern bestand. Mit einem „Catalina"-Flugboot der kanadischen Seeluftwaffe bildete die Fregatte HMCS „Toronto" der Escort-Group 16 die Nahsicherung. Der Konvoi sollte im St. Lorenz-Strom bis ungefähr „Pointe Mitis-Feuer" gesichert werden. Auf der Rückfahrt sollten dann die Sicherungskräfte den Geleitzug QS-97 (Quebec-Sydney) flussabwärts aufnehmen.

Am 14. Oktober beobachtete Albert Kneip, der Kommandant von U 1223, durch das Sehrohr mitten in der St. Lorenz-Strom-Mündung, nur fünf Meilen vor „Pointe des Monts"- Leuchtfeuer entfernt, den Geleitzug und einen Zerstörer. Tatsächlich aber war dieser Zerstörer die Fregatte „Magog", die mit nur sieben Knoten Fahrt quer vor dem Bug auf 6000 Meter Entfernung in Sicht kam. Auch die über dem Geleit fliegende „Catalina" konnte bei einigermaßen guter Sicht das angreifende U-Boot nicht erkennen.

Die „Magog" fuhr mit Zick-Zack-Kurs an der Steuerbordseite des Geleitzuges, als sie der T-5-Horchtorpedo am Heck traf und ihr 20 Meter des Achterschiffes abriss. Durch die Wucht der Detonation wurden drei Männer der „Magog" sofort getötet, andere von Deck gefegt. Der Treffer hatte das ganze Achterschiff angehoben und abgerissen. Nur wenige Minuten nach der ersten Explosion detonierte ein zweiter Torpedo 50 Meter Backbord achteraus der „Toronto", einer weiteren kanadischen Fregatte. Sie fuhr keine Meile vor der „Magog" und beobachtete etwas, was einem Sehrohr ähnlich sah und eröffnete sofort das Feuer mit ihrer 10,2 cm-Kanone und sämtlichen Maschinenkanonen. Bald darauf detonierten die ersten Wasserbomben, zudem setzten die Kanadier Geräuschbojen zur Abwehr von Horchtorpedos ein. Im getauchten U-Boot wurden die Explosionen und das Kreischen der so genannten „Kreissägen" deutlich wahrgenommen. Doch keines der Kriegsschiffe bekam Sonar-Kontakt mit U 1223. Zwischenzeitlich gelang es der Lecksicherungsgruppe der „Magog", trotz unmittelbarer Gefahr, weiterer Angriffe durch U-Boote und der schweren Schäden, ihr Schiff schwimmfähig zu halten und damit zu retten.

Die „Magog" wurde durch andere Kriegsschiffe nach Quebec geschleppt, wo sie am 20.12.1944 außer Dienst gestellt und repariert werden sollte. Aber die britische Admiralität in London widersprach der Reparatur. Die „Magog" wurde 1945 zum Schrottwert verkauft und 1947 in Quebec abgewrackt.

Der alliierte Einsatz einer U-Jagd-Gruppe mit dem Flugzeugträger „Core" und MAD-Flugzeugen schlug gegen die mit cm-FuMB „Naxos" und „Kurier"-Maschinensender für Funksprüche ausgerüsteten U 1221 (Ackermann) und U 1223 fehl.

Dazu meldete der deutsche Marineattachè aus Stockholm am 20.10.1944:

Die schwedische Nachmittagspresse vom 20.10. bringt Eigenmeldung aus London, wonach der U-Boot-Krieg an der kanadischen Küste wieder aufgelebt sei, nachdem dort im September nicht ein einziges alliiertes Fahrzeug versenkt worden ist. Mehrere alliierte Schiffe seien entlang der Küste angegriffen worden. Man sei der Meinung, es handele sich um „Selbstmord-U-Boote", das heißt, deutsche U-Boote, die seit der Invasion in Frankreich von ihren Stützpunkten vertrieben worden sind. Da für diese U-Boote keine Möglichkeit zum Reparieren oder zur Vorratsergänzung vorhanden sei, hätten sie sich auf Piratenfahrten begeben, fest entschlossen, vor ihrer eigenen Versenkung oder Aufbringung, möglichst großen Schaden anzurichten. Eine frühere alliierte Pressemeldung spricht von einem viertägigen U-Bootsangriff auf einen Geleitzug an der kanadischen Küste und der Versenkung eines Schiffes.

Aus diesen beiden Meldungen konnte der B.d.U. annehmen, dass die Versenkungen durch die zurzeit dort stehenden U-Boote erfolgt waren. Vorerst blieb es eine Annahme, denn von keinem der beiden im dortigen Seegebiet operierenden U-Booten (U 1221 und U 1223) war eine Meldung eingegangen.

Sonntag 15.10.1944

Um 07.40 Uhr gab Albert Kneip dem Befehl zum Auftauchen. U 1223 lag bei 163 Meter Tiefe auf Grund. Langsam löste sich das Boot vom Boden, bei 50 Meter wurde vorsichtig Richtung Nordosten abgelaufen. Das Boot schlich sich leise von seinem Tatort weg. Anschließend ging es auf Sehrohrtiefe, aber es war nichts zu sehen. Deshalb ließ der Kommandant das Boot wieder auf 50 Meter einsteuern. Trotzdem gab es noch laufend Horchpeilungen, während denen sich die Besatzung ganz ruhig verhielt. In weiterer Entfernung des Bootes detonierten 13 ungezielte Wasserbomben. Nachts wurde zum Schnorcheln auf Sehrohrtiefe gefahren.

Montag 16.10.1944

U 1223 setzte sich allmählich Richtung Cap Gaspè ab. Zwischen 13- und 16 Uhr wurden ab und zu Wabo-Detonationen gehört. Beim Ziehen der Torpedos wurde festgestellt, dass ein Torpedo schwer beschädigt und unbrauchbar war, wahrscheinlich durch die schweren Detonationen beim Angriff vor zwei Tagen, bei denen alle Mündungsklappen geöffnet waren. Wieder hatte U 1223 mächtig Glück gehabt, denn der Torpedo hätte auch im Rohr losgehen können. Durch das Fahren mit geöffneter Mündungsklappe hätte der Torpedo unter Umständen scharf werden können. Deshalb wurde versucht ihn los zu werden. Hinter dem Torpedo im Rohr steckte der Kolben, der beim Schuss den Torpedo aus dem Rohr drückte. Durch in der Nähe detonierende Wasserbomben hatte sich dieser jedoch verformt. Die Torpedomixer fanden eine leichte Beule, die dazu führte, dass er sich nicht ausstoßen ließ. Werner Fiedler baute die Zündeinrichtung aus.

Nächster Versuch. Es klappte nicht. Also wurde das Boot stark vorlastig gemacht. Jetzt gelang es den Torpedo auszustoßen. Die Zündeinrichtung wurde über Bord geworfen.

Dienstag 17.10.1944
Außer einigen Schreckwasserbomben gab es keine besonderen Vorkommnisse. Das Boot kreuzte zwischen Pointe des Monts und Cap Gaspè und hatte sich dabei dem stark auswärts setzenden Strom unter der Südküste und den schwächeren einwärts setzenden Strom weiter nördlich zunutze gemacht. Die starken Wasserschichtungen machten das Tiefensteuern sehr schwer. Zwar erlaubten sie gelegentlich ein regelrechtes Treiben auf der Schicht in Tiefen zwischen 30 und 50 Meter. Durch die Schichtungen ergaben sich aber auch Probleme in der Schallausbreitung. In bestimmten Schichten konnte nichts gehorcht werden, was über dem Boot vor sich ging, während bei einem Wechsel der Wassertiefe oft ganz plötzlich die Skala des Horchgerätes voller lauter Ortungen war.

Mittwoch 18.10.1944
Der Tag blieb ohne besondere Vorkommnisse. Nur abends gegen 21 Uhr (MEZ) detonierten in einer Entfernung von etwa vier Seemeilen die üblichen Schreckbomben. Ein Zeichen dafür, dass man U 1223 nicht vergessen hatte.

Donnerstag 19.10.1944
Auch dieser Tag blieb ohne besondere Vorkommnisse. Im Horchgerät war tagsüber ein Bewacher zu hören, der seine „Kreissäge" laufen hatte - eine Geräuschboje. Diese Geräuschboje sollte eventuell auf ihn gerichtete „T-5" auf sich lenken.
Pünktlich um 21 Uhr abends, wie auf Programmzeit erwartet, detonierten acht Wasserbomben. Es waren die üblichen Schreckbomben.

Freitag 20.10.1944
U 1223 hatte vor 11 Wochen Kiel verlassen. An Bord trat wieder langsam der langweilige Trott ein, der durch das erstmalige Fehlen der Wasserbomben nach langer Zeit verstärkt wurde. Zwar war das Essen immer noch sehr gut und reichlich, aber ohne jede Abwechslung war das Leben an Bord eintönig und trostlos. Besonders schlimm war für viele, dass erst ungefähr die Hälfte der Fahrt vorbei war.

Sonnabend 21.10.1944
Der Tag verlief ohne besondere Vorkommnisse.

Sonntag 22.10.1944
Wieder verlief der Tag ohne besondere Vorkommnisse. Im Boot herrschte nur kurze Zeit Spannung, als die neuen Funk-Kurznachrichten eingingen.

Montag 23.10.1944

Der Leitende Ingenieur ordnete eine Grundüberholung der Batterie an. Die Arbeit war nicht ungefährlich, da vorher die Batterie komplett entladen werden musste. Ansonsten gab es keine besonderen Vorkommnisse.

Dienstag 24.10.1944

Zum ersten Male während der Fahrt schneite es. Unten im Boot saßen die Männer und sahen von alledem nichts. Meistens sahen sie immer denselben elenden Anblick. Es waren dieselben ausgemergelten Gesichter mit brennenden roten Augen, die von dem ewigen Lampenlicht schmerzten.

Mittwoch 25.10.1944

Gegen 12 Uhr wurde in 320 Grad eine Horchpeilung wahrgenommen. Es wurde ein stark gesicherter Geleitzug ausgemacht. Insgesamt konnten fünf Zerstörer beobachtet werden. Die Entfernung betrug 8000 Meter. Eilig wurden die Torpedos klar zum Schuss gemacht. Es war der übliche Geleitzug, der alle 10 Tage nach England unterwegs war. Da er aber vor dem Boot fuhr, zu weit ab stand und außerdem zu schnell war, konnte er nicht erreicht werden. Deshalb wurde auch die Verfolgung nicht aufgenommen.

Donnerstag 26.10.1944

Der Kommandant ließ dicht unter der Küste fahren. Er hatte die Absicht einen Einzelfahrer des Küstenverkehrs zu knacken. Dies sind meist Fahrzeuge bis zu 2000 BRT, bei denen sich schon ein Torpedo lohnen würde. Im Boot wurden sehr häufig Horchpeilungen wahrgenommen, also blühte hier der Küstenverkehr.

Freitag 27.10.1944

Ahnungslos fuhren feindliche Dampfer über das Boot hinweg, aber Albert Kneip ließ sie ziehen, denn sie waren für einen Torpedo viel zu klein. Trotzdem war es vom Kommandanten eine große Frechheit so dicht an Land zu fahren. Aber die Frechheit siegte, denn hier vermutete keiner das U-Boot, dass bereits mit zwei Torpedorohren klar zum Schuss fuhr.

Sonnabend 28.10.1944

Am Abend stand U 1223 etwa 2 bis 3 Seemeilen südlich Magdalen. Von Land her schimmerte Schnee und Reif. Gerade als das Boot zum Schnorcheln hochgehen wollte, wurden Horchpeilungen und Schraubengeräusche wahrgenommen. Es mussten kleine Fahrzeuge sein, vermutlich Fischer oder Bewacher?
Der Kommandant kam zur Annahme, dass das Boot bereits in den Tagen zuvor geortet worden war, schließlich stand es immer noch dicht unter der Küste. Deshalb gab er den Befehl von hier zu verschwinden. Er wollte zu seinem alten Tatort vor Pointe des Monts zurück.

Sonntag 29.10.1944

Gegen 04 Uhr meldete plötzlich der Bugraum Schraubengeräusche, die schnell lauter wurden. Sofort kam der Befehl zur Schleichfahrt. Die Geräusche kamen näher und gingen unheimlich laut über das U-Boot hinweg. Es waren Minuten vollster Anspannung. Da oben fuhr ein Geleitzug mit seinen Sicherungskräften, da es aber stockdunkel war, konnte er von U 1223 nicht angegriffen werden.

Montag 30.10.1944

Mittlerweile lag im Boot ein riesiger Abfallhaufen und es stank wie in einem Jauchefass. Seit vier Wochen konnte kein Abfall außenbords geworfen werden. Säcke voller zusammengeschlagener Konservendosen lagen in den Räumen. Die Männer lebten wie die Schweine, aber sie mussten noch etwa drei Wochen warten, bis der Dreck außenbords geworfen werden konnte. Und alles war am Faulen. Über den Köpfen der Besatzung hing Speck, der von Maden wimmelte. Seit 10 Wochen aßen sie von dem Speck und der wollte einfach nicht alle werden. Es war zum Verrückt werden, es gab Essen in Hülle und Fülle, da aber keiner Appetit hatte, wurde dadurch unbewusst an Verpflegung gespart.

Dienstag 31.10.1944

Gegen 08 Uhr wurden die Männer auf ihre Gefechtsstationen befohlen. Der Kommandant erspähte durch das Sehrohr zwei Einzelfahrer mit zirka 5000 Tonnen. Aber sie waren zu schnell und auch zu weit entfernt. Also wurden die Freiwächter wieder in ihre Kojen befohlen. Genau 12 Stunden später ging es wieder auf Sehrohrtiefe und Kneip sichtete einen 800-Tonner genau über die Back fahren. Fast hätte der das Sehrohr mitgenommen. Da vorher keine Schraubengeräusche gehört worden waren, hatten sie Glück, dass er U 1223 auch nicht bemerkte. Wahrscheinlich befanden sie sich gerade in einer der gefährlichen toten Zonen.

Mittwoch 01.11.1944

Das Boot stand zwischen Point Mount und Cap Gaspè auf und ab. In den Abend- und Nachtstunden wurden die Schraubengeräusche mehrerer kleiner Fahrzeuge gehorcht. Durch das Sehrohr wurde eins, im Mond vor dem Boot stehend, beobachtet. Es bot aber kein lohnendes Ziel. Im Boot mussten die Männer Tag für Tag den schlimmen Druck aushalten. Ständig hatten sie ein Klingen in den Ohren und die Trommelfelle der meisten waren schon lange hinüber. Der Druckmesser ging bis zum Anschlag. Öfters kam es vor, dass sich der eine oder andere erbrechen musste und danach nichts mehr sehen konnte. Langsam aber sicher wurden die Männer immer schwächer.

Donnerstag 02.11.1944

Während des Tages konnten etliche Horchpeilungen wahrgenommen werden. Deshalb befahl der Kommandant die Mannschaft auf Gefechtsstation. Kaum hatten sie die befohlenen Plätze eingenommen, als ein kleiner 2000-Tonner dem Boot direkt vor die Rohre lief. Aber er musste U 1223 gerochen haben, denn er fuhr dem U-Boot vor der Nase davon. Gegen 21 Uhr stand U 1223 etwa 40 bis 50 Seemeilen westsüdwestlich Pointe des Monts. Dicht bei der Manicuagan-Halbinsel wurden Schraubengeräusche von einem Einzelfahrer gehorcht. Sofort befahl Kneip auf Sehrohrtiefe zu gehen. Durch das Periskop beobachtete er einen Frachter mit 5000 bis 7000 Tonnen. Eilig befahl der Kommandant den Angriff. Der Obersteuermann meldete fast im gleichem Augenblick: „Torpedowaffe ist besetzt!" „Rohr I bis IV klarmachen zum Unterwasserschuss!" kam sofort der Befehl von Kneip. Wenig später wurde von der Zentrale gemeldet, dass die Torpedorohre geflutet und die Mündungsklappen geöffnet seien. Auch aus dem Bugraum lief die Meldung ein, dass die Rohre I bis IV klar zum Unterwasserschuss seien. Schnell wurden die Gegnerwerte durchgegeben. Der Obersteuermann ermittelte am Vorhaltrechner den Vorhaltwinkel und stellte ihn am Vorhaltschieber des Sehrohres ein. Hastig wurde der Schusswinkel eingegeben, dann war die erregte Stimme des Obersteuermanns Ternes zu hören: „Steht!"

„Rohr I – fertig!" jetzt war wieder der Kommandant an der Reihe.

„Rohr I – ist fertig!" kam prompt die Rückmeldung vom Bugraum.

„Rohr I --- los!" befahl Kneip aufgeregt.

Um 22.14 Uhr fiel der erste Torpedoschuss, der sein Ziel traf. Aber der Dampfer wollte noch nicht sinken. So wurde ein zweiter Torpedo hinterher gejagt. Dieser war ein Fehlschuss, weil das Schiff trotz gestoppter Maschine noch etwas Fahrt voraus machte. Also wurde der dritte Torpedo losgemacht, der sogleich seine Mucken zeigte. Er wurde zum Kreisläufer und kam wieder zurück. Blitzschnell reagierte Kneip und schrie: „LI, auf Tiefe gehen – schnell tiefer!"

Aber der Torpedo war schon da und lief über U 1223 hinweg und suchte sich seinen Weg Richtung Land. Unten im Boot hörten die Männer das unheimliche Geräusch, als der Torpedo über U 1223 hinweg surrte. Wegen der zunehmenden Dunkelheit wurde sogleich der vierte Torpedo losgeschickt, doch der Kommandant hatte sich verrechnet und so ging auch dieser „Aal" vorbei. Vom U-Boot aus konnte beobachtet werden, wie die Besatzung des Dampfers bereits nach dem ersten Schuss in die Rettungsboote ging. Daraufhin befahl Kneip aufzutauchen. Plötzlich wurden Leute auf der Brücke ausgemacht die in Richtung U 1223 zeigten. Um 22.40 Uhr wurde aus dem Heckrohr V ein „T-5 Zaunkönig" losgemacht. Nach fünfeinhalb Minuten Laufzeit wurde eine Detonation gehört und ein weiterer Treffer gesehen, der aber ohne größere Wirkung blieb, außer dass der Dampfer noch etwas tiefer sackte. Vom ersten bis zum letzten Torpedoschuss waren keine 40 Minuten vergangen, aber zum Glück war kein Bewacher zu sehen, obwohl das U-Boot ziemlich tief im St. Lorenz-Strom stand. Mittlerweile war der 03.11. angebrochen und U 1223 hatte sich schon ein großes Stück von der Torpedierungsstelle entfernt. Und noch immer hatte es keine Wasserbomben gegeben. Im Boot war diese Ruhe unheimlich. Der reinste

Nervenfraß, denn keiner wusste genau was anlag. Wurden sie nun von Zerstörern und Flugzeugen gesucht und gejagt oder nicht. Da in der Dämmerung geschossen wurde und jetzt Nacht war, kam dieses dem U-Boot zugute. Bloß die Luft im Boot war mittlerweile 24 Stunden alt und bald musste man wieder den Schnorchelbetrieb aufnehmen, um die Batterien aufzuladen und die Luft im Boot zu erneuern. Der Kommandant ließ das Boot einfach vom Ort des Geschehens mit dem Strom wegtreiben. Noch in der Nacht wurde ein Geleitzug einlaufend, aber weit weg, beobachtet. Trotzdem wurde gegen Morgen wieder geschnorchelt.

Am 02.11.1944 war die 10.000 Tonnen große „Fort Thompson", mit einer Ladung Getreide für den nordafrikanischen Kriegsschauplatz an Bord, als Einzelfahrer auf den Weg von Montreal über Quebec nach Sydney. Das Schiff stand etwa sechs Meilen vor Matane als eine Explosion den Laderaum aufriss. Zuerst war man der Meinung, dass es sich um eine Kessel- oder Minenexplosion handelte. Durch die schwere und heftige Detonation gerieten vermutlich einige Besatzungsmitglieder der „Fort Thompson" in Panik und setzten ein Rettungsboot aus. Da die 12 Mann keine Riemen im Boot fanden, ließen sie sich auf die Küste zu treiben und gingen bei Matane an Land.

Trotz des zweiten Torpedotreffers eine halbe Stunde später, gelang es den 45 Offizieren und Seeleuten, die noch an Bord der „Fort Thompson" geblieben waren, dass Schiff schwimmend zu halten bis Hilfe eintraf. Den Beweis für einen Torpedoangriff lieferte später die Werft, als Marinepersonal Metallstücke in einer Luke entdeckten, die zweifelsfrei als die von einem deutschen Torpedo identifiziert wurden.

Der Grund, weshalb die U-Boot-Abwehr nicht sofort einsetzte, lag darin, dass die operativen Dienststellen überzeugt waren, die Beschädigungen der „Fort Thompson" würden von Minen herrühren. Deshalb schickten sie vorerst nur einen Minensucher zur Hilfeleistung. Die Gründe dieser Dienststellen waren Folgerungen des kanadischen Marinenachrichtendienstes, dem Peilstationen an der Küste berichteten, dass keine U-Boote mehr westlich von Neufundland seien. Deshalb wurden von der Operationsabteilung fast alle Geleitstreitkräfte des St. Lorenz-Stromes außerhalb der Mündung in freien Gewässern zusammengezogen. Beim Angriff von U 1223 auf die „Fort Thompson" waren im St. Lorenz-Strom praktisch keine U-Boot-Abwehrkräfte vorhanden.

Die „Fort Thompson" fuhr unter britischer Flagge und hatte 7.134 BRT. Torpediert wurde sie auf Position 48°55' Nord / 67°41' West. Der Dampfer konnte mit eigener Kraft Bic Island erreichen. Am 04.11. wurde er mit Hilfskraft nach Quebec gebracht, bevor die „Fort Thompson" am 10.12.1944 nach St. John zur Reparatur kam.

Freitag 03.11.1944
Mittlerweile waren 12 Stunden nach dem letzten Torpedoschuss vergangen und noch immer hatte U 1223 keine Wasserbomben abbekommen. Aber dafür passierte ein anderes Unglück. Gerade wurden die Torpedos nachgeladen und gelenzt, als das Boot plötzlich achterlastig wurde und die Back die Wasseroberfläche durchbrach. U 1223 befand sich auf Schnorchelfahrt und die immer mehr zunehmende Achterlastigkeit brachte das Boot in Gefahr. Schon schrillten die Alarmglocken und der Leitende Ingenieur brüllte: „Alle Mann voraus!"
Nun rannte und hangelte alles den „steilen Berg" hinauf, nach vorne in den Bugraum, bis auf den Doktor, der in seiner Koje liegen blieb. Unendlich langsam senkte sich der Bug und gelangte wieder auf Tiefe. Offiziere und Besatzung konnten es kaum glauben, es war das dritte Mal, dass U 1223 an einem Freitag durch Achterlastigkeit in Gefahr kam.

Sonnabend 04.11.1944 – Sonntag 05.11.1944
U 1223 trieb sich immer noch im St. Lorenz-Golf herum. Viele Männer der Besatzung waren jetzt an einem Punkt angelangt, wo sie an Bord alles öd und leer empfanden. Die Stumpfsinnigkeit der sich immer wiederholenden Gespräche brachte manche dazu, überhaupt nicht mehr mit jemanden zu reden. Andere erfanden Lügen oder redeten nur noch von der Heimreise.

Montag 06.11.1944 – Dienstag 07.11.1944
U 1223 patrouillierte zwischen Seven Islands und Point Mount auf und ab. Am 07.11. befahl der Kommandant auf 180 Grad zu steuern. Gleichzeitig ging ein Funkspruch vom B.d.U. ein: „Annehme Ihr Erfolg vom 02.11.!"
Im Boot ist es wieder kälter geworden. Alle froren und es schien so, als würde es von Tag zu Tag kälter werden, schließlich waren es nur noch 7 Grad. Die Decke des Bootes war voller Schwitzwasser und es tropfte von oben. Auch das Kojenzeug war feucht und man bekam es nicht trocken.

Am 07.11.1944 vermeldet das Kriegestagebuch des B.d.U. folgendes:
Nach Pressemeldungen werden 47 Mann eines im St. Lorenz-Strom fahrenden Frachters vermisst. Das Schiff wurde durch ein U-Boot versenkt. Es wird angenommen, dass es sich um einen Erfolg von U 1223 handelt.

Mittwoch 08.11.1944
Wegen dem langen Ausbleiben von Horchpeilungen war anzunehmen, dass die Kanadier den Verkehr eingestellt hatten, um die Geräusche von U-Booten besser orten und hören zu können. Auch heute wurden mehrere Suchschiffe bemerkt. Deshalb konnte nicht geschnorchelt und damit auch die Batterien nicht aufgeladen werden. Um 10.25 Uhr ging das Boot nach einer Horchpeilung auf Sehrohrtiefe. Kneip erkannte ein Fahrzeug, dessen Aufbauten einem Kreuzer

ähnelten. Schnell kam der „Brocken" näher, so schnell, dass sich U 1223 erst auf 16 Meter Tiefe befand, als das Kriegsschiff donnernd über das U-Boot wegrauschte. Es war ein schauerliches Geräusch und alle blickten wie gebannt nach oben. Da noch lange Zeit eine Horchpeilung bestand, konnte auf keinen Fall geschnorchelt werden. Doch die Luft war mehr als 24 Stunden alt und ein Mann musste sich bereits erbrechen. Ganz plötzlich fielen 12 schwere Wasserbomben bedenklich nahe am Boot. Ihre Explosionen wirbelten U 1223 ganz schön durcheinander. Aber außer einigen Glasschäden blieb es unversehrt.

Donnerstag 09.11.1944

Gegen 01 Uhr bemerkte Wolfgang Steinort, der I. Wachoffizier, beim Schnorcheln Richtung Land, lebhaften Morseverkehr. Wieder musste U 1223 in die Tiefe, obwohl die Batterien noch nicht voll waren. Etwa um 04 Uhr morgens befahl der Kommandant erneut zu Schnorcheln. Doch das ging nur eine halbe Stunde gut. Plötzlich sichtete der I. Wachoffizier durch das Sehrohr, gegen den helleren Himmel (Nordlicht) über der Küste, einen gestoppt liegenden Zerstörer, in einer Entfernung von nur 200 Meter. „Alarm!" rief der I. WO, bereits das Sehrohr einziehend. Blitzartig tauchte der Kommandant in der Zentrale auf und befahl eilig: „Auf 80 Meter gehen, LI!" Rasant ging das Boot auf Tiefe und der Leitende Ingenieur steuerte es bei 80 Meter ein. Mittlerweile gingen die Maschinen des Zerstörers an. Er lief in nächster Nähe an U 1223 vorbei und dann mit hoher Geschwindigkeit ab. Urplötzlich waren zwei weitere Suchfahrzeuge zu hören, die ebenfalls gestoppt gelegen und auf das U-Boot gewartet hatten. Aber sie laufen ab. Keines der Kriegsschiffe griff U 1223 an. Hatten sie das U-Boot nicht erfasst, oder hatten sie vielleicht Angst vor den T-5-Torpedos?

Freitag 10.11.1944

Wiederum gab es beim Schnorcheln eine kurze Unterbrechung. Ein Flugzeug überflog das Boot, entdeckte es aber nicht. Die Stimmung an Bord war wieder gut, denn der Tag der Heimreise rückte immer näher und die Männer kamen wieder auf neue Gedanken.

Sonnabend 11.11.1944

Um 11.11 Uhr und in der 11. Woche in See stehend, kam für die Besatzungsmitglieder der erlösende Befehl: „Heimmarsch!" Es war in Worten nicht auszusprechen, wie sich die Männer freuten. Alle glaubten jetzt, die Rückfahrt zu überstehen und hofften weiter auf ihr Glück. Aber U 1223 stand noch nördlich von Cap Caspè und bei den erfahrenen Oberfeldwebeln traten die ersten Sorgen auf, denn die schweren Wochen standen noch bevor. Sie würden sicher gejagt werden wie die Hasen. Schließlich brauchte man noch mehrere Tage, um hier aus dem St. Lorenz-Strom zu kommen. Erst in etwa acht Tagen könnte das Boot es wagen aufzutauchen, um dann auch endlich ausmisten zu können. Der stinkige Abfall, der überall im Boot herum lag, musste dringend über Bord.

Weiterhin dürfte die Fahrt über den Atlantik infolge Nebels oder Stürmen, die sich um diese Jahreszeit fast immer abwechselten, nicht gerade sehr angenehm werden. Aber immerhin würde es noch der beste Teil der Rückreise werden. Denn durch die Islandpassage und den streng bewachten „Rosengarten" würde U 1223 auf eine bedeutend stärkere Sicherung stoßen, als bei der Ausreise. Die gesamten Überwachungsstreitkräfte, die bisher in der Biscaya durch die Invasion gebunden waren, waren nun frei geworden und dienten dem Gegner zur Überwachung der großen Strecke, die U 1223 passieren musste, wenn es nach Norwegen oder gar nach Deutschland wollte. Dann war U 1223 gezwungen, mindestens wieder drei Wochen zu tauchen oder zu Schnorcheln.

Sonntag 12.11.1944
Der Tag verlief ohne besondere Vorkommnisse.

Montag 13.11.1944
Beim Schnorcheln blieb ein Diesel stehen, ein Ventil war abgerissen. Der Schaden wurde schnell vom LI und seiner Mannschaft behoben.

Dienstag 14.11.1944
U 1223 fuhr seelenruhig auf 30 Meter, als es bei Bird Isle von einem auslaufenden Geleitzug überholt wurde. Dabei detonierte eine schwere Wasserbombe in 3- bis 4 Seemeilen Entfernung.

Mittwoch 15.11.1944
Der Tag verlief ohne besondere Vorkommnisse.

Donnerstag 16.11.1944
U 1223 passierte die Cabot-Straße. Zwischen 04- und 06 Uhr werden im Horchgerät zwei Bewacher ausgemacht, die aber Richtung St. Lorenz-Strom abliefen. Außerdem erschwerte die sehr grobe See das Schnorcheln. Um 22.05 Uhr wurde aufgetaucht, kurz darauf aber wieder getaucht, da dass „Tunisgerät" defekt war.

Freitag 17.11.1944
Bei Einbruch der Dunkelheit konnte endlich aufgetaucht werden. Sofort wurden die Abfälle der letzten sieben Wochen über Bord geworfen. Bei der groben See war es vier Stunden härteste Arbeit, um den großen Dreckhaufen außenbords zu bekommen, und das bei diesem abscheulichen Gestank. Schließlich war alles verfault und fing bei der kleinsten Bewegung an, bestialisch zu stinken. Jede Dose musste „leckgeschlagen" werden, so dass sie sofort unterging, damit der Feind den Standort des Bootes nicht ausmachen konnte. Nach getaner Arbeit wurde getaucht und vom Kommandanten gründliches Reinschiff im ganzen Boot befohlen.

Sonnabend 18.11.1944

Um 21.57 Uhr tauchte das Boot auf der Neufundlandbank wieder auf. Doch kaum an der Wasseroberfläche, meldete der Matrosengefreite Czernia achteraus einen vor Anker liegenden Zerstörer in zirka 600 Meter Entfernung. Nur eine Minute nach dem Auftauchen ging es mit Alarm wieder in die Tiefe. Doch U 1223 blieb unbemerkt und setzte sich mit Schleichfahrt ab. Später wurde wieder geschnorchelt.

Sonntag 19.11.1944

Um 02.30 Uhr, mitten auf der Neufundlandbank, wurden mehrmals Zerstörer gehorcht und gesichtet. Und schon donnerte ein schneller, stark gesicherter Geleitzug über das Boot hinweg, mit ungefähr 8- bis 10 Zerstörer. Zudem konnte nicht auf größere Tiefe gegangen werden, denn U 1223 stand noch auf der Sandbank. Offensichtlich vermutete man das Boot in der Nähe, denn ein Zerstörer stoppte genau über U 1223. Unten im Boot mussten sie jetzt Ruhe bewahren. Keiner bewegte sich, die Blicke richteten sich starr nach oben, fast vergaßen die Leute zu atmen. Noch hatten die Zerstörer das Boot nicht aufgefasst, aber sie nahmen jetzt ihre „Sägen" in Betrieb und das kostete die Männer unten im Boot viel Kraft. Trotzdem gelang es Albert Kneip, sich vorerst abzusetzen, ab 22 Uhr wurde der Schnorchelbetrieb wieder aufgenommen.

Montag 20.11.1944

In den Morgenstunden hatten die Zerstörer die Fährte von U 1223 wieder aufgenommen. Fast den ganzen Tag verfolgten sie das Boot, ohne es jedoch anzugreifen. Vielleicht hinderte sie das schlechte Wetter. Der B.d.U. forderte mittlerweile das Boot zu einer Standortmeldung auf. Außerdem hatte der Mechanikermaat Schwartz Geburtstag. Nach den Glückwünschen gab es eine kleine Feier.

Dienstag 21.11.1944

Die Neufundlandbänke wurden passiert. Endlich stand das Boot wieder in tiefem Wasser, aber zugleich nahm der Seegang wieder stark zu.

Mittwoch 22.11.1944

U 1223 war jetzt 117 Seemeilen ohne jede Ortung über Wasser gefahren. Als das Boot planmäßig bei Dämmerungsanfang tauchte, meldete der Funker am Horchgerät schnelle Schraubengeräusche in Lautstärke 1. Aber nichts kam in Sicht. Also musste es außerhalb der Sichtweite am Boot vorüber gefahren sein. Wie so oft in letzter Zeit hatten sie wieder einmal großes Glück gehabt. Schließlich war ja auch der Geburtstag des II. WO.

49

Donnerstag 23.11.1944

Plötzlich trat ein sonderbares Geräusch auf. Es war die Ortung von drei Zerstörern. Diese Suchgruppe war mal weiter weg, kam dann wieder näher ran an das Boot. Die „pink-pink"-Geräusche der Ortung konnten einem mit der Zeit wahnsinnig machen. Die Bootsführung wartete mit dem Auftauchen noch sechs Stunden, dann ging es mit einem Gewaltstreich nach oben, obwohl der Feind sicher noch in der Nähe war. Jeder Mann von der Brückenwache war voller Spannung und sie suchten haargenau ihre Sektoren ab. Zum Glück funktionierte die „Fliege" und somit merkten sie sofort im Boot, falls sie geortet wurden. Zum Glück herrschte nur geringer Seegang und U 1223 konnte mit halber Fahrt davon fahren. Es war sternenklar und laufend fielen helle Sternschnuppen vom Himmel, die man leicht mit einer Leuchtkugel verwechseln konnte. So fuhr das Boot nun schon drei Stunden über Wasser, als der Ausguck vom vorderen Sektor ein Licht meldete. Sofort ging es mit Alarm auf Tiefe. Gerade auf der befohlenen Tauchtiefe angelangt, hörte der Funker auch schon die Ortung. Die Besatzung war sogleich der Annahme, dass sie immer noch der Verfolgung durch die Zerstörer ausgesetzt waren. Wieder wurde drei Stunden unter Wasser gewartet, um es dann noch mal zu versuchen, zu entwischen. Erneut ging es hoch und das Boot lief mit halber Fahrt davon. Die Ausgucke waren verwundert über das Blitzen am Himmel. Sie wussten nicht, ob es Wetterleuchten oder Scheinwerfer waren. Trotzdem befahl der Kommandant über Wasser zu bleiben. Das Boot fuhr bis Tagesanbruch durch, um dann wieder zu tauchen. Alle fragten sich, ob die Suchgruppe noch da war. Und richtig, immer noch hörte man ganz leise ihre Ortung im Horchgerät. Aber sind es Zerstörer die da suchen, oder sind auch Flugzeuge dabei, die vielleicht ein unbekanntes Ortungsgerät hatten? Schließlich wurde U 1223 über Wasser nicht geortet. So wurde das Boot weiter gejagt und das kostete der Besatzung doch Nerven, da ruhig zu bleiben. Außerdem hatte U 1223 seit sieben Wochen keinen Funkspruch mehr abgesetzt. Zu Hause würden sie bestimmt gerne wissen wollen, ob Boot und Besatzung noch unter den Lebenden weilten. Und jetzt musste der Kommandant innerhalb der nächsten sieben Tage einen genauen Lagebericht abgeben, unter anderem auch die Erfolge des Bootes melden. Albert Kneip war nicht erbaut davon, schließlich könnte die lange Funkmeldung den Standort des Bootes verraten.

Dieser Funkspruch von U 1223 wurde am 26.11.1944 im KTB des B.d.U. mit folgendem Inhalt vermerkt:

U 1223 gibt Lage St. Lorenz-Strom: Westgeleite gesichert über BA 3598 oder aufgelöst entlang Südküste. Nach bemerkt sein wird Gebiet nachts passiert, schwache Abwehr in Küstennähe, mit zeitweilig gestoppt liegenden Zerstörern und ungeübten Suchgruppen. Schreckwabos. Bis 30 Meter Horch- über Sehrohrsichtreichweite. Schnorcheln durch flach gehende Fahrzeuge (Leichter) mit und ohne Lichter behindert, jedoch bis Lautstärke 3 möglich.

Erfolge: 14.10. in BA 3589 Zweierfächer auf Geleit. Versenkt: 1 Zerstörer.
02.11. in BA 3829 Frachter von 5000 BRT. Kurs 40 Gr., 8 sm.

Freitag 24.11.1944

Die See beruhigte sich zunehmend, U 1223 kam gut voran und letztendlich hatten auch die nervenden Ortungen aufgehört.

Sonnabend 25.11.1944

Durch die herrlich ruhige See machte das Boot gute Fahrt. Die Nacht war dunkel wie in einem Sack, man konnte nicht einmal die Kimm sehen. Wieder hatten sie mächtig Glück, denn seit 14 Stunden war das Boot ohne jede Ortung und Unterbrechung über Wasser gefahren. Dadurch wurden 120 Seemeilen geschafft.

Sonntag 26.11.1944

Das Boot war jetzt im Golfstrom angekommen, deshalb stieg die Temperatur im Boot stetig an. Schon waren 18 Grad Wärme erreicht und die Männer waren die Hitze gar nicht mehr gewöhnt. Oben auf der Brücke pfiff der Brückenwache ein warmer Föhn um die Ohren. Um 03.45 Uhr wurde eine Horchpeilung gemeldet und Albert Kneip befahl sofort auf Schleichfahrt zu gehen. Es waren ein Zerstörer und ein anderes Fahrzeug. Von Zeit zu Zeit stoppten sie, liefen wieder an, aber U 1223 konnten sie nicht finden. Das Boot konnte mittlerweile mit Kursänderung und Schleichfahrt entkommen

Montag 27.11.1944

Der Tag begann mit einem schweren Sturm aus nordwest- bis westlicher Richtung. Heute wurde ein Funkspruch mit Standort, Wetter und Lagebericht abgesetzt, wenig später aufgrund einer Ortung durch ein Flugzeug wieder getaucht.
Vom B.d.U. ging eine Funkmeldung ein, die dem Kommandanten Albert Kneip den Marsch durch die Dänemark-Straße freistellte.

Dienstag 28.11.1944

Über Wasser peitschte ein Sturm riesige Wellenberge auf und obendrauf tanzte und schaukelte das kleine U-Boot, bis es wieder tief hinunter in ein Wellental fiel. Schwere Brecher krachten über die Brücke hinweg. Jeder der Ausguckposten hatte sich gut angeschnallt und musste sich eisern festhalten, um nicht außenbords geschleudert zu werden. Die oben stehenden waren schon nach wenigen Minuten durchnässt und mit den nassen, schweren Klamotten standen sie dann noch volle vier Stunden auf Wache. Aber keiner wurde krank oder fiel aus. Schließlich hatte auch Kneip die Nase voll und befahl zu tauchen.
Abends nach dem Auftauchen gab es eine Ortung, die U 1223 mit Alarm unter Wasser zwang. Gleichzeitig wurden Asdic-Geräusche wahrgenommen. Doch

wieder gelang es dem Kommandanten mit Schleichfahrt und Kursänderung seine Verfolger vorerst abzuschütteln.

Mittwoch 29.11.1944

U 1223 fuhr bereits drei Stunden über Wasser als erneut eine Ortung gemeldet wurde, eilig ging es mit Alarm auf Tiefe. Das Boot wurde von einem Zerstörer eingepeilt und man hörte seine nervenaufreibenden Ortungen. Plötzlich detonierten neun Wasserbomben etwas weiter ab. Alle saßen und lagen lauschend in den Kojen, voller Spannung hingen ihre Blicke an der Decke des Bootes. So hörten sie die Knallortung mal nahe, mal fern. Die Verfolgung dauerte noch vier Stunden, dann war vom Gegner nichts mehr zu hören. Die Besatzung machte sich so ihre Gedanken, denn bisher war die Heimfahrt nur eine einzige Hetzjagd gewesen. Und je näher sie dem europäischen Festland kämen, desto intensiver würde die alliierte Treibjagd auf sie werden.

Donnerstag 30.11.1944 – Freitag 01.12.1944

U 1223 stand ungefähr auf Position 60° Nord / 28° West. Seit dem Verlassen der Cabot-Straße nahm der Seegang immer mehr zu. Unter Wasser machte er sich noch bei über 100 Meter bemerkbar. Bei Dämmerungsbeginn wurde aufgetaucht. Über Wasser herrschte sehr schwere See, mit Seegang 10 und Orkanböen aus Westen. Das Boot schnitt in der aufgewühlten See mehrfach unter und nahm viel Wasser durch das Turmluk über, so dass ständig gelenzt und auch angeblasen werden musste. Es war ein Wetter, wie es auch die erfahrenen Männer an Bord noch nicht erlebt hatten. Auf der Brücke standen die Ausgucke teilweise bis zum Hals im Wasser und oft war von der Brücke überhaupt nichts mehr zu sehen. Der von achtern kommende Wind und Hagelschlag peitschte ihnen in den Nacken und an Ausguck halten war nicht zu denken. Das Turmluk musste für alle Fälle offen bleiben und so gingen beim Überholen der Wellen ungeahnte Wassermengen in das Boot, die trotz Anschaltens sämtlicher Pumpen nicht zu bewältigen waren. In der Zentrale standen die Männer bis zu den Knöcheln im Wasser. So wurde U 1223 laufend unter Wasser gedrückt und in der Zentrale mussten sie laufend anblasen, damit das Boot wieder hochkam. So ging allmählich die Druckluft zu Neige, obwohl die Luftverdichter auf vollen Touren arbeiteten. Doch das bisher Erlebte war nur ein Vorspiel, denn jetzt reihte sich ein Pech ans andere. Gegen Mitternacht gab es erneut Unruhe im Boot. Ein Ruderversager war aufgetreten, hastig wurde der Notsteuerstand besetzt. Plötzlich trat noch eine Ortung von einem Zerstörer oder größerem Schiff auf und das Boot ging mit Alarmtauchen unter Wasser. Dabei sackte es auf große Tiefe durch, schließlich war im Boot zuviel Wasser, wodurch es viel zu schwer wurde. U 1223 sackte wie ein Stein in die Tiefe. Sofort wurden alle Pumpen wieder angestellt, doch es dauerte ziemlich lange bis sie zu saugen anfingen. Die Augen der Männer in der Zentrale waren ständig auf das Tiefenmanometer gerichtet und die Nerven waren auf das äußerste gespannt. Endlich, in bereits gefährlicher Tiefe, brachte der Leitende Ingenieur das Boot zum Stehen und alles atmete auf. Doch U 1223 hatte immer noch eine starke Achterlastigkeit und da kam auch schon der Befehl: „Alle Mann voraus!" Allmählich kam das Boot in die Waagerechte. Nun wurde gelenzt und es fing wieder an zu steigen. Nach fünf Stunden war es endlich soweit, das Boot war wieder eingesteuert. Nachdem das Ruder wieder notdürftig repariert und alle Bilgen gelenzt waren, musste das Boot wieder hoch, um die Batterien aufzuladen. Mit gemischten Gefühlen ging es an die Wasseroberfläche zurück. Der Sturm war noch derselbe geblieben und so fuhr man etwa 90 Minuten. Eine Kursänderung nach Steuerbord brachte jetzt die grobe See fast genau von achtern. Doch der Orkan nahm an Heftigkeit zu. Die Luft schien mit hoher Spannung geladen zu sein. Aus der Funkantenne und dem „Tunisgerät" sprühten wieder die Entladungen; der Klabautermann ließ grüßen! Mittlerweile liefen mehrfach schwere Seen von achtern über das Boot, die Diesel bewältigten nicht mehr den auf dem Auspuff stehenden Wasserdruck. Ein Wasserschlag am Steuerbord-Diesel zerschlug durch eine verbogene Kolbenstange die Zylinderbuchse 9. Er mahlte bis zuletzt wie eine Kaffeemühle. Es dauerte nicht lange, dann „soff" auch noch der Backbord-Diesel ab und das Boot lag gestoppt in dem Wetter. Es wurde wie ein Ball hin und her geworfen. In Eile wurden nach kurzer Zeit die E-Maschinen eingeschaltet und es ging mit „Großer Fahrt" auf Tiefe. Jetzt erst hörten alle was sich zugetragen hatte und wie schlimm es um sie stand. Schleunigst wurde der Backbord-Diesel wieder in Ordnung gebracht. Mit diesem klapprigen Diesel stand U 1223 mitten im Atlantik, zirka 2000 Meilen von Deutschland entfernt. Was das bedeutete, kann nur ein U-Bootfahrer beurteilen. Das gesamte Maschinenpersonal arbeitete eifrig. In 20-stündiger Reparaturarbeit unter Wasser gelang es, den Kolben von Zylinder 9 aufzuhängen, so dass der Diesel auf acht Zylinder lief. Nach Mitternacht des 02.12.1944 wurde wieder aufgetaucht. Trotz leichter Wetterverbesserung herrschte immer noch Sturm. Um 02 Uhr lief der Steuerbord-Diesel wieder auf acht Zylindern, war aber nicht mehr auf die Welle zu schalten, sondern wurde nur noch zum Laden gebraucht. Ein weiteres Problem trat mit dem Proviant auf. Die Fahrt nach Norwegen oder Deutschland würde noch 6- bis 7 Wochen dauern. An Bord war aber nur noch Proviant für vier Wochen. Also musste rationiert werden. Trotzdem hofften alle, heil nach Deutschland zu kommen.

Sonnabend 02.12.1944

Immer noch wurde am Diesel gearbeitet. Das Maschinenpersonal war rabenschwarz. Nach der anstrengenden Arbeit waren alle müde und ausgelaugt, sie wollten nur noch schlafen. Seit 24 Uhr fuhren sie wieder aufgetaucht. Es herrschte noch immer Seegang 7- 8, aber der Sturm hatte nachgelassen. Als der Diesel vorsichtig angelassen wurde, stampfte und fauchte er wie ein altes „Walross". Das Boot zitterte in allen Fugen und man meinte, es würde jeden Moment in der Mitte durchbrechen. Das Problem war der Steuerbord-Diesel, der nur noch auf acht Zylinder lief, weshalb sich eine starke Unwucht bemerkbar machte. Er konnte nicht mehr auf Welle geschaltet und nur noch zur Batterieladung benutzt werden. Der Leitende Ingenieur meinte scherzhaft, jeder solle die Daumen drücken, damit sie den „Klapperkasten" noch nach Hause bringen würden. Kneip ließ noch die verlangte Wettermeldung absetzen und hängte die Mitteilung an, dass sie immer wieder von Suchgruppen belästigt würden und der Steuerbord-Diesel nur noch bedingt klar wäre.

Sonntag 03.12.1944
Heute war erster Advent und die Besatzung konnte aus der Entfernung die Grüße des Feindes hören. So war das einzige Zeichen der kommenden Weihnacht ein kleiner Adventskranz. Der Kranz wurde aus Toilettenpapierrollen und Holzwolle hergestellt und dann grün angestrichen.

Montag 04.12.1944
Ab dem 04.12. wurde nur noch unter Wasser gefahren. Der Proviant war bereits rationiert, da bei der langsamen Marschfahrt keiner wissen konnte, wie lange das Boot bis zur Heimat brauchen würde. Bei dem winterlichen, oft stürmischen Wetter war das Boot beim Schnorcheln sehr schwer zu halten. Der immer noch hohe Seegang brachte U 1223 laufend zum Unterschneiden, im Boot hatten alle starke Ohrenschmerzen. Gott sei Dank wurde nur so lange geschnorchelt bis die Batterien aufgeladen waren. Um 06 Uhr früh wurde noch einmal für zwei Stunden aufgetaucht, aber der Seegang war noch stärker geworden. Daraufhin wurde wieder getaucht, denn es war viel zu gefährlich, über Wasser zu fahren.

Dienstag 05.12.1944
Vor genau 100 Tagen war das Boot von Bergen ausgelaufen und 20 Tage würden sie wohl noch brauchen, um Norwegen zu erreichen. Der Seegang hatte abgenommen, deshalb konnte besser geschnorchelt werden. Wegen des beschädigten Diesels kam das Boot nur noch langsam voran. Trotz der geringen Fahrt waren im ganzen Boot die Schwingungen zu spüren, die der Diesel verursachte. Es wurde Zeit, dass das Boot in die Werft kam, denn an allen Ecken und Enden, machten sich immer mehr Ausfälle bemerkbar. Darunter litten nicht nur die Maschinen, sondern auch die Besatzung. Die meisten hatten ja seit 100 Tagen keine Sonne oder Tageslicht gesehen, die Heizer hatten noch nicht einmal frische Luft geschnappt.

Mittwoch 06.12.1944
Außer drei Wasserbomben in etwa 10 Seemeilen Entfernung verlief der Tag ereignislos. Heute mussten die Rationen noch einmal verkleinert werden. Aber das war nicht weiter tragisch, die Leute hatten sowieso keinen Appetit. Trotzdem sollte ja nichts weggeworfen werden. Sie ernährten sich seit fast sechs

Monaten von Konserven, also ohne Vitamine. Dies erinnerte an die eisernen Matrosen auf den hölzernen Segelschiffen. Auch bei den Männern von U 1223 fingen die Zähne an zu wackeln, das Zahnfleisch war ganz weiß geworden, ebenso die Fingernägel. Deshalb sehnten sich alle wieder nach Frischproviant.

Donnerstag 07.12.1944

Das Boot stand südlich von Island. Das Wetter hatte sich etwas beruhigt, aber der wechselnde Seegang und die Schnorchelei machte dem Boot und der Besatzung erheblich zu schaffen. Der LI konnte das Boot kaum halten. Oftmals rauschte es durch und nahm dabei große Mengen Wasser auf. Wiederholt kam es deswegen zur Achterlastigkeit des Bootes, wobei der dabei eintretende Unterdruck bei den Männern Schwindelgefühle erzeugte. So hatte jeder sein Leid zu tragen. Zum Beispiel kam dadurch dem Maat Winkel das Blut aus Mund und Nase geschossen. Aber Winkel war deshalb nicht klein zu kriegen. Wozu hatte er überhaupt das Bäckerhandwerk gelernt? Er sagte, er wolle `mal etwas Vernünftiges tun und Vitamine produzieren. Für jeden der Besatzung wollte er ein kleines Schwarzbrot backen. Die Zutaten dafür waren ja alle an Bord vorhanden. Also bekam Maat Winkel vom Kommandanten zwei Tage Backurlaub. Der Fährmann Günter Kassel aus dem Binger Loch wurde Bäckerlehrling. Josef Wanner, der Koch, erlaubte beiden die Benutzung der Kombüse. Nachdem der Sauerteig angesetzt und gereift war, begann die Teigherstellung und das Backen. In den Backofen passten etwa 30 kleine Brote. Es musste also in zwei Schichten gebacken werden. Ein frisches Schwarzbrot war besser als das teuerste Weihnachtsgeschenk. Im ganzen Boot roch es nach Backstube. Inzwischen rappelte ein Funkspruch die Männer wieder hoch. Er besagte, dass U 1223 in Kristiansand-Süd / Norwegen einlaufen sollte. Von hier aus sollte ein Geleit das Boot nach Kiel bringen.

Freitag 08.12.1944

U 1223 hinkte seinem Ziel Norwegen entgegen. Um 16 Uhr gab es eine Horchpeilung Backbord voraus. Das Kriegsschiff hatte sein Ortungsgerät laufend in Betrieb. So blieb alles vollkommen ruhig im Boot und es schlich auf großer Tiefe dahin. Der Kommandant wechselte den Kurs, um dem Feind über Wasser nicht in die Arme zu laufen. So verlor das Boot immer wieder kostbare Zeit. Nach einigen Stunden war die Horchpeilung verschwunden und es wurde wieder auf Schnorcheltiefe gegangen. Doch zuerst musste mehrmals der Kurs gewechselt werden, um beim Schnorcheln die See querab zu haben. Nur eine Minute nach Schnorchelbeginn gab es schon wieder Alarm. Ein Dampfer hatte plötzlich ganz dicht neben dem Boot die Positionslaternen gesetzt. Kneip befahl, U 1223 auf 30 Meter Tiefe einzusteuern. Der Horcher hörte „Asdic"-Geräusche. Wahrscheinlich war es kein Dampfer, sondern eine Suchgruppe, die das Boot jetzt schon seit sieben Stunden beharkte. Aber es war ja wieder einmal Freitag – und schon ist wieder was Besonderes los.

Sonnabend 09.12.1944

Seit über vier Stunden meldeten die Funker eine laufende Horchpeilung. Plötzlich krachten 20 Wasserbomben in nächster Nähe. Danach haute der Schnorchel nicht mehr hin und es kamen ungeahnte Mengen Wasser in das Boot. Trotz der Nähe des Feindes mussten die Pumpen laufend lenzen, aber U 1223 wurde nicht entdeckt.

Sonntag 10.12.1944

Seit sieben Stunden wurde wieder geschnorchelt, mit halbstündigem Rundblick und Horchen. Durch den hohen Seegang und die ewigen Bootserschütterungen war der Sehrrohrausguck erschwert. Trotzdem sind beide Sehrohre fast immer durch den I. und II. Wachoffizier besetzt.

Montag 11.12.1944

Heute Nacht wurde das eigentliche „Rosengarten"-Gebiet, ein vom Feind stark überwachtes Seegebiet zwischen Island, Färöern und Orkney-Inseln, erreicht. Und U 1223 war ohne direkte Feindberührung durchgekommen. Aber nach wie vor stand das Boot in diesem stark überwachten Gebiet und es kroch viel zu langsam der Heimat entgegen.

Dienstag 12.12.1944

An einem Temperatursturz von 17 auf 10 Grad bemerkte die Besatzung, dass sie sich dem Nordmeer näherten. Im Boot war es ziemlich kalt geworden. Aber das wichtigste war, sie hatten den gefährlichen „Rosengarten" hinter sich gelassen und fuhren jetzt mit halber Fahrt unter Wasser der Heimat entgegen. Die Männer fingen an, die Wochen und Tage zu zählen und in drei Wochen wollten sie unbedingt zu Hause sein. Keiner konnte es mehr erwarten, wieder Land unter die Füße zu bekommen.

Mittwoch 13.12.1944

Zwar hatten sie den „Rosengarten" durchfahren, aber jetzt standen sie in einem Seegebiet, in dem mit Treibminen zu rechnen war. In der Ferne waren laufend Wasserbomben-Detonationen zu hören. Etwa drei Stunden nach Mitternacht beobachtete der I. WO Steinort zwei weiße Leuchtkugeln und gab Alarm.

Donnerstag 14.12.1944

In einer Entfernung von etwa 15 Seemeilen wurde eine ganze Serie von detonierenden Wasserbomben gehorcht. Es waren immer acht Stück in einer Serie und sie hörten fünf Serien. Wer weiß, welches Kameradenboot sie da beharkten!

Freitag 15.12.1944

U 1223 stand etwa 450 Meilen von Kristiansand entfernt. Wegen des starken Seegangs konnte schlecht Kurs gehalten werden. Trotzdem rechneten sie damit, zu Weihnachten den norwegischen Hafen anzulaufen. Aber man durfte nicht zu sicher sein. Eine Serie Fliegerbomben in dichter Nähe des Bootes schreckten die Männer wieder hoch. Aber der Kommandant beruhigte sie schnell mit der Aussage, es würde sich nur um den Flieger vom Dienst handeln, der hier um 09.30 Uhr seine Bomben auf alles warf, was sich als ein vermeintliches Ziel anbot.

Sonnabend 16.12.1944

Im Boot ist es fast nicht mehr auszuhalten. Jeder ekelte jeden an. Über Kleinigkeiten, die man im normalen Leben gar nicht wahrnehmen würde, entstanden die größten Meinungsverschiedenheiten. Immer wieder musste sich jeder mit Gewalt zusammenreißen, um den lieben Frieden zu wahren. Die Nerven waren überreizt. Jetzt traten auch Anzeichen von „Tropenkoller" bei der Mannschaft auf, was aus der Seefahrt bekannt war. Das gab sich an Land sofort wieder.

Sonntag 17.12.1944

Es war zum Verrücktwerden, dass Boot stand nur noch 300 Seemeilen von Land ab und konnte trotzdem nicht direkt Kristiansand anlaufen. Es herrschte starker Seegang, auch musste das Boot noch ein ganzes Stück nach Süden laufen und auf das Geleit warten, dass es durch die Minensperre bringen sollte. Mit Zickzackkurs fahrend, schlich U 1223 wie eine Schnecke dahin. Ein jeder von der Besatzung war nervös und fast keiner mehr zurechnungsfähig, denn diese Fahrt hatte an Mensch und Maschine höchste Ansprüche gestellt.

Montag 18.12.1944

Der Tag blieb ohne besondere Vorkommnisse. Nur der Bordbäckermeister und sein Geselle begannen ihre Arbeit für das Weihnachtsfest. Es wurde viel gebastelt und Weihnachtsvorbereitungen getroffen. Allgemein herrschte an Bord eine traurige Stimmung, denn die Eltern daheim erhielten ja keinerlei Lebenszeichen von ihnen. Sie wussten nicht, wo ihre Söhne waren und ob sie überhaupt noch lebten. So würde es eine stille, traurige Weihnacht werden.

Dienstag 19.12.1944

U 1223 hatte nur noch wenige Tage bis Kristiansand zu fahren. Doch der „Tommy" sollte den Männern im Boot das Leben noch einmal schwer machen. Die Briten hatten hier vor der norwegischen Küste eine riesige Abwehr aufgezogen. So gab es schon früh zweimal Alarm. Flugzeuge konnten das Boot orten und sie schossen Leuchtkugeln und Raketen auf U 1223 ab. Schon bei der ersten Ortung leuchtete ein Scheinwerfer auf den Schnorchel. Dann wurde ein Zischen im Wasser ganz dicht am Boot gehört. Es bestand die Annahme, dass es sich hierbei um einen Blindgänger handelte. Jeder wusste, dass noch einige gefährliche Tage bevorstanden, aber alle vertrauten auf das Glück, das sie bisher noch nie verlassen hatte.

Mittwoch 20.12.1944
U 1223 kam wieder langsamer voran und sofort wurde auch die Stimmung an Bord stetig nervöser.

Donnerstag 21.12.1944
Den ganzen Tag über wurden Fliegerbomben, einmal nah, dann wieder weiter weg, gehört. Trotzdem wurde ruhig weiter geschnorchelt, schließlich befand sich das Boot bereits auf der 200 Meter-Grenze.

Freitag 22.12.1944
Der Kommandant hielt eine Rede. Er sagte der Besatzung freudig, dass U 1223 am Heiligen Abend in Kristiansand einlaufen würde, vorausgesetzt, dass nichts dazwischen käme. Jubel und Freude bei den Männern waren groß, wie lange nicht mehr. 23 Uhr, das Boot schob sich inzwischen langsam an die Küste heran. Durch einen Funkspruch hatte Kneip U 1223 bereits angemeldet. Doch als das Geleit angefordert werden sollte, bekam der Funkmaat zunächst keine Verbindung. Erst beim dritten Versuch – es musste ja jedes Mal aufgetaucht werden – meldete sich die Funkstelle und gab als Termin für das Treffen mit dem Geleit den nächsten Tag, 17 Uhr, bekannt. Also würden sie, wenn alles Gut ging, dass Weihnachtsfest an Land feiern. Vielleicht würde es auch gleich weiter nach Deutschland gehen, keiner wusste wie lange der Aufenthalt in Norwegen dauern sollte. Aber noch sind sie nicht geborgen. Auch heute wurden mehrere schwere Detonationen gehört. Da geschnorchelt wurde, war Duschwasser im Dieselraum kostenlos erhältlich, allerdings mit Salzzusatz. Viele nahmen die Chance wahr. Ein richtiger Seemann wäscht sich von je her gründlich, bevor sein Schiff in den Hafen segelt. Schließlich waren sie jetzt fünf Monate von Familie und Heimat getrennt. Jeder wollte so schnell wie möglich nach Hause. Doch keiner konnte sagen, was dort los war. Vielleicht ist Urlaub gar nicht mehr möglich, sinnierte jeder so still vor sich hin.

Sonnabend 23.12.1944
Um 17 Uhr tauchte U 1223 am Geleitaufnahmepunkt bei Lister auf. Die Sicht war schlecht und es war dichter Nebel. Erst nach mehr als einer Stunde fanden die Geleitfahrzeuge das U-Boot. Es waren zwei winzige Marine-Fischkutter. Sie sollten U 1223 nach Farsund geleiten. Die beiden Kutter waren ziemlich wüst bestückt, mit Waffen fast aller Art. So folgte das Boot seinen Geleitfahrzeugen durch die Schären. Hier sind oft riesige Felsen dicht unter der Wasseroberfläche. Und wirklich, nur 300 Meter vor der Anlegestelle im Hafen lief das Boot auf einen Felsen auf, da keiner mehr imstande war, den Morsespruch auf-

zunehmen, mit dem der eine Kutter vor dem Felsen warnen wollte. Doch Glück im Pech, das Boot kam schnell wieder frei und machte gegen 20 Uhr in Farsund fest. Seit dem Auslaufen aus Bergen waren 118 Tage vergangen. Für die Besatzung kam nun der große Augenblick. Sie betraten zum ersten Mal nach fünf Monaten Land. Zuerst mussten sie wieder laufen lernen, es ging wie auf Eiern. Nach der Begrüßung stolperten sie schwankend in das nächste Quartier. Um 22 Uhr wurden die ersten deutschen Nachrichten gehört. Doch an Ausruhen oder Schlafen war nicht zu denken. Das Boot sollte noch in der Nacht nach Kristiansand verlegen. Obwohl noch einiges an Frischzeug an Bord kam, konnte keine richtige Fröhlichkeit aufkommen, wie man eigentlich erwarten musste. Es war der Besatzung klar, dass sie von einem Weihnachtsfest nicht viel haben würde. Als dann der Befehl kam, dass das Boot wieder raus musste, um nach Deutschland zu fahren, waren alle ziemlich deprimiert. Nun wussten sie genau, dass sie die Feiertage in See verbringen würden.

Sonntag 24.12.1944
Gegen 03 Uhr wurde von Farsund im Geleit eines großen U-Jägers ausgelaufen. Die Fahrt nach Kristiansand verlief ereignislos und um 08 Uhr morgens machte U 1223 dort fest. Doch wiederum wurde der Besatzung nur wenig Ruhe gegönnt. Am Nachmittag sollte es nach Deutschland gehen, als Einlaufhafen wurde Flensburg befohlen. Pünktlich um 17 Uhr verließ U 1223 Kristiansand im Geleit. Aber sie hatten ein langsames Geleit bekommen. Mit nur sechs Knoten Fahrt schlichen sie dahin. Vor der Küste gab es sofort Ortung durch Flugzeuge. Eine Maschine kreiste in der Nähe, stürzte sich plötzlich auf das Boot und überflog es achtern, aber ohne anzugreifen oder sogar Bomben zu werfen. Mittlerweile schaukelte U 1223 mit 5- bis 6 Knoten Fahrt durch die Nordsee. Es war ein Jammer, dass der Begleitdampfer nicht schneller laufen konnte. So würde das Boot frühestens in der Nacht nach den Feiertagen in Flensburg ankommen. Alle waren erstaunt, dass Flensburg der Einlaufhafen war und nicht Kiel. In Norwegen hatten sie Frischproviant bekommen, Kartoffeln, Brot, Fleisch und Wurst. Schon am ersten Abend gab es Pellkartoffeln mit Salz und Butter. Für die Besatzung eine Delikatesse.

Das KTB des B.d.U. vermerkt am 24.12.1944 folgendes über U 1223:
Nach Kurzbericht U 1223 hat das Boot im Quadrat BA 38 eine ganze Reihe von Feindzielen (Geleite und Einzelfahrer) gehabt, ebenso in BB 18. Kommandant beurteilt Operationsgebiet als Erfolg versprechend, da regelmäßiger Verkehr und geringe Abwehr.

Montag 25.12.1944
U 1223 war durch das Skagerrak hindurch und stand im nördlichen Kattegat. Somit hatte das Boot eine gefährliche Ecke des Rückmarsches nach Deutschland hinter sich gebracht. In der Nacht wechselte das Geleit und im Morgen-

grauen ordnete Kneip eine Fla-Waffen-Erprobung an. Um das eigene Geleit herumfahrend, schoss U 1223 aus allen Rohren. Es war das reinste Freudenfeuerwerk und die Stimmung an Bord besserte sich daraufhin merklich. Alle lachten und feixten miteinander, sie hatten es bald geschafft!

Das KTB des B.d.U. vermerkt am 25.12.1944 folgendes über U 1223:
Aus Torpedo-Kurzbericht von U 1223 geht hervor, dass das Boot am 14.10., außer gemeldetem Zerstörer noch einen Dampfer in BA 3589 torpediert hat. Versenkung wahrscheinlich, da Sinkgeräusche im Boot zu hören. Aus dem Bericht geht hervor, dass das Boot im St. Lorenz-Strom insgesamt 3 Geleitzüge und 3 Einzelfahrer gesichtet und 7 bis 10mal Horchpeilungen von Fahrzeugen gehabt hat. Zum Schuss gekommen ist das Boot nur auf einen Geleitzug und einen Einzelfahrer. Mit einem Typ XXI-U-Boot (hohe Geschwindigkeit) wäre das Boot an alle gesichteten Fahrzeuge mit Sicherheit, an gehorchte Ziele mit großer Wahrscheinlichkeit herangekommen. Außerdem hätten die Angriffschancen und Erfolgsaussichten am Geleitzug in ganz anderer Form ausgenutzt werden können. Mit einem Typ XXI-Boot wäre bei diesen Verhältnissen ein wesentlich größerer Erfolg erzielt worden.

Dienstag 26.12.1944
Gegen Abend wurde Flensburg-Feuerschiff erreicht. U 1223 war von dichtem Nebel umgeben, woraufhin der Kommandant das Boot in der Geltinger Bucht für die Nacht auf Grund legte und die Mannschaft ausschlafen ließ.

Mittwoch 27.12.1944
Um 09 Uhr früh lief U 1223 in Flensburg ein und machte im U-Stützpunkt der 33. U-Flottille fest. Damit war die Feindfahrt beendet. Der Besatzung wurde ein herzlicher Empfang mit Begrüßung bereitet. Auch der Flottillenchef Korvettenkapitän Günter Kuhnke war dabei. Es wurde eine nachträgliche Weihnachtsfeier angeordnet. Es gab Weihnachtstüten, gutes Essen und Trinken. Den großen Auftritt aber hatte Funker Horst Claus mit dem Akkordeon.
Danach folgten erholsame Tage mit fast freiem „Manöver" für die ganze Mannschaft. Die Silvesterfeier mit den Marinehelferinnen der 33. U-Flottille in ihrem Heim auf dem Schwalbenberg war wohl der Höhepunkt. In den weiteren Tagen bis zum 05.01.45 konnten die Männer erste Kontakte zu ihren Angehörigen aufnehmen. Außerdem gab es natürlich Ordensverleihungen, die der Flottillenchef persönlich vornahm.

Die letzten Monate und das Ende von U 1223
vom 28.12.1944 bis zum 16.04.1945

Donnerstag 28.12.1944 – Donnerstag 04.01.1945
U-Stützpunkt Flensburg / 33. U-Flottille

Freitag 05.01.1945
Vormittags aus Flensburg ausgelaufen zum Marsch nach Königsberg. Kurz vor dem Auslaufen erschien der Flottillenchef persönlich mit einem Eimer Signal-Ölfarbe, um die vorschriftsmäßigen Markierungen an Deck und am Turm anzubringen, die für die Ostsee vorgeschrieben waren. Sofort kamen bei der Besatzung wieder Erinnerungen hoch, an Wartezeiten auf den Zwangswegen, aufgrund von Minengefahr, Ankermanöver und häufiger schwerer Arbeit an Deck mit der Geräuschboje. Bis zum 10.01.1945 fuhren sie durch die Ostsee nach Königsberg.

Mittwoch 10.01.1945
U 1223 lief in Königsberg ein. Bei der Schichau-Werft wurde sofort mit den Werftarbeiten begonnen. Die Besatzung wohnte auf dem Wohnschiff „Der Deutsche". Zudem fuhr die erste Hälfte der Mannschaft in Urlaub.

Donnerstag 11.01.1945 – Sonntag 28.01.1945
Werftaufenthalt zwecks Wechsel verschlissener Dieselmotoren.

Am 12. Januar 1945 begann die große sowjetische Offensive an der Weichsel und der ostpreußischen Grenze. Binnen weniger Tage schlugen die Sowjets die deutschen Armeen teilweise um Hunderte von Kilometern zurück. Schon in den letzten Januartagen drang die Rote Armee immer tiefer in Ostpreußen ein und stand am 20.01. bereits an der Deime, nur noch 40 Kilometer von Königsberg entfernt. Wenige Tage später erfolgte der Befehl zur Räumung der Werft.

Sonntag 28.01.1945
U 1223 wurde von U 539 (Lauterbach-Emden) durch den Seekanal in die Ostsee geschleppt. Ziel war Stettin. Das Boot selbst war manövrierunfähig, keine Maschine war klar. An Bord waren nur der II. Wachoffizier Leutnant zur See Hans-Hinrich Blank, der Obersteuermann Peter Ternes, ein Oberleutnant zur See Schneider vom Stützpunkt Königsberg und eine Restbesatzung. Zwei Mann der Besatzung blieben in Königsberg zurück, weil sie zum Wäscheholen in die Stadt gefahren und dort von einer Streife festgehalten worden waren. Es waren Franz Gordian und Walter Kunde, die dadurch später in sowjetische Gefangenschaft gerieten. Bei dem jetzt herrschenden schlechten Wetter erwies sich das

Schleppen als sehr schwierig. Mehrfach brach die Schleppverbindung, bis in der Folge U 539 die Trosse in die Schraube bekam und nur noch eine Maschine klar war. U 539 blieb aber in der Nähe des absolut manövrierunfähigen treibenden U 1223. Auf der Höhe von Hela wurde ein sowjetisches U-Boot gesichtet, dass aller Wahrscheinlichkeit nach, später die „Wilhelm Gustloff" versenkte. Allerdings operierten in jenen Tagen mehrere russische U-Boote vor der Danziger Bucht. Auf der Höhe von Stolpmünde nahm ein deutsches Minensuchboot U 1223 auf den Haken und schleppte es nach Swinemünde, jedoch erst, nachdem es dazu von U 539 in nachdrücklicher Weise dazu aufgefordert worden war. Vor Swinemünde kam U 1223 in Eis fest. Erneut schleppte U 539 das Boot weiter nach Stettin.

Montag 05.02.1945
Ankunft in Stettin. Wiederaufnahme der Reparaturarbeiten. Der erste Urlaubstörn kam zurück. Danach Abfahrt des zweiten Törns in den Urlaub.

Ende Februar 1945 hatte sich die Kriegslage in Pommern verschlechtert, so dass auch Stettin bedroht war und überstürzt geräumt werden musste. U 1223 lag im Dock, als der Befehl zur Räumung kam. Provisorisch wurde der Rumpf abgedichtet und das Boot ausgedockt. Teile des Diesels lagen festgezurrt an Oberdeck, immer noch in der Hoffnung eine Werft zu finden, wo das Boot instand gesetzt werden konnte.

Ende Februar / Anfang März 1945
Das Boot wurde von einem kleinen Hafenschlepper in die Kaiserfahrt geschleppt, wo es einige Tage bei der „Oceana", dem Wohnschiff der 4. U-Flottille und dem Flakkreuzer „Ariadne" festmachte. Einige Heizer wurden zur Unterstützung des Maschinenpersonals des gleichfalls dort liegenden Hochseeschleppers „Wotan" abgestellt.

Donnerstag 08.03.1945
U 1223 verlegte nach Swinemünde und machte längsseits des Wohnschiffes „Cordillera" fest, auf der auch ein Teil der Besatzung untergebracht wurde.

Sonntag 11.03.1945
U 1223 verholte an die Pfähle der Wolliner Seite der Swine, nahe der Werft für Betonschiffe.

Montag 12.03.1945
An diesem Tag erfolgte ein schwerer alliierter Tages-Luftangriff auf Swinemünde. Dabei wurden die Stadt und das Marinearsenal total zerstört. Tausende von Toten unter den Flüchtlingen, deren Trecks auf Wollin vor der Pontonbrücke unter freiem Himmel warteten. Die Trecks stauten sich vor einer Ponton-

brücke, die tags zuvor von einem treibenden U-Boot beschädigt worden war. Nach dem Angriff blickten die entsetzten Männer von U 1223 in ein Inferno von zerrissenen Menschen- und Pferdeleibern. Eine Reihe von Kriegs- und Handelsschiffen, darunter auch die „Cordillera" kenterten und sanken im Hafen. Aber U 1223 bekam nicht einmal einen Splitter ab.

Ende März 1945

Die „Wotan" schleppte U 1223 und die „Ariadne" aus dem Hafen von Swinemünde. Die „Ariadne" ankerte vor der Einfahrt, U 1223 wurde weiter nach Travemünde geschleppt. Die Diesel waren teilweise auseinander genommen worden und das Boot musste infolge der Kriegswirren weiter nach Westen verlegt werden.

Sonntag 01.04.1945 (Ostern)

Boot ankerte in Travemünde.

Montag 02.04.1945

U 1223 wurde von einem anderen Boot (Nummer unbekannt) nach Kiel geschleppt. In Höhe Laboe bekam das schleppende Boot in der Nacht die Trosse in die Schraube. Beim Hellwerden riss sich das schleppende U-Boot mit Maschinenkraft los. Der Bruch der Kette befand sich kurz vor der Ankerklüse von U 1223.

Dienstag 03.04.1945

U 1223 machte im U-Stützpunkt Kiel fest. Hier erlebte die Mannschaft die schwersten Luftangriffe mit, aber ihr Boot blieb weiterhin unbeschädigt.

Sonntag 08.04. 1945 – Montag 09.04.1945

Etwa am 08. oder 09.04. zog ein Schlepper das Boot durch den Kaiser-Wilhelm-Kanal. Sie machten abends in Brunsbüttel, noch im Kanal, hinter U 2506 (v. Schröter) fest. Von dem Typ XXI-Boot bekam U 1223 die Batterien aufgeladen. Am nächsten Tag ging die Schleppfahrt weiter nach Bremerhaven. Auf der Weser, nahe bei Roter Sand, lag das Boot einige Zeit im Nebel gestoppt, während hoch über dem Boot starke Bomberverbände ins Reich einflogen. Daraufhin wurde U 1223 durch die große Schleuse geschleppt und in der Ecke eines Hafenbeckens festgemacht. Danach ging die Besatzung von Bord.

Montag 16.04.1945

U 1223 wurde offiziell außer Dienst gestellt. Zusammen mit dem Funkmaat Neumann nahm der I. Wachoffizier Wolfgang Steinort die letzte Flagge des Bootes an sich. Im Auffanglager Eddelack bei Brunsbüttel hatte der I. WO sie im Gebälk der Scheune des Bauern Groothusen versteckt, um sie hier später wieder abzuholen, aber als er Jahre später an den Ort zurückkehrte, existierte die Scheune nicht mehr.

In einschlägigen Werken der Literatur wurde der Verbleib von U 1223 wie folgt angegeben:

Am 28.04.1945 vor der Wesermündung durch Fliegerbomben versenkt. Andere Theorien geben an, dass das Boot von Stettin kommend, von keiner Werft zur Überholung angenommen wurde und im Hafen von Wesermünde, durch einen der letzten Fliegerangriffe getroffen wurde und unterging. Es ist allerdings auch möglich, dass dieses glückhafte U-Boot gar nicht durch Feindeinwirkung unter-gegangen ist, sondern an seinem Liegeplatz still und unbemerkt voll Wasser ge-laufen ist, nachdem es von der Besatzung verlassen worden war. Am wahr-scheinlichsten aber ist, dass U 1223 am 05.05.1945 von Werftarbeitern westlich von Bremerhaven (Wesermünde) selbst versenkt worden ist. Die Vorbereitun-gen dazu erfolgten bereits seit 28.04.1945.
Die Versenkungsposition war auf 53°32'N / 08°35'O im Planquadrat AN 9824.

Hier in Bremerhaven ging auch die Besatzung nach dem 16.04.1945 auseinan-der. Der größte Teil der Offiziere, Oberfeldwebel, Unteroffiziere und Mann-schaften kam nach Neustadt in Holstein. Hier wurde unter der Führung des I. Wachoffiziers Wolfgang Steinort ein Panzerjagdzug zusammengestellt, der am 02. Mai noch zur Verteidigung Neustadts bei Süseler Baum Stellung bezog. Am Abend des 04. Mai wurde die Einheit aufgelöst und alle dort versammelten Männer von U 1223 erhielten in ihr Soldbuch einen vom I. WO unterzeichneten und mit dem Dienstsiegel einer dort stationierten Genesenden-Kompanie der Luftwaffe versehenen Entlassungsvermerk.

Der II. Wachoffizier Hans-Hinrich Blank wurde mit weiteren fünf Männern der U 1223-Besatzung auf U 1230 (Hilbig) versetzt. Einige wenige erlebten das Kriegsende auf U 680/Ulber.

Skizzen zur Unternehmung

Skizze 1

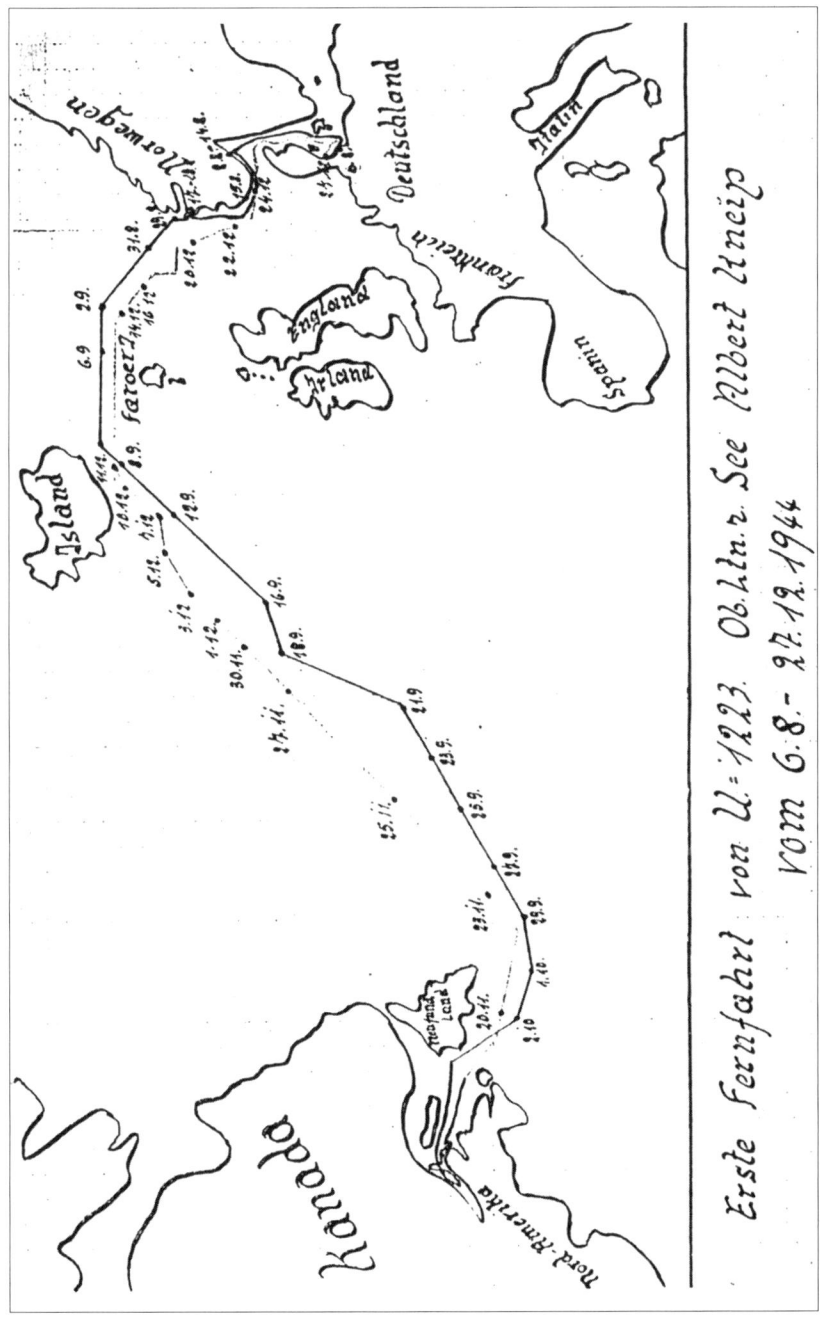

Skizze 2

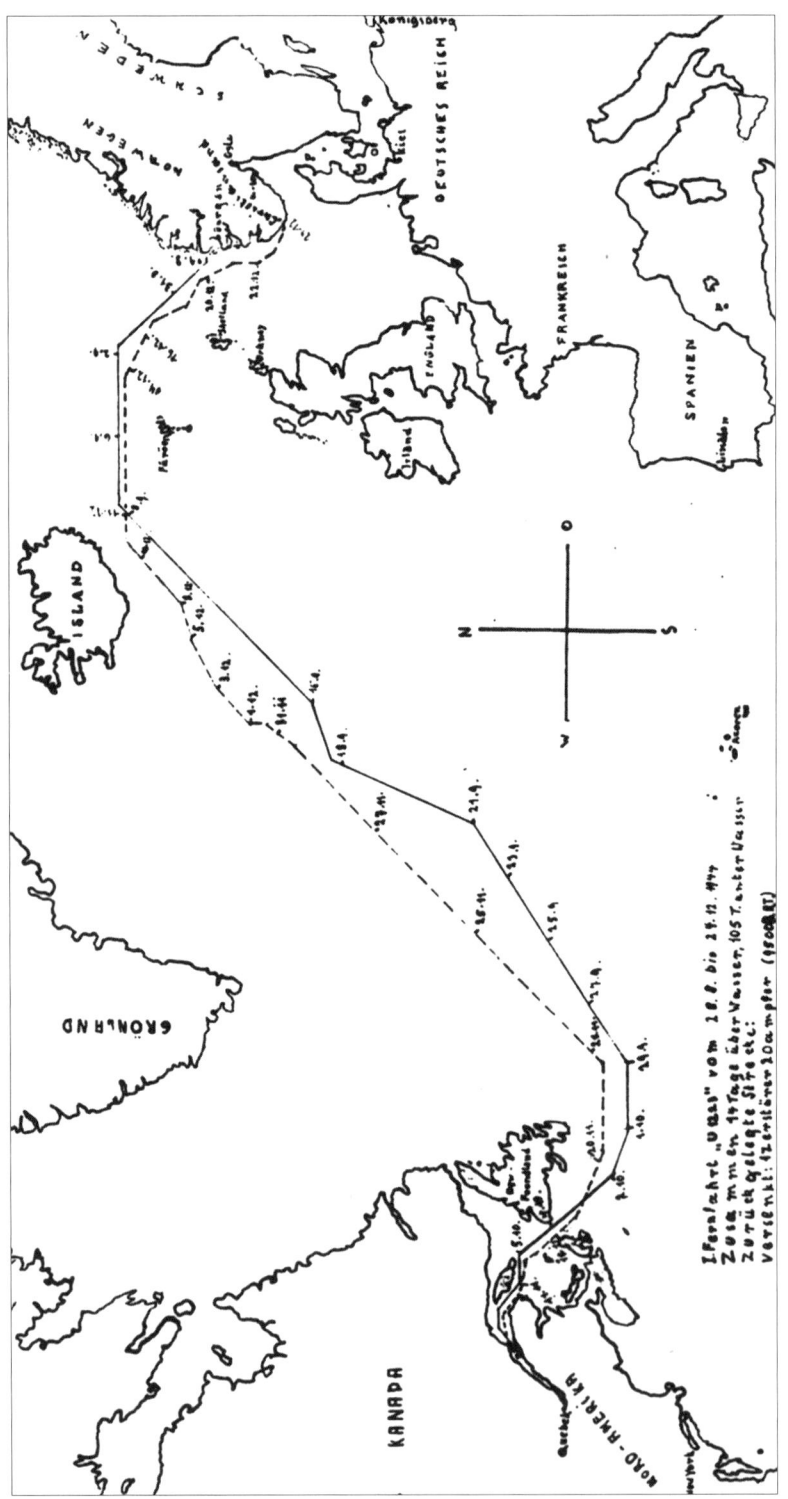

Skizze 3

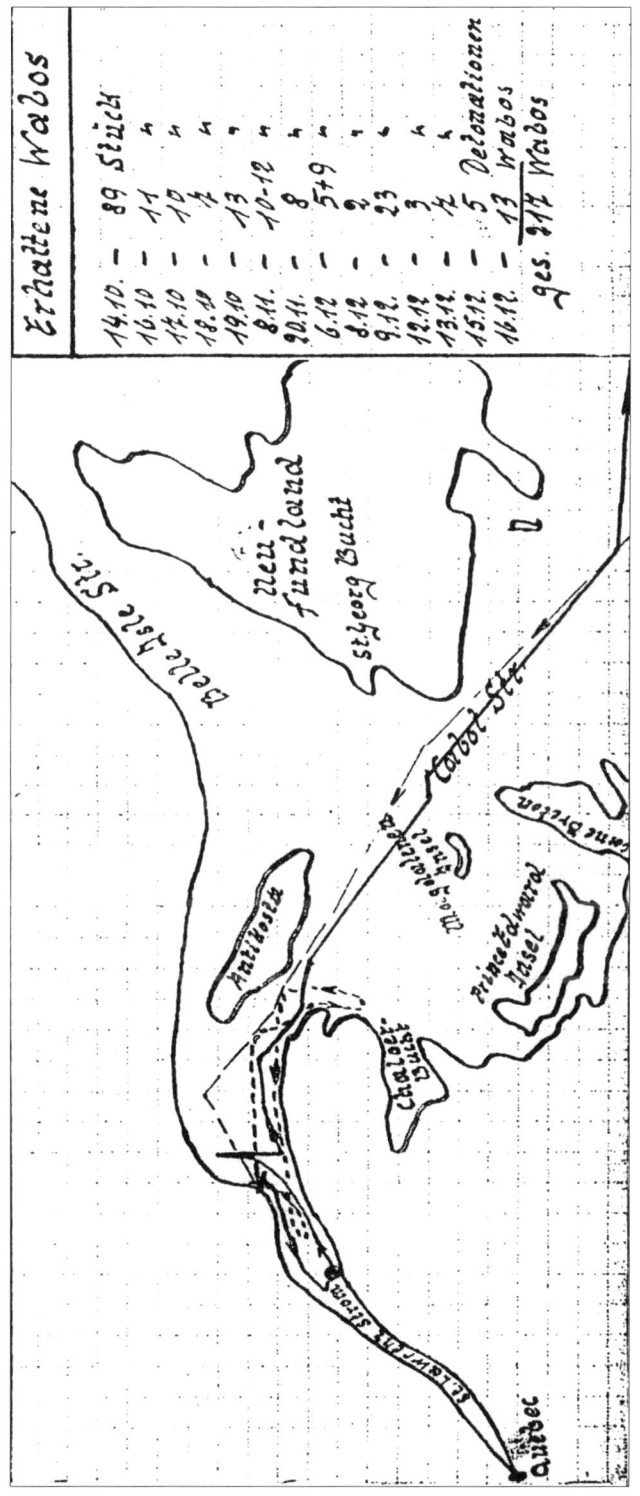

Die Erfolge von U 1223

Am 14.10.1944 durch U 1223 schwer beschädigt:

Fregatte HMCS „MAGOG"

Tonnage: .... 1370 ts

Typ: .... Fregatte

Nationalität: .... Kanada

Baujahr: 1943

Datum des Torpedotreffer: 14.10.1944

Zeit: .... 19.25 Uhr

Torpedotreffer und Beschädigung im Planquadrat: ... BA 3589

Position: .... 49°12'N / 68°19'W

Bericht einer Kanadischen Zeitung
über den Angriff auf die HMCS „MAGOG"

(By The Canadian Press)

OTTAWA, April 17—German U-boats ventured far up the Gulf of St. Lawrence last autumn in a renewal of their attacks on Canadian river shipping and succeeded in damaging the Canadian frigate Magog and a Canadian merchant vessel, Navy Minister Macdonald announced tonight.

Three men were killed and three injured in the torpedoing of the Magog, but there was no loss of life on the merchant ship. Both ships remained afloat and were taken to port for repairs.

The Magog was torpedoed near Ponte Des Monts, Que., which lies on the north shore of the St. Lawrence River about 260 miles below Quebec City, while she and other Canadian naval vessels were escorting a convoy of merchant ships up-river.

The announcement did not say where the merchant ship was hit and gave no indication when the attacks occurred or whether they occurred on the same day.

One officer and four ratings were mentioned in dispatches for their coolness and efficiency in carrying out their duties after the blast. They are Lieut. (E) B. F. Larson, Haney, B.C., CPO. J. G. L. McKinney, Oshawa, Ont.; Chief Stoker Norman Howes, Saskatoon, PO. N. J. Steele, Newport, P. E. I., and ERA. (third class) V.O. Hammond, Sault Ste Marie, Ont., and Montreal.

First Since 1942

The U-boat attacks were the first in the St. Lawrence since the summer of 1942 when 20 merchant ships, the Canadian converted yacht Racoon and the Canadian corvette Charlottetown were sunk in the river and gulf. One other merchant ship was attacked in 1942 in the area and broke up while efforts were being made to salvage her.

The torpedo which struck the Magog was believed to have been fired from a submarine at a "considerable" distance away. Ships of the escort obtained "contacts" with anti-submarine detection gear and attacked with undetermined results.

The torpedo tore open watertight bulkheads and compartments were flooded with oil and water. Two of the three men killed were doing lookout duty and the third was standing near where some wreckage landed.

"I was standing on the gun platform when the explosion occurred," said ERA. Gordon Hunter, 19, of Winnipeg. "Part of the deck lifted up and folded over the top of my head and my life was saved by the gun. I had just closed the breech, so I was about a foot away from it. The gun mounting and the gun itself took the shock of the weight, but I got a little. I was knocked to my knees and dazed.

"What I remember most distinctly was the shower of canned milk that fell all around me. Our ship's stores were split wide open. The stores went flying in every direction."

Hunter suffered a flesh wound in the leg. Injured with him was EA. Harold Robertson, 20, Preston, Ont.

"I was just leaving the electrical stores," Robertson said. "I don't remember anything of what happened, but I do know that I came right through a steel bulkhead and landed in the water. There was a steel deck above me, below me, and a steel wall all around me, and even though I was injured I figure I'm mighty lucky to be here."

Praises Damage Control Work

Lieut. L. D. Quick of Bridgewater, N. S., captain of the Magog, described the fast, efficient damage control work as "magnificent."

H. M. C. S. Toronto, under command of Lt.-Cmdr. H. K. Hill of Kingston, Ont., performed a feat of seamanship by coming by and taking the disabled ship in tow within 11 minutes of the explosion. Toronto also lowered her motorboat and sent her medical officer, Surgeon-Lt. Leon Beique of Outremont, Que., to look after the injured.

Scarcely was Magog under tow when Toronto detected what she believed might be a submarine. She slipped her tow at once and raced to the attack. Magog was picked up by a corvette and was later brought to drydock by a tug.

The Magog was built by the Vickers yards in Montreal and was commissioned last May 7. The ship was named after the town of Magog, Que.

Der am 02.11.1944 von U 1223 beschädigte Dampfer:

„Fort Thompson"

(Fotos: Bibliothek für Zeitgeschichte, Stuttgart)

Tonnage:	7134 BRT
Typ:	Dampffrachter
Nationalität:	Britisch
Baujahr:	1942
Reederei:	Glen & Co
Fahrtroute:	Montreal und Quebec für New York und Nordafrika
Besatzung:	57 Mann (alle gerettet)
Datum des Torpedotreffers:	02.11.1944
Torpedotreffer und Beschädigung im Planquadrat:	A 3829
Position:	48°55'N / 67°41'W

Personalien, Urkunden

und Dokumente

Bosüner, Harald

Kapitänleutnant und Kommandant

* 17.10.1913 in Magdeburg
+ 28.12.1981 in Köln-Porz

Eltern: Harald Bosüner war der zweite Sohn des Kaufmanns Carl Bosüner und
dessen Ehefrau Else, geb. Dittermann

März 1932	Abitur am humanistischen „König-Wilhelm"-Gymnasium in Magdeburg, *anschließend:* ab April 1932 begann er eine kaufmännische Lehre bei verschiedenen Firmen in Magdeburg, sowie eine Lehre als Steinmetz in Berlin, die er beide erfolgreich abschloß, letztere im Oktober 1936. Sein Ziel war der Eintritt in die väterliche, beziehungsweise bereits großväterliche Firma: *„Gebr. Bosüner, Marmorwerk – Granitwerk"*, Magdeburg. Am 01.12.1934 trat Harald Bosüner freiwillig in die Reichs-/Kriegsmarine als Reserveoffiziersanwärter ein. Bis zu seiner Einberufung als Reserveoffizier am 27.07.1939 arbeitete Harald Bosüner im väterlichen Marmor- und Granitwerk: „Gebr. Bosüner" in Magdeburg, zusätzlich war er in drei weiteren Firmen beschäftigt.
01.12.1934 – 13.03.1935	Rekrut in der 2. Komp./ II. Marineartillerieabteilung Wilhelmshaven
14.03.1935 – 26.09.1935	Bordrekrut auf Flottentender „Saar" in Kiel
27.09.1935 – 02.11.1935	Ausbildung zum Diensttuenden Unteroffizier in der 4. Komp. / II. Schiffsstammabteilung der Nordsee in Wilhelmshaven
03.01.1937 – 31.01.1937	Diensttuender Unteroffizier auf Torpedoboot „T 196"/2. Geleitflottille beim Führer der Minensuchverbände in Kiel
15.06.1937 – 28.07.1937	Korporalschaftsführer später Steuermannsmaat auf Leichten Kreuzer „Emden" in Wilhelmshaven
03.10.1938 – 29.10.1938	Reserveoffiziersanwärter bei Schiffsartillerieschule Kiel
30.10.1938 – 28.11.1938	Reserveübung III / 2. Teil auf Zerstörer Z-6 „Theodor Riedel" in Wilhelmshaven
27.07.1939 – 29.03.1942	Kommandant U-Jäger „UJ-1708" / 17. U-Jagdflottille
30.03.1942 – 01.09.1942	z. Vfg. beim Kommandierenden Admiral der Unterseeboote *während dieser Zeit:*

30.03.1942 – 07.06.1942	*U-Ausbildungslehrgang für Seeoffiziere bei 1. U-Lehrdivision (U.L.D.) in Pillau*
03.08.1942 – 29.08.1942	*Nachrichtenlehrgang für U-Boots-Wachoffiziere bei Nachrichtenschule Flensburg-Mürwik*
02.09.1942 – 15.06.1943	I. Wachoffizier auf U 161 / 10. U-Flottille in Lorient
16.06.1943 – 02.08.1943	Kommandanten-Schießlehrgang bei der 24. U-Flottille / Memel
03.08.1943 – 05.10.1943	Baubelehrung für U-Boote bei 8. Kriegsschiffbaulehrabteilung (K.L.A.) für U-Boote / Hamburg
06.10.1943 – 14.03.1944	Kommandant U 1223 / 4. U-Flottille / Stettin **(1)**
15.03.1944 – 19.02.1945	Kapitänleutnant beim Stabe der 25. U-Flottille (Schießflottille) in Libau, ab Ende 1944 in Gotenhafen (auf Wohnschiff „Vega")
20.02.1945 – Kriegsende	Führer des K-Stützpunktes Stavanger beim Kommando der Kleinkampfverbände (K.d.K.-Kommandeur Admiral Heye)
00.05.1945 – 31.03.1946	Kriegsgefangenschaft in Norwegen und Norddeutschland
31.03.1946	Entlassung aus der Kriegsgefangenschaft **(2)**

Feindfahrten mit U 161:

19.09.1942 – 09.01.1943	als I. Wachoffizier auf U 161
13.03.1943 – 07.06.1943	als I. Wachoffizier auf U 161

Operationsgebiete:

Mitgemachte Gefechte von Kriegsbeginn bis 30.06.1940 bei 17. U-Jagdflottille (UJ-1708):
U-Bootsüberwachung und Bekämpfung in der Ostsee, Skagerrak und Kattegat, Handelskrieg im Skagerrak, Transportsicherung in Ostsee, Skagerrak und Kattegat - ab 1941 nur noch norwegische Gewässer.
10. U-Flottille (U 161):
Mittelatlantik, Kongo-Mündung, Goldküste, Golf von Guinea, südamerikanische Gewässer vor Pernambuco, Azoren, USA-Ostküste, Kanada vor Halifax

Beförderungen:

27.09.1935	Ernennung zum Reserveoffiziersanwärter
01.10.1935	Obermatrose der Reserve
31.01.1937	Bootsmannsmaat der Reserve
01.08.1937	Bootsmann der Reserve
20.02.1939	Leutnant zur See der Reserve
01.01.1941	Oberleutnant zur See der Reserve

01.03.1943	Kapitänleutnant mit Rangdienstalter (R.D.A.) vom 01.01.1943. Mit Wirkung vom 01.03.1943 wurde Harald Bosüner als Kapitänleutnant zu den Truppenoffizieren übergeführt. Er wurde dadurch Berufsoffizier mit Dienstverpflichtung auf unbegrenzte Zeit.

Orden und Ehrenzeichen:

22.04.1940	Eisernes Kreuz II. Klasse
23.05.1940	Eisernes Kreuz I. Klasse
20.11.1940	Kriegsabzeichen für Minensuch-, U-Jagd-, und Sicherungsverbände
14.01.1943	U-Boots-Kriegsabzeichen 1939
01.10.1944	U-Boots-Frontspange in Bronze
20.04.1945	Kampfabzeichen für Kleinkampfverbände (K.d.K.) I. Stufe

Tätigkeiten nach dem Kriege:

Nach der Entlassung aus der Kriegsgefangenschaft war Harald Bosüner zunächst verschiedentlich als Kaufmann tätig. 1952 entschied er sich für die Filmbranche (Synchronisation) und wechselte 1963 zum Zweiten Deutschen Fernsehen. Beim ZDF beschloss Harald Bosüner seine zivile Laufbahn als Redakteur.

(1)　Laut Kriegstagebuch U 1223 fand der Kommandantenwechsel Bosüner – Kneip bereits am 03.03.1944 statt. Die im Lebenslauf genannte Angabe, daß er bis 14.03.1944 Kommandant von U 1223 war, ist von der Wehrmachtsauskunftstelle (WASt) Berlin und stammte vermutlich aus der Personalakte Harald Bosüner.
Wegen der ärztlichen Diagnose einer Augen-Parallaxe (einer Überanstrengung der Augen mit Parallelsicht in die Ferne), musste Harald Bosüner sein Kommando als Kommandant von U 1223 an Oberleutnant zur See Albert Kneip abgeben.

(2)　Am 27.02.1946 wurde Harald Bosüner bei einer britischen Entlassungsstelle im norddeutschen Raum zur Entlassung registriert.

Geburtsanzeige.

Vornamen des Kindes:	Harald, Richard, Carl
Tag, Monat und Jahr \ der Geburt:	17. Oktober 1913.
Tageszeit und Stunde /	Nachmittags 4½ Uhr
Ob ehelich oder unehelich:	ehelich.
Vor- und Zunamen des Vaters	Carl Börner
Vor- und Geburtsnamen der Mutter	Else geb. Dittermann
Stand oder Gewerbe des Vaters: (bei unehelichen Kindern der Mutter)	Fabrikbesitzer
Religion { des Vaters:	evangelisch lutherisch.
{ der Mutter:	evangelisch lutherisch.
Wohnung (Straße und Nummer):	Hohenzollern 13
Wo und wann die Eltern die Ehe geschlossen haben:	5. März 1909 zu Berlin.
Namen der Hebamme:	Frau Bätke.
Bei unehelichen Kindern: Stand, Vor- u. Zuname sowie Wohnung des Vaters der Wöchnerin, bezw. wo derselbe verstorben ist:	

Zur Beachtung!

Vorstehende Geburtsanzeige muß in zwei Exemplaren richtig und leserlich ausgefertigt werden.

Die Anmeldung von ehelichen Kindern hat der Vater selbst, von unehelichen die Hebamme in einer Woche bei dem Standesbeamten und in dem Polizei-Revier-Bureau desjenigen Bezirks, in dem die erfolgt ist, zu bewirken.

Bei der Anmeldung im Standesamt ist dem Standesbeamten außer dieser Geburtsanzeige Familien-Stammbuch, und wer ein solches nicht besitzt, die Heiratsurkunde oder die Eheschließ Bescheinigung vorzulegen.

Das von dem Standesbeamten abgestempelt zurückgegebene Exemplar dieser Geburtsanzeige ist demnächstigen Taufe des Kindes dem Kustos zu übergeben.

Magdeburg, den 24. Oktober 1913

Name und Stand des zur Anmeldung Verpflichteten:

Carl Börner jun.

Kneip, Albert

Oberleutnant zur See und Kommandant

* 09.07.1921 in Blankenese / Hamburg
+ 13.10.1991 in Neustadt am Titisee

15.09.1939
Eintritt in die Kriegsmarine als Seeoffiziersanwärter
Crew X/39

15.09.1939 – 29.11.1939	infanteristische Grundausbildung (Rekrut) bei 1. Komp. / 7. Schiffsstammabteilung Stralsund
30.11.1939 – 08.01.1940	praktische Bordausbildung auf Linienschiff „Schleswig-Holstein"
09.01.1940 – 10.06.1940	praktische Bordausbildung auf Leichten Kreuzer „Emden" (Einsätze u.a.: Unternehmen „Weserübung" / Norwegenfeldzug)
11.06.1940 – 25.08.1940	Hauptlehrgang für Fähnriche bei Marineschule Flensburg-Mürwik
26.08.1940 – 13.09.1940	z. Vfg. der Marinehafenabteilung Le Havre (Unternehmen „Seelöwe")
14.09.1940 – 24.11.1940	z. Vfg. beim Marinenachrichtenoffizier Le Havre (Unternehmen „Seelöwe")
25.11.1940 – 31.01.1941	Lehrgang bei Marinenachrichtenschule Flensburg-Mürwik
01.02.1941 – 31.03.1941	U-Bootsfahrtausbildung bei 21. U-Flottille / Pillau
01.04.1941 – 30.05.1941	U-Ausbildung bei 1. U.L.D. / Pillau
31.05.1941 – 26.07.1941	U-Lehrgang bei Torpedoschule Flensburg-Mürwik
27.07.1941 – 23.08.1941	U-Lehrgang bei Marinenachrichtenschule Flensburg-Mürwik
24.08.1941 – 05.10.1941	U-Lehrgang bei Schiffsartillerieschule (S.A.S.) Swinemünde
06.10.1941 – 25.11.1941	Baubelehrung bei 6. Kriegsschiffbaulehrabteilung (K.L.A.) für U-Boote Nord (U 174), Bremen
26.11.1941 – 00.03.1942	Wachoffizierschüler und II. Wachoffizier auf U 174 / 4. U-Flottille – Stettin
00.04.1942 – 30.06.1942	II. Wachoffizier auf U 171 / 4. U-Flottille – Stettin
01.07.1942 – 09.10.1942	II. Wachoffizier auf U 171 / 10. U-Flottille
10.10.1942 – 30.11.1942	II. Wachoffizier auf U 171 (mit der Abwicklung – Verlust U 171 – beauftragt), anschließend Urlaub
01.12.1942 – 18.01.1943	Baubelehrung bei 6. Kriegsschiffbaulehrabteilung (K.L.A.) für U-Boote Nord (U 170), Bremen
19.01.1943 – 31.05.1943	II. Wachoffizier auf U 170 / 4. U-Flottille
01.06.1943 – 02.01.1944	II. und I. Wachoffizier auf U 170 / 10. U-Flottille
03.01.1944 – 02.03.1944	Einweisung am F-Gerät bei 2. U.A.A. in Zeven / Hannover und Kommandantenschießlehrgang (64. K.S.L.) bei 24. U-Flottille / Memel

03.03.1944 – 31.07.1944	Kommandant U 1223 / 4. U-Flottille
01.08.1944 – 29.12.1944	Kommandant U 1223 / 2. U-Flottille
30.12.1944 – 15.04.1945	Kommandant U 1223 / 33. U-Flottille
16.04.1945 – 23.05.1945	z. Vfg. 33. U-Flottille / Flensburg
24.05.1945 – 31.08.1945	britische Kriegsgefangenschaft
31.08.1945	aus britischer Kriegsgefangenschaft entlassen

Feindfahrten:

07.04.1940 – 10.04.1940	Teilnahme an der Besetzung Norwegens – Oslo mit Leichten Kreuzer „Emden". (Artilleriegefecht in der Dröback-Enge)
17.06.1942 – 09.10.1942	als II. Wachoffizier auf U 171
27.05.1943 – 09.07.1943	als II. Wachoffizier auf U 170
29.08.1943 – 23.12.1943	als I. Wachoffizier auf U 170
28.08.1944 – 24.12.1944	als Kommandant auf U 1223

Operationsgebiete:
Nord- und Ostsee, Oslofjord, Westatlantik, Golf von Mexiko, Mittelatlantik, Azoren, Südatlantik, brasilianische Küste, vor Rio de Janeiro, Kanada, vor Halifax, St. Lorenz-Strom

Beförderungen:

01.02.1940	Seekadett (Ernennung)
01.07.1940	Fähnrich zur See
01.07.1941	Oberfähnrich zur See
01.03.1942	Leutnant zur See
01.10.1943	Oberleutnant zur See

Orden und Ehrenzeichen:

29.04.1940	Eisernes Kreuz II. Klasse
12.10.1942	U-Boots-Kriegsabzeichen 1939
28.12.1944	Eisernes Kreuz I. Klasse
05.01.1945	U-Boots-Frontspange in Bronze

Seine große Liebe zur Marine und dem Meer waren der Grund, dass Albert Kneip 1957 in die Bundeswehr eintrat.
Zuerst auf das Schulschiff „Brommy" kommandiert, wurde er später Kommandant auf dem Tender „Werra" und dem Tross-Schiff „Offenburg".
Als Fregattenkapitän ging er 1978 in Pension.

Kuhlmann, Georg-Hinrich

Oberleutnant der Reserve und Leitender Ingenieur

* 27.01.1922 im Bokel im Ammerland / Oldenburg
+ 05.12.2005 in Bad Neustadt

April 1928 bis April 1932	Volksschule
April 1932 bis März 1940	Oberrealschule in Oldenburg i. O.
15.03.1940	Abitur
01.04.1940	Eintritt in die Kriegsmarine als Reserveoffiziers-anwärter
01.04.1940 – 28.06.1940	infanteristische Grundausbildung bei 1. Kompanie / 8. Schiffsstammabteilung in Leer / Ostfriesland
29.06.1940 – 30.09.1940	Werkstättenausbildung in Marineschule Flensburg-Mürwik
01.10.1940 – 00.02.1941	praktische Bordausbildung als Heizer bei der 42. Minensuch-Flottille in La Pallice
00.02.1941 – 31.03.1941	Maatenlehrgang bei Marineunteroffizierslehrabteilung Glückstadt / Elbe
01.04.1941 – 30.06.1941	Maschinenmaatenlehrgang bei Technischer Marineschule Kiel
01.07.1941 – 31.12.1941	Maschinenmaat auf Zerstörer Z-14 „Friedrich-Ihn"
01.01.1942 – 31.03.1942	Zugführerlehrgang bei Marineunteroffizierslehrabteilung Glücksburg
01.04.1942 – 30.06.1942	Leitender Maschinist bei 42. Minensuchflottille
01.07.1942 – 27.07.1942	Grundlehrgang für U-Boots-Leitende-Ingenieure bei 1. U-Boots-Lehrdivision
28.07.1942 – 27.09.1942	nicht bekannt
28.09.1942 – 14.02.1943	Motoren- und E-Maschinenlehrgang für Ingenieur-Offiziere
15.02.1943 – 23.04.1943	Lehrgang für U-Boots-Ingenieure bei 2. U-Bootslehrdivision / Gotenhafen
24.04.1943 – 19.05.1943	E-Kompasslehrgang
20.05.1943 – 11.07.1943	Tiefensteuer- und Abschlußausbildung für U-Boots-Ingenieur-Offiziere
12.07.1943 – 05.10.1943	Baubelehrung für U 1223 bei 8. Kriegsschiffslehrabteilung in Hamburg-Finkenwerder
06.10.1943 – 31.07.1944	Leitender Ingenieur auf U 1223 / 4. U-Flottille
01.08.1944 – 29.12.1944	Leitender Ingenieur auf U 1223 / 2. U-Flottille
30.12.1944 – 16.04.1944	Leitender Ingenieur auf U 1223 / 33. U-Flottille
17.04.1944 – 03.05.1945	Infanterieeinsatz in Neustadt / Holstein
Gefangenschaft:	Keine, sofort nach Inhaftierung am 03.05.1945 in Neustadt / Holstein abgesetzt in Richtung Heimat, die am 19.05.1945 erreicht wurde (1)

Feindfahrten mit U 1223:

06.08.1944 – 27.12.1944   als Leitender Ingenieur U 1223

Operationsgebiete:

Biscaya, Nordsee, Westatlantik, vor Halifax und St. Lorenz-Strom

Beförderungen:

01.01.1941	Maschinengefreiter und Reserveoffiziersanwärter (R.O.A.)
01.03.1941	Maschinenmaat
01.03.1942	Maschinist
01.04.1942	Maschinist der Reserve
01.06.1942	Obermaschinist der Reserve
01.11.1942	Leutnant (Ing.) der Reserve
01.04.1944	Oberleutnant (Ing.) der Reserve

Orden und Ehrenzeichen:

27.12.1944	Eisernes Kreuz II. Klasse
27.12.1944	U-Boots-Kriegsabzeichen 1939
27.12.1944	U-Boots-Frontspange in Bronze

Tätigkeiten nach dem Kriege:

01.06.1945 – 00.07.1946	kaufmännische Lehre, Abschluß 07/46 mit Gehilfenbrief
00.07.1946 – 00.07.1953	Tätigkeiten im kaufmännischen Bereich
00.08.1953 – 00.07.1956	Angestellter der Bundesanstalt für Flugsicherheit in Frankfurt am Main
15.07.1956 – 31.03.1979	Marineflieger - Ausbildung und Tätigkeit als Elektronikoffizier in der Bundesmarine **(2)**
Letzter Dienstgrad:	Fregattenkapitän
Ruhestand:	01.04.1979

(1)   Laut einer Kontrollratsanordnung der Alliierten wurden die Kommandanten und Leitenden Ingenieure der deutschen U-Boote zu Militaristen erklärt. In der britischen Zone machte die „Royal Navy" von dieser Anordnung Gebrauch und beorderte nach und nach die aufgegriffenen ehemaligen Offiziere ins Konzentrationslager Neuengamme bei Hamburg.

Während der Kommandant Albert Kneip in Bremen in der amerikanischen Zone unbehelligt blieb, wurde Georg Kuhlmann im Juli / August 1947 nach Neuengamme gebracht, um dort überprüft zu werden auf

– Entmilitarisierung – Katalogisierung – Entnazifizierung –

Georg Kuhlmann wurde mehrfach durch einen Captain Fieldman verhört. In einem dieser Verhöre stellte sich heraus, daß Fieldman der Chef
der U-Bootabwehr 1944 im St. Lorenz Strom war. Im nachfolgenden
Gespräch kam heraus, daß nach der Torpedierung der „Magog" durch
U 1223, der Gegner etwa 70 U-Jäger aufbot, die das U-Boot finden und
versenken sollten. Erst nach vier Tagen vergeblicher Suche wurde die
Verfolgung aufgegeben.

Für Captain Fieldman war es einfach rätselhaft und unvorstellbar, daß
ihm damals U 1223 entwischen konnte. Wahrscheinlich lag die Ursache
für das Entkommen in den extrem veränderten Wasserdichten in Tiefen
von 100 bis 120 Meter, durch die die Ortung wie ein Lichtstrahl abge-
lenkt wurde.

Wenige Tage nach diesem Gespräch wurde Georg Kuhlmann in einer
Hamburger Kaserne vor das „British Naval Review Board" gestellt. Von
diesem „Gericht" wurde er etwa eine Stunde mit verhältnismäßig alber-
nen Fragen über die Zugehörigkeit zur HJ und dem Jungvolk verhört.
Erst als Captain Fieldman dem Gericht mitteilte, daß er und Georg
Kuhlmann, als Leitender Ingenieur von U 1223, im St. Lorenz Strom
persönliche Gegner gewesen seien, änderte sich das Geschehnis vor Gericht. Denn von diesem Augenblick an war der U-Boots-Ingenieur nicht
mehr interessant, dafür aber um so mehr Captain Fieldman, der nun vom
Gericht befragt wurde, und das nicht gerade in höflicher Weise, warum
er damals U 1223 nicht versenkt habe.

Georg Kuhlmann wurden danach keine Fragen mehr gestellt. Ohne noch
eines Blickes gewürdigt zu werden, konnte er als unbelastet ins Lager
zurückkehren. Einige Tage später wurde er dann entlassen.

(2)   Verwendung im Kommando der Marineflieger, Verteidigungsministerium, Materialamt der Luftwaffe – und in leitender Position im CIGMA,
dem internationalen Logistikzentrum für das Flugzeug *Brèguet Atlantik,*
dem europäischen U-Jagd- und Fernaufklärungsflugzeug, in Paris.

Georg Kuhlmann auf Fahrt ...

... und hier mit einem der
anerkannt schönsten Bärte!

84

Bartels, Hans-Otto

Oberleutnant zur See und I. Wachoffizier

* 21.03.1919 in Bad Oeynhausen
+ 29.09.1944 im Südatlantik östlich Recife

15.04.1939
Eintritt in die Kriegsmarine

15.04.1939 – 24.10.1939	Rekrut in 3. Komp./14. Schiffsstammabteilung Glückstadt
25.10.1939 – 27.11.1939	Bordausbildung auf Linienschiff „Schlesien"
28.11.1939 – 02.02.1940	Sperrlehrgang bei 1. Komp./Sperrschule Kiel
03.02.1940 – 10.02.1940	Durchgang in der I. Ausbildungsabteilung für Kriegsschiffneubauten Flensburg
11.02.1940 – 08.03.1940	Matrose an Deck auf „Schiff 18" / 16. Vorpostengruppe
09.03.1940 – 10.04.1940	erkrankt im Marinelazarett Bremen
11.04.1940 – 07.07.1941	Korporalschaftsführer auf „Schiff 18" / 16. Vorpostengruppe Bremen
08.07.1941 – 18.07.1941	Durchgang bei 1. Komp./Marinestammabteilung Norwegen in Oslo
19.07.1941 – 02.08.1942	Kommandant eines Vorpostenbootes beim Küstenschutzverband „norwegische Westküste" in Bergen
03.08.1942 – 06.09.1942	Flakleiter (B)-Lehrgang bei Marineartillerieabteilung 501/Toröd
07.09.1942 – 13.09.1942	Kommandant eines Vorpostenbootes beim Küstenschutzverband „norwegische Westküste" in Bergen
14.09.1942 – 02.01.1943	Sporthochseefischerlehrgang bei Steuermannsschule Gotenhafen
03.01.1943 – 28.02.1943	U-Boots-Wachoffizier-Schüler bei 2. U-Lehrdivision (2. U.L.D.) in Gotenhafen
01.03.1943 – 09.05.1943	in Personalakte nicht vermerkt – wahrscheinlich weitergehende U-Boots-Ausbildung
10.05.1943 – 27.06.1943	U-Boots-Wachoffizierlehrgang – nicht vermerkt wo!
28.06.1943 – 26.07.1943	Lehrgang bei Schiffsartillerieschule Saßnitz /Rügen
27.07.1943 – 05.10.1943	Baubelehrung bei 3. Komp./ 8. Kriegsschiffbaulehrabteilung (8. K.L.A.) in Hamburg
06.10.1943 – 11.06.1944	1. Wachoffizier auf U 1223 / 4. U-Flottille Stettin
12.06.1944 – 29.09.1944	1. Wachoffizier auf U 863 (v.d.Esch) / 12. U-Flottille Bordeaux
29.09.1944	wurde U 863 im Südatlantik östlich Recife durch zwei US-Flugzeuge vom Typ „Liberator" der US-Navy-Squadron VB-107 in Position 10°45'S / 25°30'W versenkt.

U 863 war Totalverlust – 69 Tote.

Operationsgebiete:
Nordsee, Nordmeer, Nordatlantik, Südatlantik

Beförderungen:
01.02.1940	Matrosengefreiter
01.02.1941	Matrosenobergefreiter, zugleich Ernennung zum Unteroffiziersanwärter
01.04.1941	Matrosenobergefreiter der Reserve (Umernennung)
01.05.1941	Bootsmannsmaat der Reserve
01.05.1942	Reserveoffiziersanwärter (Ernennung)
01.09.1942	Bootsmann der Reserve
01.12.1942	Oberbootsmann der Reserve, zugleich Obersteuermann der Reserve (Umernennung)
01.05.1943	Leutnant zur See der Reserve, mit Rangdienstalter (RDA) vom 01.04.1943
1944	Oberleutnant zur See der Reserve (in Personalakte Datum nicht vermerkt)

Orden und Ehrenzeichen:
nicht vermerkt	Kriegsabzeichen für Minensuch-, U-Bootsjagd- und Sicherungsverbände
31.07.1941	Eisernes Kreuz II. Klasse

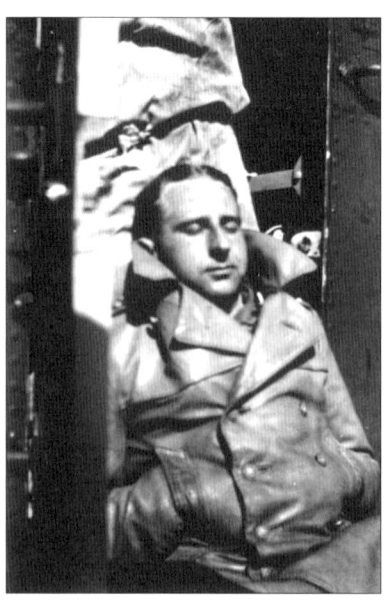

Ausschlafen nach hartem Dienst

Steinort, Wolfgang

Leutnant zur See und I. Wachoffizier

* 10.03.1924 in Stutthof bei Danzig
+ 20.03.2006 in Wedel

Grundschule in Danzig-Langfuhr (Hochstrieß-Conradinium), ab 1936 Moltke- bzw. ehemalige Leibnitz-Oberschule in Berlin Charlottenburg

01.05.1941	Eintritt in die Kriegsmarine als Seeoffiziersan-wärter der Crew V/41
01.05.1941 – 31.07.1941	infanteristische Grundausbildung bei 7. Schiffs-stammabteilung auf dem Dänholm / Stralsund
01.08.1941 – 30.01.1942	praktische Bordausbildung bzw. Fronteinsatz bei der 2. Sperrbrecherflottille auf „Sperrbrecher 3" in der Biscaya und der 15. Minensuchflottille auf „M-1507" vor der baltischen Küste u. im Eismeer
31.01.1942 – 31.07.1942	Seeoffiziershauptlehrgang für Fähnriche an der Marineschule Flensburg-Mürwik
01.08.1942 – 27.09.1942	U-Wachoffizier (UWO)-Ausbildung bei 21. U-Flottille in Pillau auf U 23 / Wahlen
28.09.1942 – 31.05.1943	UWO-Ausbildung bei der 1. U-Lehrdivision (1. U.L.D.) in Pillau
01.06.1943 – 00.07.1943	III. Wachoffizier zur Ausbildung auf U 545 / Mannesmann / 4. U-Flottille
00.07.1943 – 05.10.1943	Baubelehrung für U 1223 bei 8. Kriegsschiffslehr-abteilung (K.L.A) in Hamburg-Finkenwerder
06.10.1943 – 11.06.1944	II. Wachoffizier U 1223 / 4. U-Flottille
12.06.1944 – 31.07.1944	I. Wachoffizier U 1223 / 4. U-Flottille
01.08.1944 – 29.12.1944	I. Wachoffizier U 1223 / 2. U-Flottille
30.12.1944 – 19.04.1945	I. Wachoffizier U 1223 / 33. U-Flottille
20.04.1945 – 04.05.1945	Zugführer in der 3. U-Lehrdivision (3. U.L.D.) / Neustadt i. H.
05.05.1945 – 27.05.1945	z. Vfg. 33. U-Flottille / Flensburg
28.05.1945 – 11.07.1945	Kriegsgefangenschaft
11.07.1945	Entlassung aus Gefangenschaft und Kriegsmarine

Feindfahrt mit U 1223:

06.08.1944 – 27.12.1944	als I. Wachoffizier U 1223

Operationsgebiete:

Biscaya, Ostsee, Nordsee, Eismeer, Nordatlantik, St. Lorenz-Strom

Beförderungen:

01.10.1941	Seekadett (Ernennung)
20.04.1942	Fähnrich zur See
01.05.1943	Oberfähnrich zur See
01.11.1943	Leutnant zur See

20.04.1945   Oberleutnant zur See
01.01.1966   Korvettenkapitän

Tätigkeiten nach dem Kriege:
Landwirtschaftlehre mit Gehilfenprüfung. Danach Besuch der Seefahrtsschule Leer / Ostfriesland und Erwerb des Seefunkzeugnisses 2. Klasse mit nachfolgender zehnjähriger Tätigkeit als Funker auf Fischdampfern bzw. ab 1956 auf dem Fischereischutzboot „Meerkatze".

1960 Eintritt in die Bundesmarine. 1964/66 Absolvent des Admiralstabslehrgangs an der Führungsakademie der Bundeswehr. Verwendungen als Dozent an der Stabsakademie Bundeswehr, als Hilfsreferent im Verteidigungsministerium und als Organisations-Stabsoffizier an der Führungsakademie.

Wolfgang Steinort und Max Helm
– Dezember 1943 –

Wolfgang Steinort in Flensburg
– 27.12.1944 –

Diese Aufnahme aus dem Jahr 1970 zeigt in der Mitte Wolfgang Steinort,
rechts neben ihm der damalige Bundesverteidigungsminister Helmut Schmidt

Blank, Hans-Hinrich

Leutnant zur See und II. Wachoffizier

* 22.11.1922 in Altendorf, Niederelbe

1928 – 1933	Volksschule in Osten an der Oste
ab 1933	Gymnasium in Stade bis zum Abitur
12.05.1941	Aufforderung von der Waffen-SS zur Musterung 05.09.1941
14.06.1941	Bewerbung bei der Marine als Seeoffiziersanwärter
00.08.1941	dreiwöchige Aufnahmeprüfung in Verbindung mit einem Segellehrgang an Yachtschule Glücksburg
01.10.1941	Eintritt in die Kriegsmarine als Seeoffiziersanwärter der Crew X/41
01.10.1941 – 06.03.1942	infanteristische Grundausbildung bei 2. Kompanie / 7. Schiffsstammabteilung (7. S.St.Abt.) auf dem Dänholm / Stralsund (1)
07.03.1942 – 27.09.1942	praktische Bordausbildung auf Schweren Kreuzer „Prinz Eugen"
28.09.1942 – 26.02.1943	Seeoffiziershauptlehrgang für Fähnrich auf Marineschule Flensburg-Mürwik
27.02.1943 – 07.05.1943	kommandiert auf Flottenbegleiter „F-8" (Torpedo-Fangboot) / Kommandant Walter Bartels / 25. U-Flottille, *während dieser Zeit: Abkommandierung (etwa 4 Wochen) zur Funkstelle Nauen (OlzS Conen), zur Entschlüsselung und Übersetzung von englischen Funksprüchen*
08.05.1943 – 03.07.1943	U-Bootsausbildung bei 2. U-Boots-Lehrdivision (2. U.L.D.) in Gotenhafen
04.07.1943 – 30.09.1943	U-Boots-Wachoffiziers-Lehrgang (U.W.O.) bei Torpedo- und Nachrichtenschule Flensburg-Mürwik
01.10.1943 – 23.10.1943	Lehrgang bei Flakschule Plön
24.10.1943 – 18.11.1943	nicht bekannt
19.11.1943 – 02.12.1943	Lehrgang bei Schiffsartillerie- und Flakschule Swinemünde
03.12.1943 – 11.06.1944	III. Wachoffizier U 1223 / 4. U-Flottille
12.06.1944 – 31.07.1944	II. Wachoffizier U 1223 / 4. U-Flottille
01.08.1944 – 29.12.1944	II. Wachoffizier U 1223 / 2. U-Flottille
30.12.1944 – 05.04.1945	II. Wachoffizier U 1223 / 33. U-Flottille
06.04.1945 – 10.05.1945	II. Wachoffizier U 1230 (Hilbig) / 33. U-Flottille (2)

10.05.1945 – 16.06.1945	I. Wachoffizier U 779 (Stegmann) / 31. U-Flot-tille (3)
17.06.1945 – 25.06.1947	Kriegsgefangenschaft in England in folgenden Lagern: 1.) Verhörlager Crampdon-Park (00.06.1945) 2.) „POW"-Camp No.18 / Featherstone Park, Haltwhistle Northhumberland (00.06.1945 – 00.06.1946) 3.) "POW"- Camp Shap Wells (00.06.1946 – 01.11.1946) 4.) Northern Command, York – Schloß Claxton Hall (01.11.1946 – 31.01.1947) 5.) "POW"- Camp No. 18 / Featherstone Park (00.02.1947 – 22.06.1947) 6.) Entlassungslager Munsterlager (23.06.1947 – 25.06.1947)

Feindfahrt mit U 1223:

06.08.1944 – 27.12.1944	als II. Wachoffizier

Operationsgebiete:
Ostsee, Nordsee, Nordatlantik, St. Lorenz-Strom

Beförderungen:

01.04.1942	Seekadett (Ernennung)
01.10.1942	Fähnrich zur See
01.10.1943	Oberfähnrich zur See
01.04.1944	Leutnant zur See

Orden und Ehrenzeichen:

05.01.1945	Eisernes Kreuz II. Klasse
05.01.1945	U-Boots-Frontspange in Bronze
05.01.1945	U-Boots-Kriegsabzeichen 1939

Tätigkeiten nach dem Kriege:

Mitte 1947 – Ende 1948	als Obstpflücker bei Apfelbauern tätig
Anfang 1949 – 1952	Ingenieurstudium für Elektrotechnik, vorher wurde das erforderliche Praktikum bei einem Schmiedemeister absolviert
ab 1952	bei der Firma Philips in Hamburg beschäftigt

1.)   Laut Angabe Herrn Blank wurde er bereits im Januar 1942 mit 20 weiteren Offiziersanwärtern an Bord des Schweren Kreuzers „Prinz Eugen" kommandiert. Der Liegeplatz des Kreuzers war im Lo-Fjord.

2.)   Auf U 1230, unter dem Kommandanten Hans Hilbig, suchte man einen II. Wachoffizier. Da U 1223 außer Dienst gestellt werden sollte, wurde Hans-Hinrich Blank mit noch einigen Männern der U 1223-Besatzung auf U 1230 kommandiert.

3.)   Nachdem man U 1230 von Helgoland nach Wilhelmshaven verlegt hatte, stieg Hans-Hinrich Blank auf U 779 (Stegmann) als I. Wachoffizier ein.

Gefangenschaft England 1946 – Lager „Shap Wells"

(stehend 4.v.l.): Hans-Hinrich Blank

Peters, Karlheinz Dr.

Oberassistenzarzt der Reserve und Bordarzt

* 10.02.1915 in Koblenz
+ 2003 in Koblenz

Der Oberassistenzarzt und spätere Marinestabsarzt der Reserve Dr. Karlheinz Peters kam im Sommer 1944 an Bord U 1223, während das Boot zu Restarbeiten und Schnorcheleinbau bei den Deutschen Werken in Kiel lag.
Nachdem die Feindfahrt am 27.12.1944 in Flensburg beendet war, wurde er zur 2. U-Boot-Lehrdivision nach Gotenhafen kommandiert, wo er sich dann auch im Januar 1945 meldete.
Als sich die Rote Armee Ende Januar 1945 Danzig und Gotenhafen näherte, waren die beiden Städte bereits mit Flüchtlingen überfüllt. Diese sollten mit Schiffen über die Ostsee evakuiert werden und eines dieser Schiffe war die „Wilhelm Gustloff", die als Wohnschiff der 2. U.L.D. diente.
Auf eben diese „Wilhelm Gustloff" wurde Dr. Peters kurzfristig befohlen.

(im Vordergrund): Dr. Karlheinz Peters

1985 erschien in einer Koblenzer Zeitung folgender Artikel über die Fahrt von Dr. Peters auf der „Wilhelm Gustloff":

Koblenzer Arzt überlebte Untergang

Am 30. Januar 1945 versank die „Wilhelm Gustloff" – Aus eisiger Ostsee gerettet.

Offiziell ist er gar nicht mitgefahren. Sein Name steht auf keiner Liste. Nicht bei den Passagieren, nicht bei der Besatzung. Doch Dr. Karlheinz Peters hat den Untergang der „Wilhelm Gustloff" hautnah miterlebt. Erst wenige Stunden vor dem Auslaufen des Flüchtlingsschiffs mit mehr als 6000 Menschen war der Arzt an Bord gekommen. Die Passage über die Ostsee endete mit einer der größten Tragödien in der Geschichte der Seefahrt. Von drei sowjetischen Torpedos getroffen sank das Schiff am 30. Januar 1945 vor der pommerschen Küste bei Stolp. Mehr als 5000 Menschen starben in der eisigen See. Der Koblenzer Schiffsarzt Dr. Peters überlebte.

„In meinem Leben", erinnerte sich Dr. Karlheinz Peters, „hab ich wirklich viel Glück gehabt." Zu den größten Glücksfällen des Arztes, der nach dem Krieg 33 Jahre in Koblenz praktizierte und im vergangenen Jahr seinen 70. Geburtstag feierte, gehörte die Rettung aus der eisigen Ostsee. Die Geschichte, die er als 30-jähriger Marinestabsarzt der Reserve erlebte, hat er den wenigsten seiner Patienten erzählt: „Es war reiner Zufall, dass ich auf die „Gustloff" kam. Eigentlich war der junge Mediziner auf U 1223 eingesetzt und als U-Boot-Doktor zuständig für 56 Mann Besatzung.

Als das U-Boot nach der Feindfahrt vor dem St. Lorenz-Strom zurückkam, hatte er sich im Heimathafen der 2. U-Boot-Lehrdivision zurückgemeldet. In Gotenhafen (heute: Gdynia) drängelten sich zu dieser Zeit aus Furcht vor den näher rückenden Sowjettruppen mehr als 100.000 Menschen um eine Passage auf einem Flüchtlingsschiff.

Eines dieser Schiffe war die „Wilhelm Gustloff", ein 25.484 Bruttoregistertonnen schwerer Passagierdampfer, den die Marine als Wohnschiff beschlagnahmt hatte. Für 1465 Passagiere war das Schiff ausgelegt. Mehr als 6000 erkämpften sich einen Platz auf den Planken.

Peters: „Unter den Flüchtlingen waren viele hochschwangere Frauen. Durch Zufall lief ich dem verantwortlichen Schiffsarzt Dr. Richter in die Arme. Und da begann das Drama für mich: „Haben Sie Ahnung von Geburtshilfe?" wurde ich gefragt. In meiner Ausbildung hatte ich in der Gynäkologie gearbeitet. Und so stieg ich ein, nur ein paar Stunden vor der Abfahrt. Eigentlich hätte ich auf einem Begleitboot fahren sollen.

Mit zwei Marinehelferinnen funktionierte der junge Bordarzt die Luxuskabine binnen weniger Stunden in einen provisorischen Kreissaal um. „Als wir ablegten standen noch Tausende an der Pier und schrieen „Rettet uns". Natürlich hatten wir keine Ahnung, dass eigentlich sie gerettet wurden.

Denn die Hoffnungsfahrt der „Wilhelm Gustloff" wurde für die meisten eine Reise in den Tod. Unzureichend nur von einem Geleitboot, der „Löwe", gesichert, lief das Schiff bereits im Bereich des Leuchtturms Hela einem sowjetischen U-Boot ins Visier. Mit zwölf Knoten (22 Stundenkilometer) dümpelte die „Gustloff" (Peters: „Die Maschinen waren nicht voll leistungsfähig") bei starken Schneetreiben und 18 Grad Minus durch die eisige Ostsee – das U-Boot „S-13" unsichtbar hinterher.

„Die Stimmung an Bord war gut", erinnert sich Dr. Peters. „Der Zivilkapitän hatte uns für jedes Kind, das wir zur Welt bringen, eine Flasche Sekt versprochen". Nur eine kam an.

Peters: „Es war kurz vor neun Uhr abends. Wir waren gerade bei einer Entbindung, da gab es den ersten dumpfen Schlag. Das Schiff zitterte. Es wiederholte sich noch zweimal. Da war mir klar: „Torpedos". Der erste schlug vor der Brücke am vorderen Mast ein, der zweite zerfetzte den Maschinenraum und der dritte bohrte sich durch den Stahlmantel in Höhe des hinteren Mastes. Dr. Peters: „Binnen Minuten kränkte das Schiff stark. Wir evakuierten zuerst unsere Patienten, dann versuchten wir, uns um die Leute im Lazarett zu kümmern. Als ich zum ersten Mal an Deck kam, lagen dort schon die ersten tot getrampelten Frauen. Es herrschte gewaltiger Lärm und es tobte ein Kampf um die Boote. Menschen stürzten sich schreiend ins Wasser, andere balgten sich um die Rettungsflöße. Viele ließen sich wegen der Schieflage oder wegen Vereisung nicht aus ihrer Verankerung lösen, andere klatschten total überladen in die raue See und zerbarsten beim Aufprall.

Im Durcheinander fand Peters die Schwimmweste eines Offiziers, der sich aus Verzweiflung selbst erschossen hatte. „Ich zog sie über meinen dicken Pullover, über die Uniformjacke und den Mantel und sprang vom sechsten Deck – das sind rund 15 Meter – ins Wasser. Von der eisigen Kälte merkte ich nichts. Andere, die sich aus Angst vor dem Untergehen die Kleider vom Leib gerissen hatten, erfroren.

Die See war unruhig. In den Wellentälern sichtete der damals 30-jährige ein Rettungsboot: „Ich schwamm drauf zu". Knapp 50 bis 60 Meter hatte er sich vom Wrack entfernt, als es mit der „Gustloff" endgültig zu Ende ging. Mit einem dumpfen Heulton sank das Schiff. „Der gewaltige Sog zog auch mich in die Tiefe". Peters wurde bewusstlos. Die Schwimmweste trieb ihn jedoch zurück an die Wasseroberfläche. „Nach zwei oder drei Stunden bin ich aufgewacht. Vor mir sah ich ein Floß treiben. Mit unendlicher Mühe gelang es mir hinein zuklettern. Drin saß eine Frau. Sie war tot".

Kurze Zeit später vernimmt Dr. Peters ein Wimmern durch die klirrend, kalte Nacht. „Ein Balken trieb vorbei, ein junges Mädchen klammerte sich daran fest. Ich zog sie zu mir aufs Floß. Dann hörten wir plötzlich das Klingeln eines Maschinentelegrafen". Das Begleitboot „Löwe" hatte die beiden gesichtet – „Unsere Rettung".

Der Schiffsarzt und das kleine Mädchen waren die letzten von 400 Menschen, die von der Besatzung der „Löwe" aus dem eisigen Wasser gezogen wurden. Weitere 500 Passagiere der „Gustloff" kamen auf anderen Schiffen unter. Für mehr als 5300 Menschen wurde die Ostsee zum Massengrab.

Von seiner kleinen Begleiterin hat Dr. Peters bis heute nichts mehr gehört. „Der Arzt auf der „Löwe" erzählte ihm später nur, ihr gehe es gut". Aus dem Mädchen müsste heute eine Frau „so um die 50" geworden sein. „Vielleicht", hofft Dr. Peters, „sehen wir uns doch noch einmal". Die größte Chance besteht am 30. Januar 1985, wenn sich der Untergang der „Gustloff" zum 40. Mal jährt. An diesem Januar-Tag organisiert der Leiter des „Gustloff"-Archivs, Heinz Schön aus Herford, im Ostseebad Damp ein Treffen der Retter und der Geretteten.

Die „Wilhelm Gustloff"

Barck, Günther

Maschinenobergefreiter(Z)

* 28.11.1924 in Bad Kleinen/Mecklenburg
+ 28.01.1992 in Gelsenkirchen

1939	Lehrbeginn als Schlosser in Schwerin
1942	Gesellenprüfung als Schlosser
1942	Eintritt in die Kriegsmarine
1942 – 1943	U-Boots-Ausbildung
1943 – 1945	kommandiert auf U 1223
1945 – 1946	Gefangenschaft in England
letzter Dienstgrad:	Maschinenobergefreiter
Auszeichnungen:	U-Boots-Kriegsabzeichen 1939
	U-Boots-Frontspange in Bronze
1947 – 1951	Kraftfahrzeug-Schlosser und Bergungsfahrer bei der Stadt Bochum
1952	Grubenschlosser auf der Zeche „Bergmannsglück" in Gelsenkirchen-Hassel
1953	LKW-Fahrer bei „Pro-Gas" in Dortmund
Ende 1953	Tankwagenfahrer bei der „Esso-AG"
1963 – 1976	Maschinen-Arbeiter bei der „Opel-AG" in Bochum

Beutel, Willy

Maschinenobergefreiter(Z)

* 13.02.1924 in Wyk auf Föhr
+ 14.12.2005 in Wyk auf Föhr

Von 1930 bis 1939 Besuch der Volksschule, danach eine Lehre als Schlosser bei der W.D.R. (Wyker-Dampfschiff-Reederei). Nach der Lehre Assistent auf den Schiffen der Reederei bis 1942. Noch im gleichem Jahr Schlosser im Lokomotiv-Reparaturwerk Kiel-Neumünster.

1942 - Freiwillige Meldung zur Kriegsmarine bzw. U-Bootswaffe. Nach der Rekrutenzeit im September 1942 ging es zur 1. U.L.D. nach Pillau, dort absolvierte er verschiedene U-Lehrgänge. Nach der U-Boots-Ausbildung folgte die Baubelehrung in Hamburg-Finkenwerder für U 1223. Von der Indienststellung bis April 1945 war er an Bord dieses Bootes.
Daraufhin wurde er auf U 1230/Hilbig kommandiert. Auf diesem erlebte er die Kapitulation. Mit U 1230 ging es auch nach England in die Gefangenschaft und ins Lazarett bis 1947.

Nach Rückkehr aus der Gefangenschaft Neuanfang bei der W.D.R.(s.o.).
Ab November 1953 auf große Fahrt gegangen. 1958 hat er sein Patent in Flensburg auf der Maschinistenschule erworben und ist als Ingenieur weitergefahren. Lange Zeit bei der Schleppschifffahrt „Fair Play" in Hamburg. Dabei führte ihn seine Arbeit mehrmals in den St. Lorenz-Strom und auf die großen Seen. Er war auf allen Meeren der Welt zu Hause, nur das „Schwarze Meer" hat er nie kennen gelernt.

1982 ging Willy Beutel in den verdienten Ruhestand.

Brunner, Adolf

Matrosenobergefreiter

* 15.01.1924 in Dellach im Drautal
+ 25.05.1985 in Dellach im Drautal

Nachruf in einer österreichischen Zeitung

In memoriam Vzbgm. a. D. Adolf Brunner

In Dellach im Drautal wurde unter großer Beteiligung der Ortsbevölkerung, vieler Öffentlichkeitsvertreter und verschiedener Vereinsabordnungen der beliebte Mandatar und Funktionär Vzbgm. a. D. Adolf Brunner (Foto) zu Grabe getragen. Die SPÖ Dellach verliert in Adolf Brunner ihren Ehrenobmann, der in breiten Bevölkerungskreisen großes Ansehen genoß.

Als Gemeinderatsmandatar war er stets ein hilfsbereiter Mensch und ein Mann des Ausgleiches gewesen, der gerne vermittelnd eingriff, wo durch Auseinandersetzungen die Geister sich zu scheiden begannen.

Ein besonders inniges Verhältnis hatte Brunner zur sporttreibenden und sportbegeisterten Jugend. Er war es, der schon bald nach dem Kriege den ATUS und späteren ASKÖ Dellach gründete und insbesondere darin seine Aufgabe sah, dem Fußballsport Dellachs den Stellenwert zu verschaffen, den er heute innehat. Die SPÖ Dellach, der Adolf Brunner seit dem Jahre 1947 angehörte und deren Ehrenzeichenträger (in Silber) er war, bot dem aufrechten Funktionär schon 1958 die Kandidatur in den Gemeinderat an. Seine Tätigkeit dort war umfaßend. Er schied aus dem Gemeinderat im Jahre 1979.

Sein letzter Erdenweg gestaltete sich zum Abschied von einem bedeutenden Dellacher. Worte des Dankes und anerkennender Würdigung am offenen Grab sprachen Bgm. Friedrich Filzmaier, Vzbgm. Karl Simoner für die SPÖ, Ing. Peter Fina für den ASKÖ, Herbert Oberlojer für den ÖKB, Günther Bark aus Gelsenkirchen für die Besatzung des U 1223, und Hans Brunner für die Marinekameradschaft Spittal. Die SPÖ Dellach wird ihrem langjährigen Obmann immer ein ehrendes Gedenken bewahren.

107

Bühler, Immanuel

Funkobergefreiter

* 25.10.1923 in Unterberken, Stadtteil der Kreisstadt Schorndorf (1)

Nach acht Jahren Volksschulbesuch begann Immanuel Bühler eine Lehre als Kaufmann in einer Eisen- und Haushaltswarenhandlung. Gleich nach Ende seiner Lehrzeit mußte er zur Musterung. Da er damit rechnete als Infanterist nach Rußland zu kommen, entschied er sich, freiwillig in die Kriegsmarine einzutreten.

Am 15.09.1941 wurde er nach Leba bei Gotenhafen zum Grundwehrdienst in die Marine einberufen. Die Grundausbildung dauerte etwa vier Wochen. Da sich Bühler als Funker meldete, kam er ein Vierteljahr nach Aurich auf die Funkerschule. Nach deren Abschluß bekam er einen Marschbefehl nach Kirkenes, Nordnorwegen. Aber nach wochenlanger Wartezeit auf dem Leichten Kreuzer „Nürnberg" in Kiel, wegen des harten Winters und der damit verbundenen Eisgefahr, wurde er nach Riga (Lettland) zu einer Landfunkstelle versetzt.

1943 meldete sich Immanuel Bühler freiwillig zur U-Boots-Waffe, wo er nach erfolgreicher Untersuchung angenommen wurde. Gleich danach wurde er zur Funkerschule nach Flensburg-Mürwik kommandiert. Nach dem bestandenen Lehrgang wurde er nach Gotenhafen auf das Wohnschiff „Patria" versetzt.

Im Sommer 1943 ging es dann zur Baubelehrung bei der 8. K.L.A. in Hamburg-Finkenwerder, wo U 1223 gebaut wurde. Auf diesem Boot blieb Immanuel Bühler von der Indienststellung (06.10.1943) bis zur Außerdienststellung (15./16.04.1945) als Funkobergefreiter.

Nach der Außerdienststellung von U 1223 wurde Bühler nach Kiel abkommandiert und dort U 236 zugeteilt. Gegen Mittag des 03.05.1945 entschloß sich der Kommandant, Kapitänleutnant Herbert Mumm, Kristiansand in Norwegen anzulaufen. Zusammen mit U 2521 (Methner) lief es aus. Etwa um 11.45 Uhr, kurz nach dem Passieren von Flensburg-Feuerschiff, wurden beide Boote von einem Jagdbomber-Verband angegriffen. U 236 tauchte trotz geringer Wassertiefe und legte sich auf Grund. Wie sich später herausstellte, wurde bei diesem Angriff U 2521 versenkt, während Herbert Mumm erst nach Einbruch der Dunkelheit wieder Auftauchen ließ, um Nachrichten zu empfangen. Dabei wurde festgestellt, daß die Backbord-Außenbunker getroffen waren, was starken Ölverlust zur Folge hatte. Außerdem erfuhr die Besatzung von U 236 von der bevorstehenden Waffenruhe in Schleswig-Holstein. Aufgrund dieser Lage kam Herbert Mumm zum Entschluß, die Besatzung an Land zu bringen und das Boot selbst zu versenken. Dieses wurde in der Nacht vom 05. zum 06. Mai 1945 vollzogen.
Nach einigen Tagen an Land nahmen die Engländer die Besatzung U 236 gefangen und brachten sie auf die Halbinsel Eiderstedt, von dort wurde Immanuel Bühler im August 1945 entlassen.

(1)   Die Kreisstadt Schorndorf ist die Geburtsstadt von Gottlieb Daimler

VERLEIHUNGS-URKUNDE

Auf Grund der Ermächtigung des Oberbefehlshabers
der Kriegsmarine verleihe ich dem

Funkobergefreiten

Emanuel Bühler

die

U-Boots-Frontspange

in Bronze

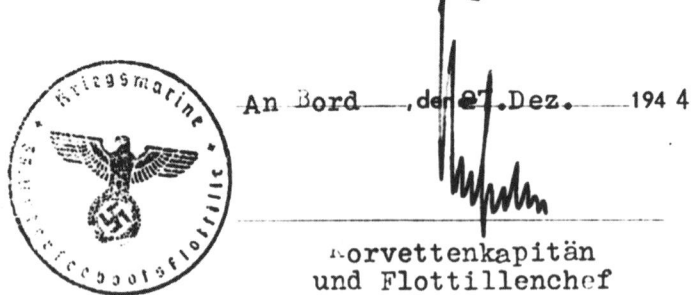

An Bord ___, der 27.Dez. ___ 194 4

Korvettenkapitän
und Flottillenchef

Verleihungs-Urkunde

Auf Grund der Ermächtigung des Oberbefehlshabers der Kriegsmarine verleihe ich dem

Funkobergefreiten

Immanuel B ü h l e r

das

U-Boots-Kriegsabzeichen 1939

An Bord, den 27. Dezember 19 44

Korvettenkapitän
und Flottillenchef

111

Claus, Horst

Funkobergefreiter

* 10.05.1924 in Rosswein / Sachsen

Von April 1930 bis April 1938 besuchte Horst Claus die Volksschule in Roß-wein. Gleich danach begann er eine Lehre als Automatenandreher, die er im April 1941 abschloss. Da er nicht ins Heer eingezogen werden wollte, meldete er sich freiwillig zur Marine.

Am 15.09.1941 wurde er dann in Gotenhafen zur Marine eingezogen. Von dort ging es zur Grundausbildung nach Leba / Pommern. Nach sechs Wochen Infanterieausbildung wurde er zur 7. Kompanie der Nachrichtenschule in Aurich versetzt. Danach wurde Horst Claus nach einem kurzen Lazarettaufenthalt in Cuxhaven zur Nachrichtenschule nach Flensburg-Mürwik kommandiert.
Schließlich wurde er zum Marine-Nachrichtenoffizier (MNO) nach Frederikshaven / Dänemark befohlen. Hier meldete sich Horst Claus freiwillig zur U-Bootswaffe. Nach der Absolvierung der gesamten U-Boots-Lehrgänge wurde er nach Hamburg zur Baubelehrung für U 1223 kommandiert. Auf diesem U-Boot war er als Funker und Horcher tätig. Unter dem Kommandanten Bosüner erlebte er die Ausbildung des Bootes, die er mit Kneip wiederholte und auch die einzige Feindfahrt von U 1223 in den St. Lorenz-Strom machte er mit.

Am 27.12.1944 bekam Horst Claus nacheinander das „Eiserne Kreuz II. Klasse", das „U-Boots-Kriegsabzeichen 1939" und die „U-Boots-Frontspange" in Bronze verliehen. Noch vor der Außerdienststellung von U 1223, kam Horst Claus am 14.04.1945 zusammen mit Alfons Hasler auf U 680, das unter dem Kommando von Oberleutnant zur See Ulber stand. Dieses Boot bereitete ihm keine große Freude, aber er hatte Glück, denn er wurde am 07.06.1945 von Bord befohlen und geriet in britische Gefangenschaft, aus der er dann bereits am 28.06.1945 entlassen wurde.

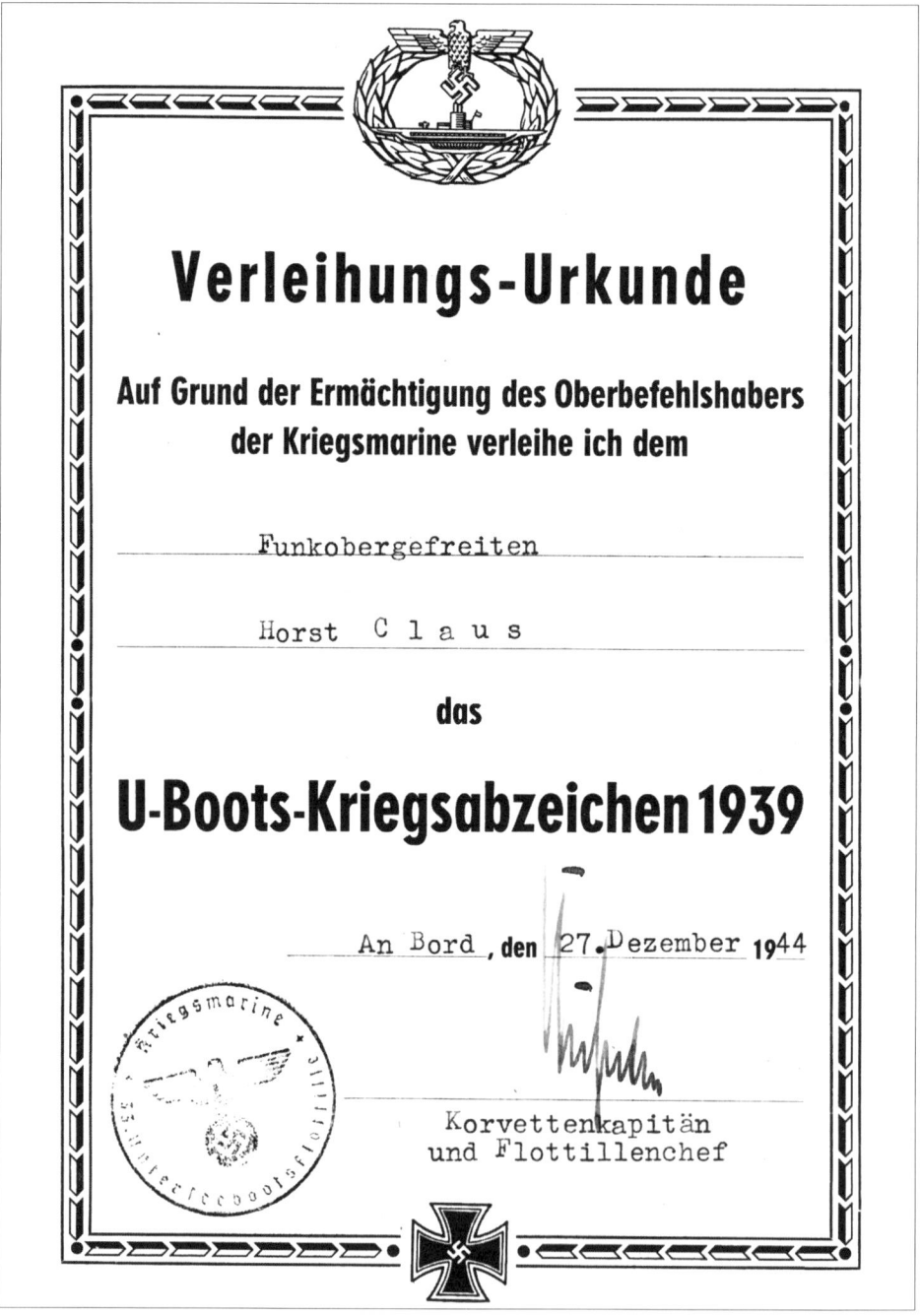

Verleihungs-Urkunde

Auf Grund der Ermächtigung des Oberbefehlshabers der Kriegsmarine verleihe ich dem

Funkobergefreiten

Horst C l a u s

das

U-Boots-Kriegsabzeichen 1939

An Bord , den 27. Dezember 1944

Korvettenkapitän
und Flottillenchef

114

VERLEIHUNGS-URKUNDE

Auf Grund der Ermächtigung des Oberbefehlshabers
der Kriegsmarine verleihe ich dem

Funkobergefreiten

Horst C l a u s

die

U-Boots-Frontspange

in Bronze

An Bord den 27.Dez. 194 4

Korvettenkapitän
und Flottillenchef

115

Czernia, Erich

Matrosenobergefreiter

* 08.01.1924 in Hirschfeldau / Niederschlesien

1930 bis 1938 Volksschule in Neundorf, danach eine zweijährige Lehre als Melker.

1940 freiwillig zur Kriegsmarine gemeldet.
1941 eingezogen zur Rekrutenausbildung bei der 8. Schiffsstammabteilung in Leer. Von dort nach Plön, dann U-Bootsausbildung in Pillau bei der 1. U.L.D. Danach wurde er nach Neustadt i. H. (1. U.L.D.) kommandiert und von dort nach Hamburg zur Baubelehrung bei der 8. K.L.A. und zur Zusammenstellung der Besatzung U 1223.

Auf U 1223 fuhr Erich Czernia von Indienststellung bis zur Außerdienststellung. Nach einigen Wochen Gefangenschaft entlassen in die Land- und Forstwirtschaft. Da er nicht mehr in seine Heimat zurückkehren konnte, begann sein Neuanfang nach einigen Stationen in Norddeutschland bei der Entenfarm „Bölts".

Erich Czernia (mit Fernglas)

Dieminger, Hermann

Matrosenobergefreiter

* 01.11.1922 in Binswangen / Landkreis Dillingen / Donau
+ 02.03.1995 in Wertingen

Arbeitsdienstzeit:

Mai 1941 – Juli 1942	Sechs Wochen Arbeitsdienst in Frankenmarkt/Österreich, anschließend ein Jahr in Kirkenes/Nordnorwegen

Nach der Entlassung aus dem Arbeitsdienst 1942, freiwillige Meldung zur Kriegsmarine.

Dienstzeiten bei der Kriegsmarine:

Oktober 1942 – Januar 1943	Rekrutenkompanie in Ede / Holland
Februar 1943 – April 1943	Marine-Flak in Den Helder und Durchgangslager Norden / Ostfriesland
Mai 1943 – Juni 1943	Flakschule Langeoog
Juli 1943 – August 1943	U-Boots-Schule bzw. Ausbildung in Plön / Holstein
September 1943 – 05.10.1943	Baubelehrung bei 8. K.L.A. Hamburg für U 1223
06.10.1943 – Mai 1944	Bordkommando auf U 1223 (1)
Mai 1944 – Juni 1944	Lehrgang für Fähnriche bei 7. S.St.Abt. / Stralsund
Juli 1944 – Dezember 1944	Marineschule Heiligendamm
Januar 1945 – März 1945	Marine-Kriegsschule Schleswig
März 1945 – Kriegsende	Marine-Infanterie (Artillerie) in Verden an der Aller
Mai 1945 – September 1945	Englische Kriegsgefangenschaft in Stade bei Hamburg

Nach dem Kriege war Hermann Dieminger beruflich als Kreisamtmann (Jugendamtsleiter) im Landratsamt Wertingen tätig. Doch bis an sein Lebensende galt seine Liebe der See.

1) Die Zeit auf U 1223 war für Hermann Dieminger von großer persönlicher Bedeutung. Während dieser Zeit war er Aufklärer von Bosüner und Kneip, gehörte zur 1. Brückenwache unter Oberleutnant zur See Hans Otto Bartels und war Hilfsmaat des Obersteuermanns Peter Ternes.

Als ihm Ende 1944 in Heiligendamm die Vermißtenmeldung von U 1223 mitgeteilt wurde, war er tief betroffen und glaubte seine Kameraden für immer verloren. Überwältigend war aber dann seine Freude, als er 36 Jahre später erfuhr, dass seine tot geglaubten Kameraden alle überlebt hatten. Von da an waren die jährlichen Besatzungstreffen Höhepunkte, die zu lebenslangen Freundschaften führten.

Beförderungen:

01.08.1943   Matrosengefreiter
01.12.1943   Matrosenobergefreiter
01.08.1944   Seekadett (ROA) *

* Reserveoffiziersanwärter

Egner, Christian Ludwig

Funkobergefreiter

* 12.04.1917 in Lorsch / Hessen
+ 13.11.1981 in Bensheim

Christian Ludwig Egner wurde als Sohn des Justizoberinspektors und Oberleutnant d. R. Christian Egner am 12.04.1917 in Lorsch / Hessen geboren. Er besuchte an seinem Geburtsort die Volksschule und legte an der Hessischen Aufbauschule in Friedberg sein Abitur ab. Nach dem Studium der Erziehungswissenschaften an der Hochschule für Lehrerbildung in Darmstadt hatte er 1939 eine Lehrerstelle in Wald-Michelbach (Odenwald) und 1940/41 in Michalki (Bezirk Marienwerder) inne.

Am 01.05.1941 kam Christian Ludwig Egner als Freiwilliger zur Kriegsmarine. Als Funker auf dem Leichten Kreuzer „Köln" nahm er an der Schlacht bei den Bäreninseln am 31.12.1942 teil. Danach meldete er sich freiwillig zur U-Bootswaffe. Nach der nötigen U-Bootsausbildung kam er zur Besatzung von U 1223, von den Entstehungstagen des Bootes auf der deutschen Werft in Hamburg-Finkenwerder (Juli 1943) bis zur Außerdienststellung am 16.04.1945 in Wesermünde. Seine Pflicht erfüllte er vorbildlich vom ersten bis zum letzten Tag auf U 1223, als Funker, Horcher und Funkmeßbeobachter auf der Brücke wie im alltäglichen Bordbetrieb mit seinen mühevollen Nebenaufgaben. Dies insbesondere auch auf der Fernfahrt mit U 1223 bis zum St. Lorenz-Strom.

Von 1946 bis zu seiner vorzeitigen Pensionierung aus gesundheitlichen Gründen im Jahre 1978, diente Christian Ludwig Egner als Lehrer in Landman (Odenwald), Hüttenfeld und Lampertheim/Rhein. Da sein berufliches Interesse schon immer der Religion galt, legte er 1973 noch die Erweiterungsprüfung als evangelischer Religionslehrer ab.

Eine Aufnahme von Christian Egner
aus dem Jahre 1978

Ewert, Horst

Maschinenobergefreiter(E)

* 01.03.1923 in Berlin

1929 – 1937	Volksschulbesuch
1937 – 1942	bei AEG in Berlin, *davon*
1937 – 1940	Ausbildung zum Elektromechaniker und
1940 – 1942	in der Fertigung für Marinesender, *zusätzlich*
1938 – 1942	Volkshochschule (VHS) und Abendschule

Bei der Kriegsmarine:

Anfang Juli 1942, Einberufung zur 17. Schiffsstammabteilung nach Memel. Danach schlossen sich Lehrgänge und Kommandierungen u. a. bei der 1. U.A.A. in Plön an.

Anfang Juni 1943 wurde er zur Baubelehrung (8. K.L.A.) nach Hamburg-Finkenwerder für U 550/Hänert abkommandiert. Nach der Indienststellung am 28.07.1943 erfolgten Bootserprobungen, taktische Übungen und die „Agru-Front" in der Ostsee.

Wegen einer Lazaretteinweisung (Gelbsucht), stieg Horst Ewert im März 1944 auf U 1223, während der Erprobungszeit als E-Maschinen-Obergefreiter, ein. Nach einer Feindfahrt und der Außerdienststellung von U 1223 am 16.04.1945, mußte Horst Ewert das Boot wechseln. Er stieg in Bremerhaven auf U 720 / Wendelberger ein. Ende April 1945 lief U 720 nach Helgoland aus. Dort erlebte die Besatzung das Kriegsende. Ende Mai verholte das Boot nach Wilhelmshaven, dem Sammelhafen für die U-Boote des Typs VII-C. Am 24.06.1945 erfolgte die Überführung von U 720 nach Loch Ryan (Schottland), wo es am 20.12.1945 im Zuge der Operation „Deadlight" versenkt wurde.

Die Besatzung wurde in ein Gefangenenlager in Schottland eingewiesen. Mitte Dezember 1946 erfolgte der Rücktransport nach Deutschland und Anfang 1947 die Entlassung aus der Gefangenschaft.

Tätigkeiten nach Kriegsende:

1947 – 1959	Arbeit bei der Firma Voigtländer in Brauschweig, *davon*
1947 – 1954	in der Fertigung optischer Geräte
1954 – 1959	als Konstrukteur für Betriebsmittel, *außerdem*
1950	Meisterprüfung für Elektromechaniker
1955	Elektro-Technikerprüfung
1960 – 1983	wieder bei AEG beschäftigt, als Konstrukteur für optische Landehilfen in der Abteilung Flughafen-Befeuerung

Fiedler, Werner

Mechanikerobergefreiter(T)

* 06.09.1924 in Zwickau / Sachsen

Nach erfolgreichem Abschluss der Volksschule begann Werner Fiedler im April 1939 eine Lehre als Maschinenschlosser in den „Sächsischen Knopf- und Bürstenmaschinen-Werken". Die dreieinhalb Jahre Lehrzeit schloß er mit dem Gesellenbrief ab.

1942 meldete er sich freiwillig zur Kriegsmarine und kam am 01.10.1942 nach Ahrweiler zur 19. Ausbildungsabteilung. Nach bestandener U-Bootstauglichkeit und zweieinhalb Monaten infanteristischer Grundausbildung wurde er Mitte Dezember 1942 zur Torpedoschule nach Flensburg-Mürwik abkommandiert. Gleich merkte Fiedler, daß er mit der kommenden Ausbildung zum Torpedomechaniker vorgesehen war. Aber der Lehrgang von Januar bis März 1943 war schon belegt, so dass er bis April warten musste. Nach einer dreimonatigen Ausbildung zum Torpedomechaniker, mußte er für vier Wochen nach Pillau zur 1. U.L.D., um seine U-Bootsausbildung zu absolvieren. Danach ging es wieder zurück nach Flensburg, hatte jedoch Glück und wurde zur Erntehilfe eingesetzt.

Anfang September 1943 wurde Werner Fiedler zur Baubelehrung nach Hamburg-Finkenwerder kommandiert. Wie er jetzt erfuhr, sollte er als Bugmechaniker für das neue U 1223 eingesetzt werden. Jeden Morgen mußte die Mannschaft zur Werft marschieren und ihren Dienst verrichten, um die Ausbildung an den verschiedenen technischen Anlagen zu erlernen. Am 06.10.1943 wurde U 1223 in Dienst gestellt, danach begann die Erprobung und Einfahrzeit. Die Ausbildung war hart, Torpedoschießen, verschiedene Tauchübungen usw. hatten zum Ziel, das Boot so schnell wie möglich frontreif zu machen. Als im März 1944 mit Oberleutnant zur See Albert Kneip ein neuer Kommandant U 1223 übernahm, mußten die ganzen Übungen noch einmal wiederholt werden. Im Juli 1944 war es endlich soweit, dass Boot wurde zur Feindfahrt ausgerüstet.

Am 06.08.1944 überführte U 1223 nach Norwegen, um dann am 28.08.1944 endgültig von Bergen zur 1. Unternehmung auszulaufen. Nach 120 Tagen Feindfahrt machte das Boot am 24.12.1944 wieder in Kristiansand fest. Von hier ging es weiter nach Flensburg, wo Boot und Besatzung herzlich empfangen wurden. Hier bekam Werner Fiedler das U-Boots-Kriegsabzeichen und die U-Boots-Frontspange in Bronze verliehen, zudem wurde er zum Mechanikerobergefreiten befördert. Am 05.01.1945 ging es nach Königsberg in die Werft und am 10.01.1945 konnte Fiedler für drei Wochen in den Heimaturlaub fahren.

Als der Urlaub zu Ende war, wusste Fiedler nicht, wo U 1223 geblieben war. Deshalb entschloss er sich zur 33. U-Flottille nach Flensburg zu fahren. Hier traf er auf den I. Wachoffizier und weitere acht Kameraden. Ihr Boot lag bereits in Stettin, also ging es mit der Eisenbahn dorthin. Jetzt konnte die 2. Hälfte der Besatzung in Urlaub fahren. Am 12.03.1945 erlebte er den schweren Luftangriff auf Swinemünde. Diesen Angriff hat er nie vergessen und ist heute noch dankbar daß er ihn überlebte. Später wurde U 1223 nach Bremerhaven geschleppt, da das Boot keine Maschinen mehr hatte. Hier wurde U 1223 am 16.04.1945 außer Dienst gestellt.

Der II. Wachoffizier Hans-Hinrich Blank, sowie die Mannschaftsdienstgrade Barck, Beutel, Fuhs und Fiedler wurden auf U 1230 / Hilbig abkommandiert.
U 1230 war zur Feindfahrt ausgerüstet und es sollte bald losgehen. Ende April, Anfang Mai 1945 machte sich das Boot auf den Weg nach Kiel. Doch im Kaiser-Wilhelm-Kanal mußte das Boot umkehren und fuhr nach Helgoland, wo sie das Kriegsende erlebten. In Helgoland lagen noch zwei weitere U-Boote. Nach zirka acht Tagen wurde U 1230 von den Engländern nach Wilhelmshaven gebracht. Die Besatzung kam ins Lager „Epkerige", unter ihnen Werner Fiedler.
Im Juni 1945 wurde U 1230 mit weiteren acht U-Booten nach England überführt, um später bei der Operation „Deadlight" versenkt zu werden.

Als Fiedler hörte, daß die aus Ostdeutschland stammenden Soldaten entlassen werden sollten, konnte er durch die Freundschaft zum Matrosenobergefreiten Hans Fuchs von U 1230, als Heimatadresse Dortmund-Eving angeben.

Am 04.08.1945 wurde Hans Fiedler aus der Gefangenschaft entlassen und wohnte beim Bruder von Hans Fuchs als Kostgänger. Bereits am 08.08.1945 fing er auf der Zeche „Minister Stein" an. Zwar hatte er keine Ahnung vom Bergbau, aber die Kameradschaft hier hatte große Ähnlichkeit mit der auf einem U-Boot. Hier in Eving lernte er auch seine spätere Frau kennen, die im gleichen Haus lebte. Im September 1945 fuhr Werner Fiedler das erste Mal zu seinen Eltern nach Zwickau. Aber als er das Theater mit den Russen sah, fuhr er nach 14 Tagen wieder zurück nach Dortmund. Wie sich später herausstellte, war es eine gute Entscheidung. 1947 heiratete er und ging nach 40 Jahren Bergbau in Rente.

Als sein schönstes Erlebnis bezeichnete er das Wiedersehen mit seinen Kameraden von U 1223 nach 35 langen Jahren.

Fischer, Horst

Maschinenmaat(E)

* 11.02.1922 in Zävertitz bei Oschatz/Sachsen

Horst Fischer besuchte acht Jahre die Volksschule, die er mit recht guten Noten beendete. Gleich nach dem Schulabschluß erlernte er den Beruf des Maschinenschlossers, den er nach dreieinhalb Lehrjahren mit bestandener Gesellenprüfung abschloss.

Im September 1940 meldete er sich freiwillig zur Kriegsmarine, der Anfang Januar 1941 die Einladung zur Musterung folgte. Nur wenige Wochen später bekam Horst Fischer die Einberufung nach Leer / Ostfriesland zur 8. Schiffsstammabteilung. Bereits am darauffolgenden Tag wurde er nach Breda / Niederlande zur 14. Schiffsstammabteilung versetzt. Dort begann eine dreimonatige Infanterieausbildung. Bereits während dieser Zeit wurden in Breda Freiwillige für die U-Bootswaffe gesucht. Horst Fischer meldete sich daraufhin und wurde nochmals einer harten Musterung unterzogen, danach galt er als tauglich, um auf U-Booten fahren zu können.

Sofort nach Beendigung der infanteristischen Ausbildung wurde Horst Fischer nach Plön in Holstein (1. U.L.D.) auf ein Zwischenkommando befohlen. Im Juni 1941 wurde er dann nach Gotenhafen zur U-Bootsausbildung bei der 2. U-Boots-Lehrdivision (2. U.L.D.) kommandiert. Dort war er auf dem Wohnschiff „Wilhelm Gustloff" untergebracht. Die Ausbildung dauerte bis Weihnachten 1941, danach wurde er nach Hamburg-Finkenwerder zur Baubelehrung für U 515 kommandiert. Kommandant dieses Boot war der spätere Eichenlaubträger Werner Henke. U 515 wurde am 21.02.1942 in Dienst gestellt. Bereits auf der 1. Feindfahrt vom 15.08.- bis 14.10.1942 gelang es Henke, in der Karibik – nordostwärts Trinidad, neun Schiffe zu versenken und eines zu torpedieren. Nach dem Einlaufen in Lorient bekam Horst Fischer das Eiserne Kreuz II. Klasse und das U-Boots-Kriegsabzeichen verliehen, außerdem wurde er zum Maschinenobergefreiten befördert. Die zweite Feindfahrt von U 515 begann am 07.11.1942. Als Operationsgebiet wurde dem Boot der Mittelatlantik, westlich von Gibraltar zugewiesen, zudem operierte es vor der marokkanischen Küste und in der Nähe der Azoren. Auf dieser Unternehmung versenkte Henke ein Kriegsschiff und den 18700 BRT großen Truppentransporter „Ceramic", der später sein tragisches Schicksal bestimmte. Zusätzlich wurde der Zerstörer „Marne" torpediert. Am 06.01.1943 kehrte U 515 nach Lorient zurück. Auf dieser Fahrt konnten beim Rückmarsch 70 Kisten mit je 25 kg guter, eßbarer Butter aufgefischt werden, die nach dem Einlaufen an jedes Besatzungsmitglied verteilt wurde. Nach 14 Tagen Urlaub begann am 21.01.1943 die Unteroffiziersausbildung in Kiel. Die anschließenden weiteren Ausbildungen und Schulungen schloß Horst Fischer, Anfang Juli 1943, als „frischgebackener" E-Maschinenmaat ab.

Kurz darauf wurde er wieder nach Hamburg-Finkenwerder zur Baubelehrung, diesmal für U 1223, kommandiert. Dieses Boot stellte er am 06.10.1943 mit in

Dienst. Nach der wiederholten Ausbildung durch einen Kommandantenwechsel im März 1944, ging es dann im August 1944 auf Feindfahrt. Als Operationsgebiet war der St. Lorenz-Strom vorgesehen. Am 27.12.1944 wurde diese Feindfahrt in Flensburg beendet. Bei der Ordensverleihung am 05.01.1945 bekam Horst Fischer die U-Boots-Frontspange in Bronze und das Eiserne Kreuz I. Klasse verliehen. Anfang 1945 war Horst Fischer dabei, als U 1223 mit Werftabsichten nach Königsberg verholte. Das Boot wurde dann, weil ohne Motoren, nach Stettin geschleppt, von hier aus ging es weiter durch den Kaiser-Wilhelm-Kanal nach Bremerhaven. Dort wurde U 1223 außer Dienst gestellt.

Horst Fischer kam mit anderen Kameraden unter der Führung von Oberleutnant zur See Wolfgang Steinort nach Schleswig-Holstein, bei Neustadt i. H. zum Infanterieeinsatz. Am 04.05.1945 wurde seine Gruppe aufgelöst und nach Hause geschickt. Doch nur einen Tag später endete der Alleinmarsch von Horst Fischer auf einer Gefangenenwiese in Lübeck. Noch im Mai 1945, marschierte er mit einem großen Zug Mitgefangener weiter nach Holstein bis zum Ostseebad Damp. Hier wurden ihnen im Ort Scheunen, Schuppen und Böden oder ähnliches als Schlaf- und Wohnplatz zugewiesen. Das war etwa am 15. Mai 1945.
Im Herbst des gleichen Jahres meldete sich Horst Fischer als Besatzungsmitglied auf abzuliefernde deutsche Kriegsschiffe. Fischer kam über verschiedene Stationen nach Wilhelmshaven auf ein U-Bootsmutterschiff, was nach Swinemünde zu den Russen gebracht werden sollte. Seine Aufgabe war den Junkers-Luft-Verdichter zu bedienen. Als Sachverständiger dieser Maschine sollte er am Ziel unbedingt an Bord bleiben. Doch konnte sich Horst Fischer vor diesem Vorhaben drücken. Mit einem noch deutschen Landungsboot fuhr er nach Wilhelmshaven zurück. Dort bekam er glücklicherweise Urlaub, den er beim ehemaligen Funkmaat von U 1223, Wilhelm Neumann, in Lübeck verbrachte. Anschließend wurde er entlassen und zwar in den Ostteil Deutschlands. Dort fand die eigentliche Entlassung nach etwa vierwöchiger Quarantäne im April 1946 statt.

Zuerst konnte er dem Vater bei der Obsternte helfen. Als ihn eine Kommission vom Wismutbergbau aus dem Erzgebirge verpflichten wollte, folgte er seiner Braut nach Jonsdorf und nahm die Arbeit im „Phänomen-Werk" in Zittau auf. Dorthin kam nun eine Kommission der Schulbehörde und warb ihn als Berufsschullehrer. Nach zwei Jahren Studium in Leipzig und Berlin begann Horst Fischer den Lehrdienst an der Handwerkerschule in Zittau.

Fuhs, Walter

Mechanikerobergefreiter(T)

* 27.02.1923 in Dortmund

Nach seiner Schulentlassung 1937 erlernte Walter Fuhs das Dreherhandwerk. Nach zwei Gesellenjahren meldete er sich freiwillig zur Kriegsmarine.

06.03.1942 – 29.03.1942	3. Kompanie / 8. Schiffsstammabteilung in Leer / Ostfriesland
30.03.1942 – 25.06.1942	Ausbildung bei Torpedoschule Flensburg-Mürwik
26.06.1942 – 01.01.1943	kommandiert auf Torpedoklarmachschiff „Uerdingen" bei 25. U-Flottille in Danzig-Neufahrwasser
02.01.1943 – 29.04.1943	kommandiert zur Stabskompanie bei Torpedoschule in Flensburg-Mürwik
30.04.1943 – 04.06.1943	U-Bootsausbildung 9. Komp./I. Abt./1. U.L.D. in Pillau
05.06.1943 – 05.10.1943	kommandiert zur Stabskompanie bei Torpedoschule in Flensburg-Mürwik und zur Baubelehrung bei 3. Komp./ 8. Kriegsschiffsbaulehrabteilung in Hamburg-Finkenwerder für U 1223
06.10.1943 – 12.04.1945	als Mechanikerobergefreiter auf U 1223
13.04.1945	in Bremerhaven auf U 1230/Hilbig gewechselt.

Das Kriegsende erlebte er in Helgoland und Wilhelmshaven in „Epkerige".
Von hier wurde U 1230 von einem Teil der Besatzung, unter ihnen auch Walter Fuhs, nach England in die Bucht von Stranraer überführt. Am 19.12.1946 wurde er aus englischer Gefangenschaft in „Deriges" (?) entlassen.

Bis zu seinem 59. Lebensjahr arbeitete Walter Fuhs in seinem erlernten Beruf als Dreher.

Orden und Ehrenzeichen:
27.12.1944   U-Boots-Kriegsabzeichen 1939
27.12.1944   U-Boots-Frontspange in Bronze

VERLEIHUNGS-URKUNDE

Auf Grund der Ermächtigung des Oberbefehlshabers
der Kriegsmarine verleihe ich dem

Ob. befr, Mechanikersgefreiten

Walter Fuhs

die

U-Boots-Frontspange

in Bronze

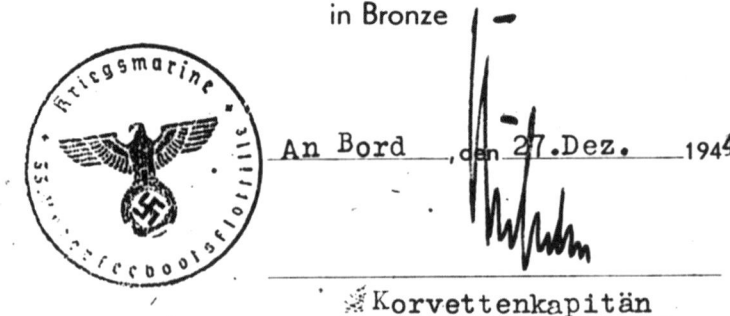

An Bord ,den 27.Dez. 1944

Korvettenkapitän
und Flottillenchef

134

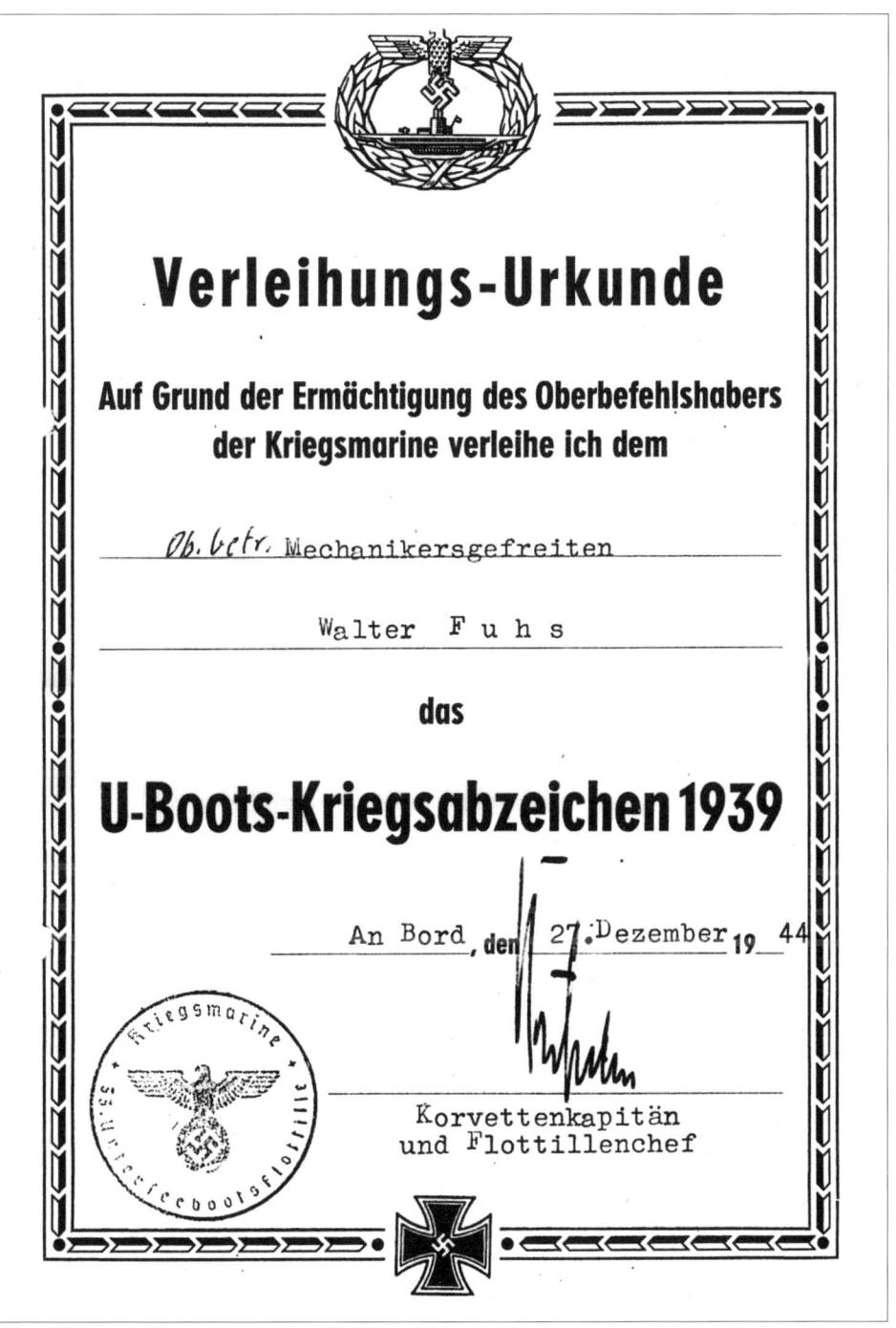

Verleihungs-Urkunde

Auf Grund der Ermächtigung des Oberbefehlshabers der Kriegsmarine verleihe ich dem

Ob. betr. Mechanikersgefreiten

Walter F u h s

das

U-Boots-Kriegsabzeichen 1939

An Bord, den 27. Dezember 19 44

Korvettenkapitän
und Flottillenchef

135

Günther, Andreas

Bootsmannsmaat

* 23.04.1923 in Plan / Sudetenland
+ 24.02.1989 in Retzstadt / Unterfranken

Andreas Günther meldete sich freiwillig zur U-Bootswaffe.

Nach Absolvierung der Grund- und U-Bootsausbildung wurde er zunächst auf U 969, das von Kommandant Max Dobbert befehligt wurde, kommandiert.

Mit diesem Boot erlebte er 3 Feindfahrten, u. a. den Durchbruch durch die Meerenge von Gibraltar in das Mittelmeer am 03.02.1944.

Nach der 3. Unternehmung, Ende April 1944, wurde Andreas Günther zu einem Maaten-Lehrgang abkommandiert. Als er danach wieder auf sein „altes" Boot zurückkehren wollte, wurde er überraschend auf U 1223 befohlen, denn inzwischen war U 969 am 05.07.1944 in Toulon / Frankreich bei einem Luftangriff von 233 US-„Liberator"-Bomber der 15. USAAF schwer beschädigt worden. Auch die Besatzung des Bootes war bereits nach Deutschland zurück kommandiert worden.

Auf U 1223 löste Andreas Günther den erkrankten Bootsmaat Willi Wodetzki ab und wurde an dessen Stelle Seemännische Nr. 3 (zuständig für Munition). Mit U 1223 nahm er dann an der langen und schwierigen Feindfahrt in den St. Lorenz-Strom teil.

Hasler, Alfons

Matrosenobergefreiter

* 03.07.1922
+ 08.10.1976

Hinz, Rudolf

Maschinenmaat(Z)

* 04.09.1921 in Königsberg / Ostpreußen
+ 16.08.2002 in Kiel

1928 bis 1936 Volkschulbesuch. Ab 1936 Ausbildung und Lehre zum Installateur. Da sein Hobby immer das Radrennen war, brachte er es während seiner Lehrzeit zum Jugendmeister in Ostpreußen. Im Winter war er begeisterter Eisschnellläufer.

Bei Kriegsausbruch meldete er sich freiwillig zur Kriegsmarine und zur U-Bootswaffe. Sein erstes Boot kam von Feindfahrt nicht zurück. Rudolf Hinz war zu der Zeit auf Unteroffizierslehrgang.

Nach diesem Lehrgang wurde er im August 1943 auf U 1223 kommandiert. Teilnahme an der Feindfahrt von August 1944 bis 27.12.1944 als Zentralemaat. Nach Außerdienststellung von U 1223 am 16.04.1945 wurde er zusammen mit dem größten Teil der Besatzung unter Führung des I. Wachoffiziers Oberleutnant zur See Wolfgang Steinort nach Neustadt i. H. befohlen. Hier sollten sie als Infanteristen zum Einsatz kommen. Das Kriegsende erlebte Rudolf Hinz bei Neustadt. Nach seiner Entlassung durch OlzS Steinort wurde er auf dem Weg zu seinen Eltern von britischen Soldaten gefangen genommen. Zu seinen Eltern, die nach Schleswig-Holstein geflüchtet waren, hatte er bereits Verbindung aufgenommen. Sie waren seiner Zeit im Obersten Wehr am Kaiser-Wilhelm-Kanal untergebracht.

Die Engländer hatten an der Nordseite des Kaiser-Wilhelm-Kanals ein großes Gefangenenlager eingerichtet, in dem sie auch Rudi Hinz einsperrten. Im Lager selbst konnten sich alle frei bewegen, deshalb gelang ihm eines Nachts die Flucht. Heimlich ist er durch den Kanal geschwommen und wenn sich Scheinwerfer auf ihn richteten, ist er einfach getaucht, als Rettungsschwimmer hatte er damit keine Schwierigkeiten. So erreichte Rudi Hinz seine Eltern.

Nach der Entlassung fand er in Wilster Arbeit und eine Wohnung für seine Eltern. 1946 lernte er seine Frau kennen, die er 1949 heiratete. 1950 wurde eine Tochter geboren. 1948, zusammen mit seinen Eltern, Umzug nach Freiburg, um hier zu arbeiten. Hier machte Rudi Hinz nebenbei den Trainerschein für Radrennen. 1951 bekam er Arbeit in Hamburg und auch eine Wohnung. In Abendkursen machte er seine Meisterprüfung. 1959 kaufte Rudi Hinz in Kiel einen Installationsbetrieb (Klempnerei) und noch einmal mußte umgezogen werden. Hier in Kiel ging es ihm und seiner Familie beruflich und privat sehr gut.

Horstmann, Georg

Maschinengefreiter(E)

* 11.10.1925 in Gütersloh
+ 13.12.2000 in Gütersloh

Hülsenbeck, Günter

Matrosenobergefreiter

* 15.03.1923 in Ennepetal
+ 24.12.1993 in Ennepetal

Nach der Volksschule begann Günter Hülsenbeck eine kaufmännische Lehre in der Verwaltung.

1941 meldete er sich freiwillig zur Kriegsmarine. Grundausbildung in Eckern-förde bei der 5. Schiffsstammabteilung. Danach als Schreiber verschiedene Kommandos.

1942 war Günter Hülsenbeck in Nikolajew am Schwarzen Meer stationiert.

Anfang 1943 meldete er sich freiwillig zur U-Bootswaffe. Nach erfolgreicher U-Bootsausbildung wurde er als Steuermannsgast auf U 1223 kommandiert. Bis zur Außerdienststellung am 16.04.1945 war er an Bord.

Aus der Gefangenschaft konnte er sich absetzen und ist zu Fuß nach Ennepetal marschiert.

Ab Ende 1945 war Günter Hülsenbeck als Buchhalter tätig.

Günter Hülsenbeck (links) mit Johann Kuklinski

Junk, Vinzenz

Maschinengefreiter(Z)

* 08.09.1924 in Trier / Mosel

Seine Kinder- und Jugendzeit verbrachte Vinzenz Junk bei seinen Eltern in Trier, hier ging er auch zur Schule.

Mit 17 Jahren meldete er sich freiwillig zur Marine. Da er großes Interesse für die Marine zeigte, durchlief er bereits vorher bei der damaligen Marine-HJ verschiedene Lehrgänge in Kiel und Hamburg und wurde deshalb schon ein halbes Jahr nach seiner Meldung eingezogen. Seine verkürzte Ausbildungszeit erfolgte in Varel, danach kam er gleich zur U-Bootsschule nach Plön. Da er sich für die Maschinenlaufbahn gemeldet hatte, absolvierte er in dieser Richtung einige Lehrgänge. Anschließend kam er nach Hamburg-Finkenwerder zur Baubelehrung auf U 1223.

Mit diesem Boot erlebte er die Feindfahrt in den St. Lorenz-Strom und die glückliche Heimkehr nach Flensburg. Hier in Flensburg geriet er auch bei Kriegsende in Gefangenschaft, die Gott sei Dank nicht lange währte.

Für kurze Zeit arbeitete Vinzenz Junk als Landarbeiter auf dem Staatsgut Hamburg. Durch den glücklichen Umstand der kurzen Gefangenschaft war er bereits im Juli 1945 zu Hause in Trier. Da er sein Abitur nachholen wollte, aber noch kein Schulbetrieb war, meldete sich Vinzenz Junk kurzerhand zur Polizei. Ab 01.10.1945 begann er seinen Dienst bei der Polizei und konnte sich durch den Besuch von Fortbildungsmaßnahmen im Laufe der Jahre für den gehobenen Dienst qualifizieren. 1985 schied er aus dem Polizeidienst aus und ging in den wohlverdienten Ruhestand.

Kaeding, Otto

Maschinenobergefreiter(D)

* 11.07.1921 in Schwenentz, Kreis Randow/Pasewalk
+ 18.11.2004 in Wolgast

Kletzin, Alfred

Funkgefreiter

* 05.01.1925 in Eberswalde

Seine Kinder- und Jugendzeit verbrachte Alfred Kletzin bei seinen Eltern in Eberswalde. Dort ging er zur Volksschule und begann anschließend eine Lehre als Technischer Zeichner. Nach Beendigung seiner Lehre meldete er sich freiwillig zur Marine, musste vorher jedoch noch seinen Arbeitsdienst von Dezember 1942 bis Februar 1943 ableisten.

Seine Marinezeit begann im März 1943 bei der Rekrutenkompanie in Ahrweiler bei Diedenhofen. Im Mai 1943 wurde er für vier Monate auf die Nachrichtenschule in Aurich kommandiert. Danach ging es zur 2. U-Boots-Lehrdivision nach Gotenhafen zur U-Bootsausbildung. Nach den Lehrgängen wurde er als überzähliger Funkgast auf U 1223 kommandiert. Mit diesem Boot absolvierte Albert Kletzin fast sämtliche Ausbildungen und Übungen in der Ostsee.

Schließlich wurde er im Sommer 1944 auf U 872, unter dem Kommando von Kapitänleutnant Peter-Ottmar Grau, kommandiert. Dieses Boot wurde in Bremen bei der Deschimag Werft, während eines US-Luftangriffes auf Hafen und Stadt, an der Pier durch eine Fliegerbombe versenkt. Es sollte zwei Tage später nach Penang in Ostasien auslaufen. U 872 wurde gehoben und am 10.08.1944 außer Dienst gestellt. Albert Kletzin und der größte Teil der Besatzung blieben in Bremen zur Baubelehrung des Typ XXI-U-Bootes U 3015. Dieses Boot wurde am 17.12.1944 bei der Deschimag AG Weser in Bremen in Dienst gestellt. Der Kommandant war natürlich wieder Peter-Ottmar Grau. Mit diesem Boot erlebte Albert Kletzin noch einmal die ganzen Ausbildungen und Übungen in der Ostsee. Bei Kriegsende wurde das Boot noch in Kiel ausgerüstet und sollte nach Norwegen verlegt werden. Als am 04.05.1945 die Teilkapitulation bekannt gegeben wurde, wurde das Boot in die Geltinger Bucht verlegt. Am 05.05.1945 wurde U 3015 in der Geltinger Bucht selbst versenkt.

Die Besatzung übernachtete bei Bauern in der Nähe von Flensburg, die bis zum 23.05.1945 noch eine Enklave war. Erst als die Briten kamen, geriet Albert Kletzin in Gefangenschaft bzw. Internierung, aus der er aber bereits Ende Juli 1945 entlassen wurde.

An einem Sonntagnachmittag

in HELA ...

... und hier auf dem Boot

148

Kretschmer, Heinz

Maschinenobergefreiter(E)

* 16.02.1925 in Lenin / Mark Brandenburg
+ 18.02.1981 in Bremerhaven

Heinz Kretschmer erlernte nach seinem Schulabschluss das Schlosserhandwerk.

Nach Beendigung seiner Lehre meldete er sich freiwillig zur Marine und U-Bootswaffe. Da er hier die Maschinenlaufbahn einschlug, absolvierte er auch alle Ausbildungen und Lehrgänge, die hierfür nötig waren. Auf U 1223 war er seit der Baubelehrung in Finkenwerder 1943. Sein ruhiges, sachliches Wesen machte ihn bei seinen Kameraden schnell beliebt. In allen Situationen war auf ihn Verlass, was sich besonders auf der Fernfahrt 400 Seemeilen in den St. Lorenz-Strom in Kanada zeigte.

Da er nach dem Krieg nicht mehr in seine Heimat zurückkehren konnte, blieb er am Meer -in Bremerhaven-. Hier lernte er auch seine Frau kennen und gründete eine Familie. Heinz Kretschmer bekam Arbeit bei den Verkehrsbetrieben in Bremerhaven. Auch hier erfreute er sich bald großer Beliebtheit bei seinen Kollegen, die er sich durch seine Zuverlässigkeit und sein Verhalten verdiente.

Kurtz, Manfred

Matrosengefreiter

* 20.08.1924 in Berlin-Spandau
+ 26.10.2005 in Langen

Manfred Kurtz besuchte in Spandau die Volksschule. Als er nach der Schule Kellner lernen wollte, suchte er sich alleine eine Lehrstelle und begann seine Ausbildung am 01.10.1939 im damals berühmten Hotel „Esplanade" am Potsdamer Platz in Berlin.

Kurz nach dem erfolgreichen Abschluss der Lehre meldete er sich schließlich am 20.09.1942 freiwillig zur Kriegsmarine, da er der Überzeugung war, es sei besser unterzugehen, als durch die Weiten Russlands marschieren zu müssen.

Manfred Kurtz wurde zunächst zur Rekrutenausbildung nach Ede bei Arnheim/Holland zur 20. Schiffsstammabteilung einberufen. Danach erfolgte die U-Bootsausbildung in Gotenhafen bei der 2. U.L.D., das Wohnschiff war die „Wilhelm Gustloff". Daraufhin machte er noch einen Lehrgang als Koch und wurde auf U 1223 kommandiert.

Auf U 1223 befand sich Manfred Kurtz während Baubelehrung, Indienststellung, Ausbildung und der Feindfahrt, bis zur Außerdienststellung des Bootes am 16.04.1945. Danach war er unter der Führung des I. Wachoffiziers Steinort als „Infanterist" in Neustadt / Holstein eingesetzt. Hier geriet er am 03.05.1945 in britische Gefangenschaft, aus der es ihm gelang, nach nur einem Tag zu entfliehen und sich nach Wesermünde zu einer Freundin durchzuschlagen, wo er vorerst untertauchte.

Am 30.09.1945 traf er wieder in seiner fast völlig zerstörten Heimatstadt Berlin ein. Zunächst war er im „Ratskeller" in Berlin-Oberschöneweide erneut als Kellner tätig. Nach einem Wechsel in das „Cafè Trumpf" lernte er dort Silvester 1945 seine spätere Ehefrau kennen, die er im August 1947 in Berlin-Köpenick heiratete. Nach einem beruflichen Gastspiel im Hotel „Haus Vaterland", übernahm er 1953 die Leitung des Restaurants im Hotel „Adria" in Berlin-Mitte, das sich aufgrund seiner Lage zu den wieder entstehenden Theatern und Varietès, wie auch den Botschaften, schnell zu einem Künstler- und Prominententreff im Ostteil von Berlin entwickelte.

Manfred Kurtz wurde daher, obwohl er zu keiner Zeit Parteigenosse war, die Leitung des Staatsbanketts der damaligen sowjetischen Botschaft übertragen. 1956 bis 1958 folgten eine Fernsehsendung über den festlich gedeckten Tisch und Werbefilmaufnahmen für die Kinoreklame der „Radeberger-Brauerei".

Als man ihm 1960, auf dem Höhepunkt des Kalten Krieges, seitens der Staatssicherheitsbehörden der DDR erklärte, er sei für diese aufgrund seiner Beziehungen zu Künstlern und Unternehmern aus Ost und West eine wichtige Informationsquelle, erkannte Manfred Kurtz, dass die Zeit seines Bleibens in Ostdeutschland vorbei sei.

Mit seiner Frau, seinem 1949 geborenen Sohn, seiner Schwägerin und seinem Schwager verließ er am 09.02.1961 den Ostteil von Berlin und floh nach Westberlin, wo er zuvor in unmittelbarer Nähe des „Kaufhauses des Westens" (KaDeWe) zwei möblierte Zimmer angemietet und sich im Hotel „Windsor" eine neue Arbeitsstelle gesucht hatte.

Aufgrund der nur kurzen Zeit später, am 13.08.1961, erfolgten Baus der Berliner Mauer und der fast vollständigen Abriegelung von Berlin, entschloss sich die Familie, die Stadt zu verlassen und sich in das Bundesgebiet ausfliegen zu lassen.

Ab Oktober 1961 erfolgte dann eine zunächst zu Verwandten in das Rheinland führende Odyssee, die – nach Stationen am Bodensee und in Darmstadt – schließlich im Flüchtlingslager in Hochheim/Main endete. Von dort aus ging Manfred Kurtz einer Tätigkeit als Oberkellner im Hotel „Frankfurter Hof" in Frankfurt/Main nach. Nur knapp ein Jahr später erfolgte ein Umzug in das Flüchtlingslager Buchschlag bei Frankfurt.

Im Jahre 1963 erfolgte wieder ein Umzug, jetzt nach Offenbach am Main, wo die Familie nun erstmals wieder eine eigene Wohnung beziehen konnte.

Schon 1964 war er dann in der Lage, in Langen bei Frankfurt/Main ein Grundstück zu kaufen und mit einem Einfamilienhaus zu bebauen, welches die Familie am 01. April 1965 bezog.

Da die Tätigkeit im „Frankfurter Hof" nicht dem entsprach, was sich Manfred Kurtz auf Dauer vorstellte, folgte er einer Empfehlung einer seiner früheren Gäste aus dem Hotel „Adria" und übernahm die gastronomische Leitung des damals deutschlandweit bekannten Varietès „Imperial" in Frankfurt/Main.

Schließlich machte sich Manfred Kurtz mit eigenen gastronomischen Betrieben selbstständig, die er bis zu seinem Eintritt in den Ruhestand führte und dann verkaufte.

Seine U-Boot-Kameraden von U 1223 spürten ihn Anfang der Siebziger Jahre auf. Seit dieser Zeit nahm er mit großer Freude an den jährlichen Besatzungstreffen teil.

Mackenroth, Friedrich Wilhelm

Maschinenobergefreiter(Z)

* 28.07.1922 in Niedervellmar bei Kassel
+ 05.02.2004 in Vellmar

Nach der Schule begann „Mäcki" Mackenroth eine Schlosserlehre, die er erfolgreich abschloss. In seiner Jugend war er ein sehr guter Feldhandball- und Fußballspieler.

Nach freiwilliger Meldung zur Kriegsmarine und zur U-Bootswaffe, wurde er 1941 eingezogen. Nach seiner Rekrutenausbildung und den folgenden Lehrgängen, wurde er nach Salamis / Griechenland, zur Versorgungsbasis deutscher U-Boote für das östliche Mittelmeer, versetzt.

1943 kam „Mäcki" dann nach Hamburg zur Besatzung für das in Bau befindliche U 1223, auf dem er fortan als technischer Maschinenobergefreiter diente. Nach Ausbildungen und Übungen in der Ostsee lief das Boot im August 1944 zur Feindfahrt aus, die im Dezember des gleichen Jahres mit der glücklichen Heimkehr endete.

1948 Hochzeit mit der Kriegerwitwe Elfriede Große. Gastwirt in der schwiegerelterlichen Gastwirtschaft. Später folgte noch eine berufliche Laufbahn im Versicherungswesen. Er engagierte sich als Mitglied in der freiwilligen Feuerwehr, dem Sport- und Gesangsverein, sowie als passives Mitglied in der SPD. 1979 Mitorganisator und Ausrichter des 1. Treffens der Besatzung von einst. Seit 1983 Witwer. 1992 Tod seines Sohnes Winfried. Sein größtes Hobby und immer wieder Hauptthema war „sein" Boot U 1223. Bis zu seinem Tod am 05.02.2004, lebte er in seinem Haus in Vellmar. Die letzte Ruhe fand Wilhelm Mackenroth bei einer Seebestattung in „seinem" Nordatlantik.

Nordmeyer, <u>Heinz</u> Heinrich Friedrich

Maschinenmaat(Z)

* 19.06.1920 in Hannover

21.01.1934	Eintritt in die Marine-Jugend
04.04.1934	Nach Abschluß der Volksschule – Beginn der Lehre bei der Hannoverschen Maschinenbau Aktiengesellschaft (vorm. Georg Egestorf) – HANOMAG in Hannover-Linden als Schlosserlehrling
03.04.1938	Abschluss der Lehre als Motorenschlosser
04.04.1938	Beschäftigung als Schlosser bei der HANOMAG in Hannover-Linden
05.04.1940	Einberufung in die Kriegsmarine Rekruten- und U-Bootsausbildung
27.03.1941 – 00.05.1943	Maschinengefreiter und Obergefreiter auf U 563 von Indienststellung bis Mai 1943 *Bei einem der Einsätze wird U 563 beschädigt und liegt längere Zeit unter Wasser. Nach dem Auftauchen muss Heinz Nordmeyer aus einem Torpedorohr aussteigen, um den Schaden zu reparieren.*
00.05.1943 – 05.10.1943	Unteroffizierslehrgang in Pillau/Ostpreußen, da nach Baubelehrung bei 8. K.L.A. im Hamburg für U 1223 *In diese Zeit fällt die Versenkung von U 563 (31.05.1943). Die Nachricht geht noch in Pillau ein und verursacht große Trauer um die vielen guten Kameraden.*
06.10.1943 – 16.04.1945	1. Zentralemaat auf U 1223
16.04.1945 – Kriegsende	im Infanterieeinsatz, unter der Führung von OlzS Steinort bei Neustadt i. H. Kapitulation und Internierung in Schleswig-Holstein
18.06.1945	Entlassung aus der englischen Kriegsgefangenschaft. Entlassungsstelle Eutin

Tätigkeiten nach dem Kriege:

05.07.1945 – 26.09.1945	Wiedereinstieg als Schlosser bei der HANOMAG in Hannover-Linden
27.09.1945	Ende der Tätigkeit bei der HANOMAG
27.09.1945 – 30.11.1976	Beginn seiner Tätigkeiten bei der Reichs- bzw. Deutschen Bundesbahn, als Schlosser im Kraftwagenbetriebswerk (Kbw) und Ausbesserungswerk (AW) in Hannover, *während dieser Zeit:*
01.04.1952	Wagenmeister bei der Deutschen Bundesbahn in Hannover-Linden
01.03.1954	Beamter auf Lebenszeit

	Wagenmeister bei der Deutschen Bundesbahn in Hannover-Linden
	Werkmeister in Seelze bei Hannover
	Ab 1975 Technischer Betriebsinspektor in Lehrte bei Hannover
01.12.1976	Eintritt in den Ruhestand
12.10.1979 – 15.10.1979	Teilnahme am ersten Besatzungstreffen nach fast 35 Jahren in Vellmar

Beförderungen:

	Maschinengefreiter und Obergefreiter (auf U 563)
01.06.1943	Maschinenmaat

Orden und Ehrenzeichen:

03.11.1941	U-Boots-Kriegsabzeichen 1939
03.11.1941	Eisernes Kreuz II. Klasse

Fahnenweihe „Marine-Hitlerjugend"

(v.R.2.v.l.): Heinz Nordmeyer

Heinz Nordmeyer
auf U 1223

158

Im Namen des Führers und Obersten Befehlshabers der Wehrmacht

verleihe ich

dem

Maschinengefreiten

Heinz   N o r d m e y e r

das

Eiserne Kreuz 2.Klasse

Befehlsstelle ....,den 3.November 1941

(Dienstsiegel)

Vizeadmiral
und Befehlshaber der Unterseeboote
(Dienstgrad und Dienststellung)

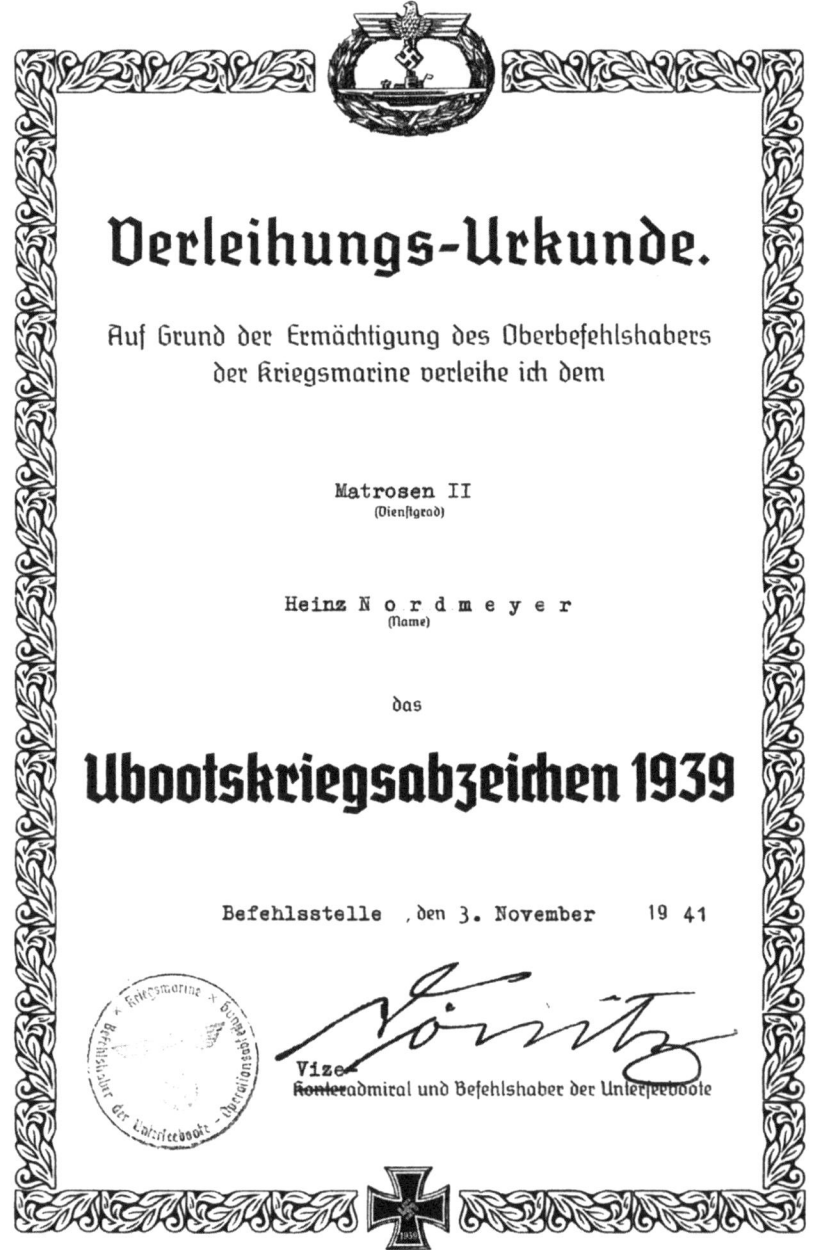

Verleihungs-Urkunde.

Auf Grund der Ermächtigung des Oberbefehlshabers
der Kriegsmarine verleihe ich dem

Matrosen II
(Dienstgrad)

Heinz N o r d m e y e r
(Name)

das

Ubootskriegsabzeichen 1939

Befehlsstelle , den 3. November   19 41

Vize-
Konteradmiral und Befehlshaber der Unterseeboote

160

CONTROL FORM D. 2
Kontrollblatt D. 2

CERTIFICATE OF DISCHARGE
Entlassungsschein

ALL ENTRIES WILL BE MADE IN BLOCK LATIN CAPITALS AND WILL BE MADE IN INK OR TYPE-SCRIPT.	**PERSONAL PARTICULARS** Personalbeschreibung	Dieses Blatt **muß** in folgender Weise ausgefüllt werden: 1. In lateinischer Druckschrift und in großen Buchstaben. 2. Mit Tinte oder mit Schreibmaschine.

SURNAME OF HOLDER _NORDMEYER_
Familienname des Inhabers

DATE OF BIRTH _19. JUN. 1920_
Geburtsdatum (DAY/MONTH/YEAR)
— Tag/Monat/Jahr)

CHRISTIAN NAMES _HEINZ_
Vornamen des Inhabers

PLACE OF BIRTH _HANNOVER_
Geburtsort

CIVIL OCCUPATION _MASCH.-SCHLOSSER FÜR LANDW.-MASCHINEN_
Beruf oder Beschäftigung

FAMILY STATUS—SINGLE   † ~~Ledig~~
Familienstand   MARRIED   Verheiratet
WIDOW(ER)   Verwitwet
DIVORCED   Geschieden

HOME ADDRESS Straße _HASENBERG 12_
Heimatanschrift   Ort _HANNOVER - HERRNHAUSEN_
Kreis _HANNOVER_
Regierungsbezirk/Land

NUMBER OF CHILDREN WHO ARE MINORS
Zahl der minderjährigen Kinder _._

I HEREBY CERTIFY THAT TO THE BEST OF MY KNOWLEDGE AND BELIEF THE PARTICULARS GIVEN ABOVE ARE TRUE.
I ALSO CERTIFY THAT I HAVE READ AND UNDERSTOOD THE "INSTRUCTIONS TO PERSONNEL ON DISCHARGE" (CONTROL FORM D. 1).

Ich erkläre hiermit nach bestem Wissen und Gewissen, daß die obigen Angaben wahr sind.
Ich bestätige außerdem, daß ich die „Anweisung für Soldaten und Angehörige militärähnlicher Organisationen" usw. (Kontrollblatt D. 1) gelesen und verstanden habe.

SIGNATURE OF HOLDER   _Nordmeyer, Heinz_
Unterschrift des Inhabers

MEDICAL CERTIFICATE
Ärztlicher Befund

DISTINGUISHING MARKS —
Besondere Kennzeichen

DISABILITY, WITH DESCRIPTION —
Dienstunfähigkeit, mit Beschreibung

MEDICAL CATEGORY _ARBEITS FÄHIG._
Tauglichkeitsgrad

I CERTIFY THAT TO THE BEST OF MY KNOWLEDGE AND BELIEF THE ABOVE PARTICULARS RELATING TO THE HOLDER ARE TRUE AND THAT HE IS NOT VERMINOUS OR SUFFERING FROM ANY INFECTIOUS OR CONTAGIOUS DISEASE.

Ich erkläre hiermit nach bestem Wissen und Gewissen, daß die obigen Angaben wahr sind, daß der Inhaber ungezieferfrei ist und daß er keinerlei ansteckende oder übertragbare Krankheiten hat.

SIGNATURE OF MEDICAL OFFICER _Dr. [signature]_
Unterschrift des Sanitätsoffiziers

NAME AND RANK OF MEDICAL OFFICER IN BLOCK LATIN CAPITALS _DR. SCHMIDT ... ALFRED, STABSARZT_
Zuname/Vorname/Dienstgrad des Sanitätsoffiziers
(In lateinischer Druckschrift und in großen Buchstaben)

P.T.O.
Bitte wenden

† DELETE THAT WHICH IS INAPPLICABLE
Nichtzutreffendes durchstreichen

Kieler Druckerei 5/100 000 645

161

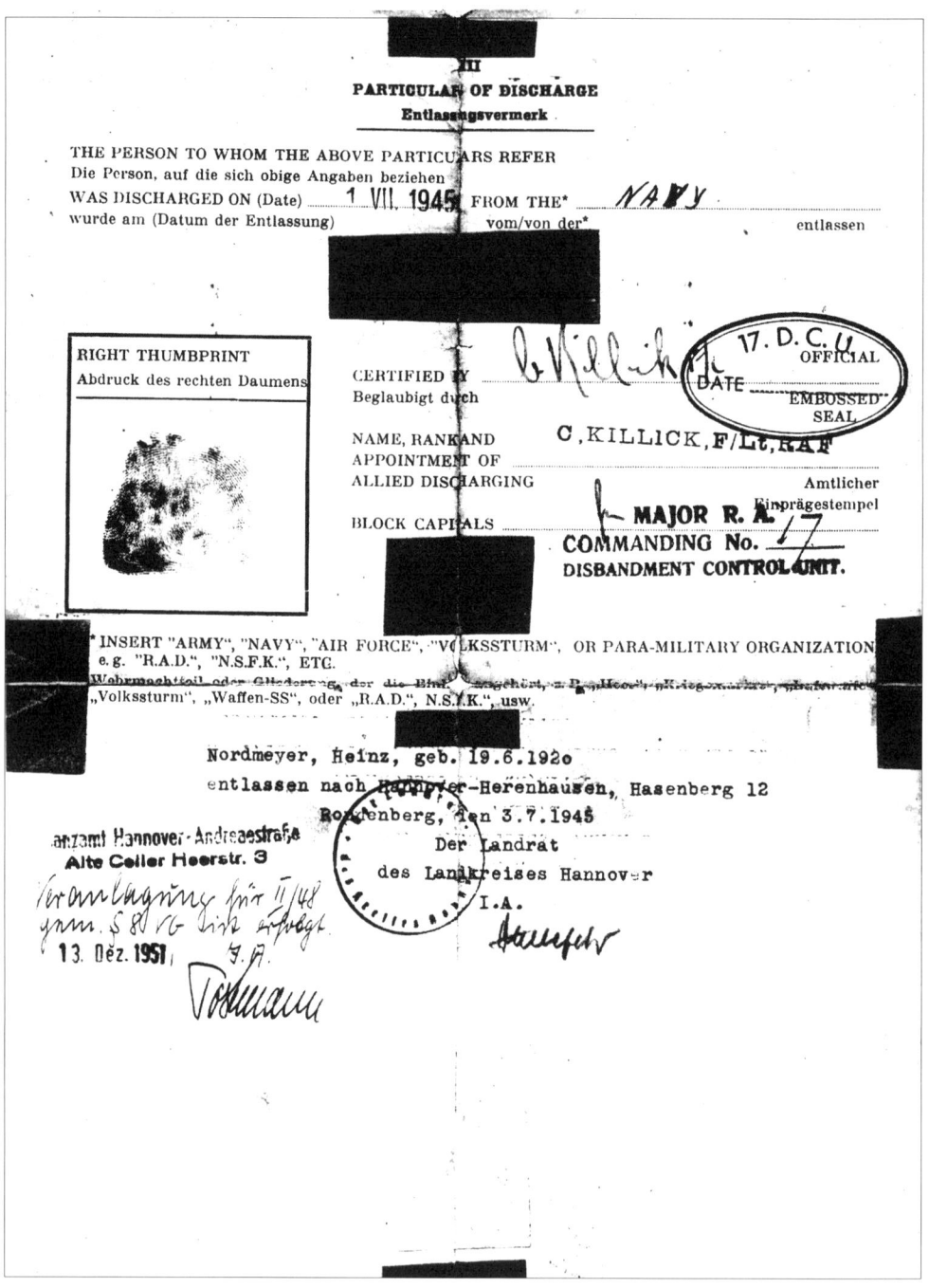

III

PARTICULAR OF DISCHARGE
Entlassungsvermerk

THE PERSON TO WHOM THE ABOVE PARTICULARS REFER
Die Person, auf die sich obige Angaben beziehen
WAS DISCHARGED ON (Date) ____ 1 VII 1945 FROM THE* _ *N A V Y* _
wurde am (Datum der Entlassung)   vom/von der*   entlassen

RIGHT THUMBPRINT
Abdruck des rechten Daumens

CERTIFIED BY ____
Beglaubigt durch

NAME, RANK AND
APPOINTMENT OF
ALLIED DISCHARGING   Amtlicher Einprägestempel

BLOCK CAPITALS ____

C. KILLICK, F/Lt, RAF

17. D.C.U.
OFFICIAL
DATE ____
EMBOSSED SEAL

MAJOR R. A.
COMMANDING No.
DISBANDMENT CONTROL UNIT.

* INSERT "ARMY", "NAVY", "AIR FORCE", "VOLKSSTURM", OR PARA-MILITARY ORGANIZATION
e.g. "R.A.D.", "N.S.F.K.", ETC.
Wehrmachtteil oder Gliederung, der die Ehre angehört, z.B. Heer, Kriegsmarine, Luftwaffe,
"Volkssturm", "Waffen-SS", oder "R.A.D.", N.S.K.", usw.

Nordmeyer, Heinz, geb. 19.6.1920
entlassen nach Hannover-Herenhausen, Hasenberg 12
Roßtenberg, den 3.7.1945
Der Landrat
des Landkreises Hannover
I.A.

Finanzamt Hannover-Andreaestraße
Alte Celler Heerstr. 3
Veranlagung für II/48
gem. § 80 rG ist erfolgt
13. Dez. 1951

Reddmann, Günter

Maschinenobergefreiter(E)

* 02.02.1924 in Berlin-Neukölln
+ 10.06.1999 in Berlin

00.04.1930	Einschulung
31.03.1938	Schulabschluß

Günter Reddmann wurde am 02.02.1924 in Berlin-Neukölln geboren. 1929 verzogen seine Eltern nach Berlin-Moabit. Dort besuchte er von April 1930 bis 1936 die 172. Volksschule. 1936 verzogen die Eltern nach Berlin-Steglitz. Hier wurde er im März 1938 aus der Volksschule entlassen

22.04.1938 – 10.12.1938	Landjahr
16.12.1938 – 31.12.1938	Laufbursche bei der Firma Fueß in Berlin
01.04.1939 – 30.09.1942	Feinmechanikerlehre bei der Firma Fueß in Berlin
01.10.1942 – 14.12.1942	zwei Monate Gesellentätigkeit

Kriegsmarine:

15.12.1942 – 00.00.1943	Einberufung zur Kriegsmarine und Rekrutenausbildung
00.00.1943 – 05.10.1943	U-Bootsausbildung bei 1. U.L.D./Pillau und Baubelehrung bei 8. K.L.A. in Hamburg für U 1223
06.10.1943 – 16.04.1945	E-Maschinengefr. (Batterie) auf U 1223
Kriegsende – 20.12.1945	Gefangenschaft
21.12.1945	in Rinteln/Weser vom Wehrdienst entlassen (interniert)
21.12.1945 – 15.05.1946	im Lazarett Rinteln beschäftigt als Abteilungshelfer bzw. Krankenpfleger
24.06.1946 – 16.07.1946	über Himmelpfort und Umsiedlerlager Quenz in Brandenburg/Havel (Quarantäne) Rückkehr nach Berlin

Tätigkeiten nach dem Kriege:

14.10.1946 – 07.05.1960	Feinmechaniker bei Loewe-Opta in Berlin
09.05.1960 – 28.02.1987	Feinmechaniker im Hahn-Meitner-Institut (HMI) für Kernforschung Berlin
1987	Ruhestand

Beförderungen:
Matrose II (Maschinenlaufbahn)
Maschinengefreiter

Orden und Ehrenzeichen:

27.12.1944	U-Boots-Kriegsabzeichen 1939
27.12.1944	U-Boots-Frontspange in Bronze

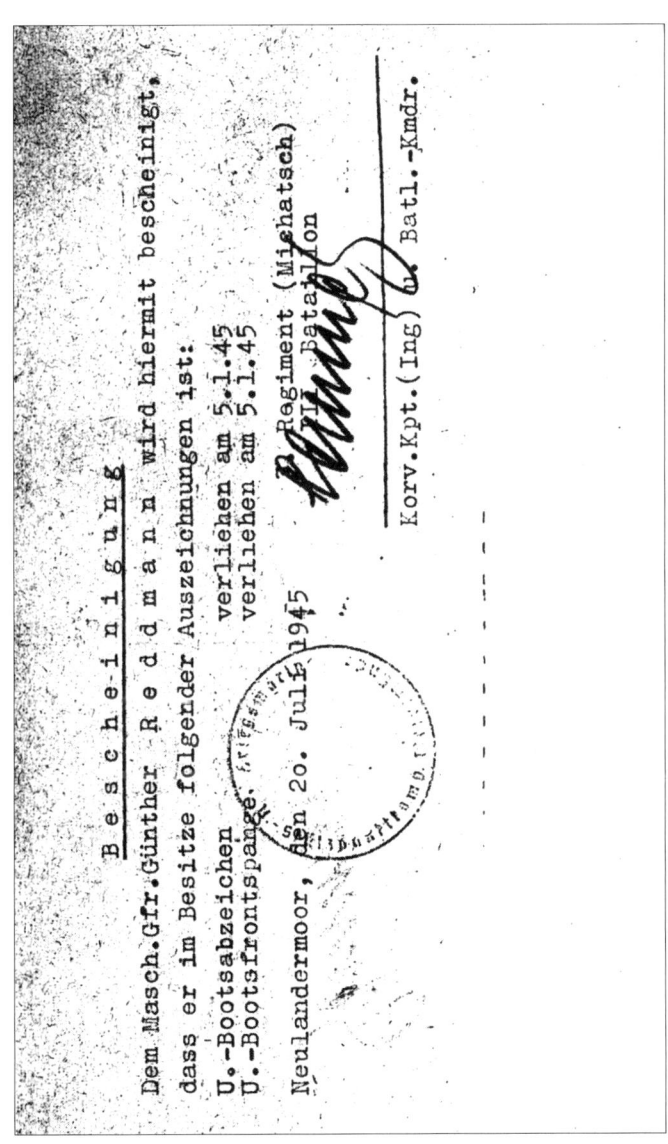

165

VERLEIHUNGS-URKUNDE

Auf Grund der Ermächtigung des Oberbefehlshabers
der Kriegsmarine verleihe ich dem

Maschinengefreiten

Günter Reddmann

die

U-Boots-Frontspange

in Bronze

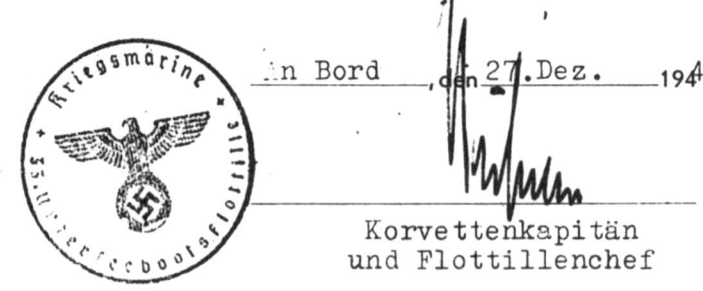

An Bord , den 27.Dez. 194

Korvettenkapitän
und Flottillenchef

(L 90)

CONTROL FORM D.2
Kontrollblatt D.2

CERTIFICATE OF DISCHARGE
Entlassungschein

| I |
| PERSONAL PARTICULARS |
| Personalbeschreibung |

| ALL ENTRIES WILL BE MADE IN BLOCK LATIN CAPITALS AND WILL BE MADE IN INK OR TYPE-SCRIPT. |

Dieses Blatt **muss** in folgender weise ausgefüllt werden:
1. In lateinischer Druckschrift und in grossen Buchstaben.
2. Mit Tinte oder mit Schreibmaschine.

SURNAME OF HOLDER **REDDMANN**
Familienname des Inhabers

CHRISTIAN NAMES **GÜNTER**
Vornamen des Inhabers

CIVIL OCCUPATION **FEIN MECHANIKER**
Beruf oder Beschäftigung

HOME ADDRESS Strasse **N.K.**
Heimatanschrift Ort **OCHTDORF**
Kreis **GR.SCHAUMBURG**
Regierungsbezirk/Land **HANNOVER**

DATE OF BIRTH **2.2.24**
Geburtsdatum (DAY/MONTH/YEAR
(Tag/Monat/Jahr)

PLACE OF BIRTH **BERLIN**
Geburtsort

FAMILY STATUS — SINGLE   † Ledig
Familienstand   MARRIED   Verheiratet
          WIDOW(ER)   Verwitwet
          DIVORCED   Geschieden

NUMBER OF CHILDREN WHO ARE MINORS
Zahl der minderjährigen Kinder

I HEREBY CERTIFY THAT TO THE BEST OF MY KNOWLEDGE AND BELIEF THE PARTICULARS GIVEN ABOVE ARE TRUE.
I ALSO CERTIFY THAT I HAVE READ AND UNDERSTOOD THE "INSTRUCTIONS TO PERSONNEL ON DISCHARGE" (CONTROL FORM D.1).
SIGNATURE OF HOLDER
Unterschrift des Inhabers

Ich erkläre hiermit, nach bestem Wissen und Gewissen, dass die obigen Angaben wahr sind.
Ich bestätige ausserdem dass ich die "Anweisung für Soldaten und Angehörige Militär-ähnlicher Organisationen" u.s.w. (Kontrollblatt D.1) gelesen und verstanden habe.

| II |
| MEDICAL CERTIFICATE |
| Ärztlicher Befund |

DISTINGUISHING MARKS
Besondere Kennzeichen

DISABILITY, WITH DESCRIPTION
Dienstunfähigkeit, mit Beschreibung

MEDICAL CATEGORY
Tauglichkeitsgrad

I CERTIFY THAT TO THE BEST OF MY KNOWLEDGE AND BELIEF THE ABOVE PARTICULARS RELATING TO THE HOLDER ARE TRUE AND THAT HE IS NOT VERMINOUS OR SUFFERING FROM ANY INFECTIOUS OR CONTAGIOUS DISEASE.

Ich erkläre hiermit, nach bestem Wissen und Gewissen, dass die obigen Angaben wahr sind, der Inhaber ungezieferfrei ist und dass er keinerlei ansteckende oder übertragbare Krankheit hat.

SIGNATURE OF MEDICAL OFFICER
Unterschrift des Sanitätsoffiziers

NAME AND RANK OF MEDICAL OFFICER IN BLOCK LATIN CAPITALS
Zuname/Vorname/Dienstgrad des Sanitätsoffiziers
(In lateinischer Druckschrift und in grossen Buchstaben)

P.T.O.
Bitte wenden

† DELETE THAT WHICH IS INAPPLICABLE
Nichtzutreffendes durchstreichen

PSS 2324 6.46 500m

167

| PART A | **TEMPORARY REGISTRATION CARD.** (Labour Control) | | |
| | **VORLÄUFIGE REGISTRIERUNGSKARTE.** (Arbeiterkontrolle) | | |

	SURNAME FAMILIENNAME	SERVICE WEHRMACHTSTEIL Ø	FAMILY STATUS FAMILIENSTAND ★	RESERVED FOR HEADQUARTER'S USE NUR FÜR DEN DIENSTGEBRAUCH	
1	REDDMANN	5 MARINE	6 Single Ledig **Married** Verheiratet Widower Verwitwet Divorced Geschieden	9	
2	CHRISTIAN NAME(S) VORNAME(N) GÜNTER			10 Age (in years) Alter (in Jahren)	21

	HOME ADDRESS HEIMATANSCHRIFT		7 OCCUPATION BERUF FEIN MECHANIKER
3	Place Ort	OCHTDORF	Name and address of last employer Name und Anschrift des letzten Arbeitgebers
	Kreis	GRSCHAUMBURG	8 R. FUESS
	Street Strasse	N. K.	BERLIN
	Reg. Brk/Land	HANNOVER	

4	Name of last Labour Office at which you registered? Falls beim Arbeitsamt eingetragen, welches Arbeitsamt? BERLIN

Ø Insert, Army, Navy, Air Force, Volkssturm or para-military organisation e. g. RAD. NSFK. etc.
z. B. "Heer", "Kriegsmarine", "Luftwaffe" ,"Volkssturm", oder sonstige Organisation z. B. "RAD", "NSFK" usw.

★ Strike out items inapplicable.
Nichtzutreffendes durchstreichen.

All entries in Block capitals. All questions to be answered.
Alle Antworten in Druckschrift schreiben. Alle Fragen beantworten.

PART B

Reserved for Official use
Nur für den Dienstgebrauch.

Allocated to:
Überwiesen an Kreis:

Name and address of employer:-
Name und Anschrift des Arbeitgebers-

FSS 2324 8 6 45 500 m

169

CERTIFICATE

...earer (Name) REDDMANN Gunter ... was discharged by 40 Disbandment Control Unit on ...).... 21 DEC 1945 ...... and was despatched to his home wearing the u/m articles of clothing

(...orm). He is permitted to wear uniform until (Date). 24.1.1946 .. after which he is

... be to arrest and trial under the terms of Mil Gov Ordinance No 13.

... 21 DEC 1945

Jacket.

Trousers or Breeches.

Greatcoat.

J.H.BRADWELL MAJOR T.D.R.A.

Major R.A.

O. Comdg. 40 Disbandment Control Unit

...earer

The above certificate allows you to wear articles of uniform, if you have no others
a period of 28 Days from date of issue, within this period you will have the uniform
or cease to wear same, otherwise you will be liable to arrest.

Dieser Ausweis berechtigt Sie zum Tragen von Wehrmachuniformteilen, im Falle Sie nicht
...tze von Privatanzeugen sind, auf die Zeit von 28 Tagen vom Datum- Stempel dieses Auswad
...er Zeit sind Sie verpflichtet die Uniform zu faerben oder sie nicht mehr zu tragen.
...nfalls sind Sie strafbar.

Reichenwallner, Ludwig

Maschinenmaat

* 01.06.1916 in Neukirchen-Balbini bei Amberg / Oberpfalz
+ 09.11.1976 in Osterhofen / Bayern

Ludwig Reichenwallner wuchs in Gergweis / Niederbayern auf. Nach der Volksschule besuchte er die Ackerbauschule in Schönbrunn bei Landshut. Von 1934 bis 1936 absolvierte er seinen Militärdienst bei der Reichswehr bzw. Wehrmacht. Danach war er bis 1938 in Landwirtschaftlichen Betrieben tätig.

Als seiner Meldung, zur Handelsmarine zu gehen entsprochen wurde, erfolgte sein Dienstantritt in Wesermünde am 13.08.1938. In den nächsten eineinhalb Jahren fuhr Ludwig Reichenwallner als Heizer auf folgenden Handelsschiffen:

13.08.1938 – 19.09.1938	Dampfer	„Borkumriff"	Fischfang
22.09.1938 – 06.02.1939	Dampfer	„Vegesack"	Westindien und zurück
08.02.1939 – 17.07.1939	Dampfer	„Yalova"	Levante und zurück
01.08.1939 – 05.03.1940	Dampfer	„Wesermünde"	Westindien

Der Dampfer „Wesermünde" befand sich während der Krisenzeit vor Kriegsausbruch in Westindien um dort Bananen zu laden. Die ersten Warnnachrichten wurden noch in kolumbianischen Häfen empfangen. Auf die Viertage-Warnnachricht hin, lief die „Wesermünde" am 29.08.1939 in Curacao ein. Hier musste die „Wesermünde" den reichlichen Kohlenvorrat an andere deutsche Handelsschiffe abtreten, die versuchen sollten, als Blockadebrecher die Heimat zu erreichen. Zudem hatte das Schiff eine Bananenladung an Bord, die langes Liegen in tropischer Hitze nicht vertragen konnte. Deshalb wurde am 28.12.1939 die „Wesermünde" mit Zustimmung des Oberkommandos der Marine an die „United Fruit Company" in Honduras verkauft. Die Besatzung der „Wesermünde" wurde im Flugzeug nach Barranquilla gebracht und von dort mit dem amerikanischen Segler „Santa Elena" nach Colon. Da man sehr ängstlich war, wurde den Deutschen nicht gestattet durch den Panama-Kanal per Schiff zu fahren. Sie wurden deshalb mit der Eisenbahn nach Panama befördert. Von Panama aus ging die Reise weiter mit einem japanischen Dampfer über Los Angeles nach Japan. Nach der freundlichen Begrüßung durch die japanische Bevölkerung kam es schnell zur Weiterfahrt nach Wladiwostok. Hier übernahm ein Angestellter von „Intertourist" die Rückkehrer. Mit der Transsibirischen Eisenbahn ging es dann über Moskau zurück nach Deutschland, wo die Besatzung am 05.03.1940 eintraf.

Nach der Rückkehr erfolgte seine Einberufung in das Heer. Ludwig Reichenwallner wollte aber zur Marine zurück. Auf seine freiwillige Meldung hin, konnte er schließlich zur Kriegsmarine wechseln. Zuerst bei Sicherungsverbänden eingesetzt, kam er dann zur Unteroffiziersschulung und musste diverse Maschinenlehrgänge absolvieren. Durch seine freiwillige Meldung zur U-Bootwaffe, folgten danach die U-Bootsausbildung und weitere Lehrgänge. Anschließend wurde er zur Baubelehrung für U 1223 kommandiert. Von der Indienststellung (06.10.1943) bis zur Außerdienststellung (16.04.1945) war er auf dem Boot und machte die viermonatige Feindfahrt in den St. Lorenz-Strom und in die kanadischen Gewässer mit.

Seine Gefangenschaft bzw. Internierung währte nicht lange. Nur wenige Wochen nach Kriegsende war er wieder zu Hause. Von 1946 bis 1976 war Ludwig Reichenwallner in seiner Heimat als Postbeamter tätig.

(v.l.n.r.): Hermann Dieminger – Unbekannt – Ludwig Reichenwallner

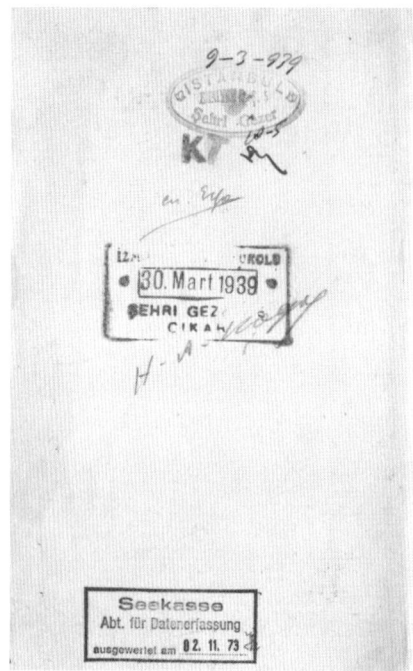

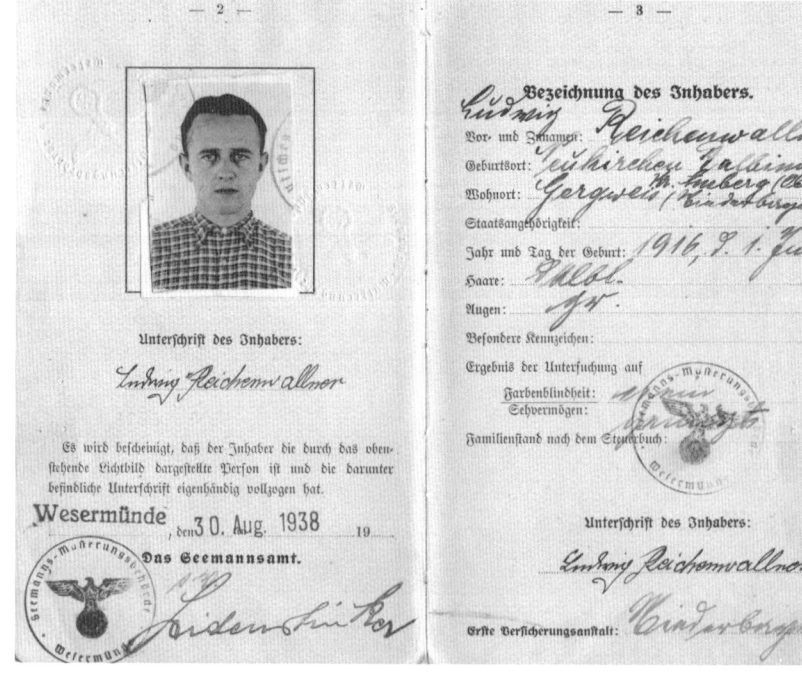

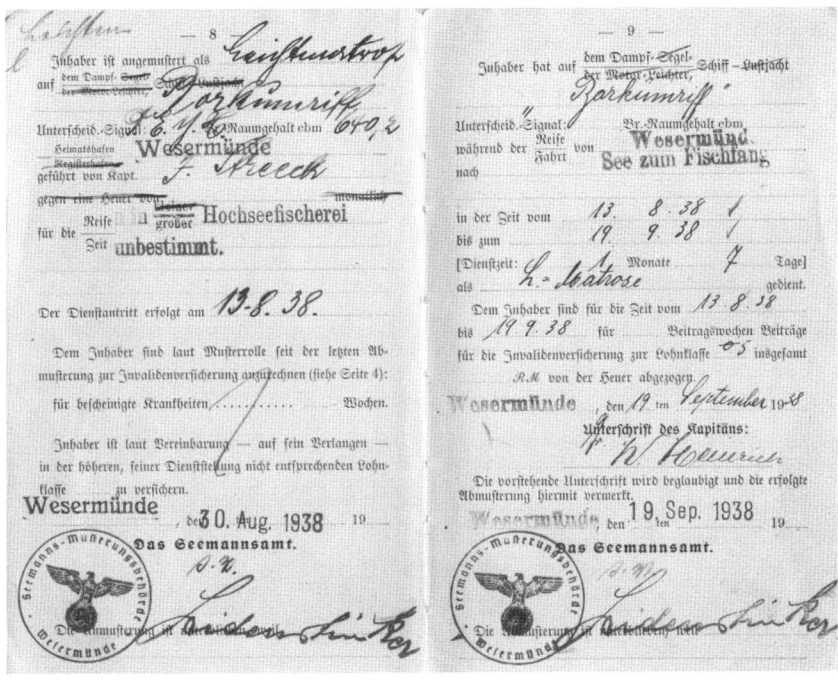

175

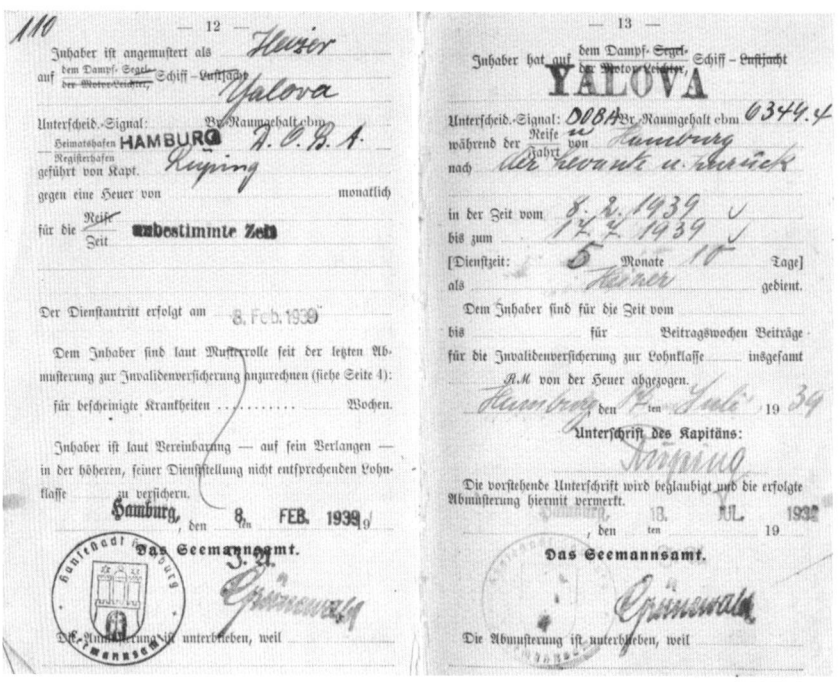

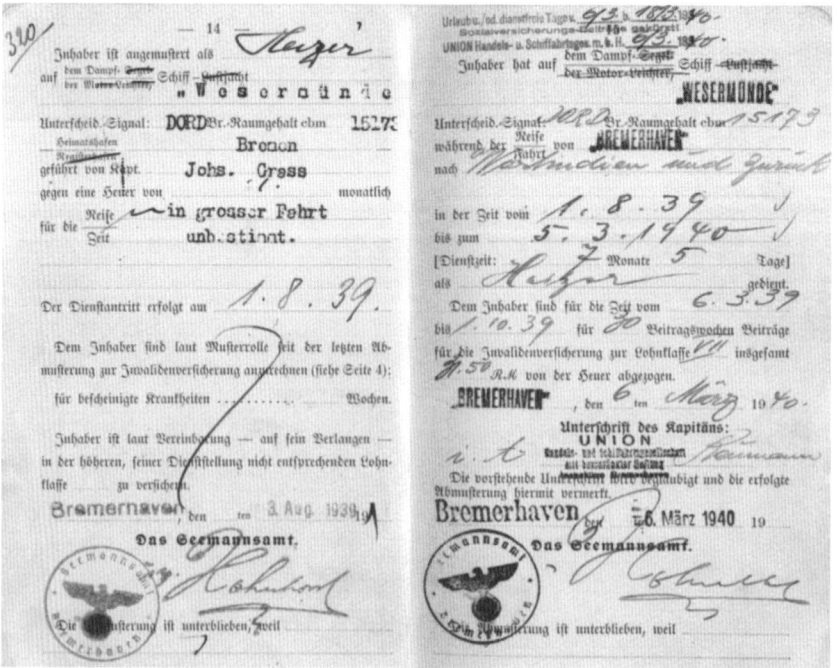

Schwartz, Wilhelm

Mechanikermaat(T)

* 20.11.1922 in Parchim / Mecklenburg
+ 02.01.1999 in Parchim / Mecklenburg

Von 1929 bis 1937 besuchte Wilhelm Schwartz die Volksschule in Parchim. Nach der Schule begann er eine Lehre als Bauschlosser in Parchim, die er mit der Gesellenprüfung im Jahre 1940 abschloss. Als Lokomotivschlosser war er anschließend von 02.04.1940 bis 31.04.1941 in Schwerin tätig.

1941 meldete sich Wilhelm Schwartz freiwillig zur Kriegsmarine. Nach verschiedenen Ausbildungen und Schulungen zum Torpedomechaniker, folgten einige diverse Kommandos (U-Boote). 1943 wurde er zum Unteroffizierslehrgang abgestellt. Nach erfolgreicher Ausbildung und Beförderung zum Mechanikermaat (T) kam er zur Baubelehrung nach Hamburg, die bei der 8. Kriegsschifflehrabteilung stattfand. Wilhelm Schwartz erfuhr hier, daß er als Torpedomechanikermaat auf U 1223 kommandiert worden war. Auf U 1223 blieb er bis zur Außerdienststellung am 16.04.1945 und kam anschließend in Gefangenschaft, aus der er im März 1946 entlassen wurde.

Für Wilhelm Schwartz begann jetzt seine zivile Tätigkeit. In Parchim arbeitete er bei der Bahn als Lokomotivschlosser und Heizer. Nach einigen Lehrgängen wurde Wilhelm Schwartz am 26.06.1948 Lokomotivführer und im Juni 1959 Oberlokomotivführer. 1987 wurde er Rentner und konnte endlich in die BRD reisen, wo er an etlichen Besatzungstreffen von U 1223 teilnahm.

Ternes, Peter

Obersteuermann

* 06.02.1915 in Trier
+ 12.04.1998 in Trier

Von 1921 bis 1929 besuchte Peter Ternes die Volksschule in Trier. Anschließend erlernte er den Beruf des Malers, den er nach seiner Ausbildung auch aus-
übte.

1934 entschied er sich zur Kriegsmarine zu gehen, in die er dann offiziell am
01.07.1934 eintrat. 1940 meldete sich Peter Ternes freiwillig zur U-Bootswaffe.
Seine erste Station war auf dem Schulboot U 78, hier diente er als Bootsmann.
Auf seinem zweiten U-Boot U 592 fuhr er von Anfang 1942 bis Sommer 1943,
in der Funktion als Seemännische Nr. 1, acht Feindfahrten mit.

Nach Absolvierung der Steuermannsschule wurde Peter Ternes als Obersteuermann auf U 1223 kommandiert. Er blieb von der Indienststellung (06.10.1943)
bis zum Kriegsende an Bord des Bootes.

Nach dem Kriege ging Peter Ternes zur Polizei. Seine Dienstzeit beendete er als
Polizeioberkommissar.

Weihnachten 1942

Tonndorf, Rolf

Matrosenobergefreiter

* 08.05.1925 in Großheringen / Thüringen

Rolf Tonndorf meldete sich als Siebzehnjähriger freiwillig zur Kriegsmarine. Am 01. Mai 1942 kam er als Rekrut nach Ede in Holland und drei Monate später wurde er nach Neustadt in Holstein abkommandiert. Dort machte er eine zweimonatige Ausbildung zum Gefechtsrudergänger. Anschließend kam er nach Swinemünde zur Ausbildung als Geschützführer, danach ging es zur 2. U-Boots-Lehrdivision nach Gotenhafen. Hier absolvierte er seine U-Bootsausbildungen und U-Lehrgänge.

Schließlich ging es nach Hamburg-Finkenwerder zur Baubelehrung für U 1223. Hier wurde die Mannschaft für das Boot zusammengestellt, der nun auch Rolf Tonndorf bis Kriegsende angehörte. Mit einem anderen Boot ging es nach England zur Operation Deadlight. Hier kam Rolf Tonndorf mit dieser Besatzung in Gefangenschaft, aus der er 1946 entlassen wurde.

Tschirner, Fritz

Mechanikerobergefreiter(A)

* 14.08.1923 in Gladbeck

1938	Volksschulabschluß
1939	Lehrbeginn als Elektriker bei der AEG in Essen
Februar 1942	Facharbeiterprüfung
Februar 1942	zur Kriegsmarine eingezogen *Nach der Grundausbildung und Ausbildung zum Artilleriemechaniker, abkommandiert nach Nord-Norwegen auf das Hilfskriegsschiff „Kamerun" (Werkstattschiff)*
Frühsommer 1943	Lehrgang und Baubelehrung bei 8. K.L.A. in Hamburg-Finkenwerder
06.10.1943 – 16.04.1945	als Artilleriemechaniker auf U 1223
16.04.1945 – 03.05.1945	Nach Außerdienststellung des Bootes, abkommandiert nach Neustadt i. H. zum Infanterieeinsatz
03.05.1945	Gefangenschaft. Noch am selben Tag heimlich Richtung Heimat abgesetzt; 20 Tage Fußmarsch bis Gelsenkirchen

Während der Zeit bei der Kriegsmarine wurde Fritz Tschirner zum Gefreiten und Obergefreiten befördert. Als Auszeichnungen erhielt er das „U-Boots-Kriegsabzeichen 1939", die „Frontspange in Bronze" und das „Eiserne Kreuz II. Klasse".

Tätigkeiten nach dem Kriege:

27.05.1945	Arbeitsbeginn als Elektriker auf der Schachtanlage „Scholven"
02.01.1946	Beginn der Elektro-Ingenieur-Schule in Bochum
Juli 1949	Ingenieurschule beendet als Elektro-Ingenieur
September 1949	auf der Schachtanlage „Westerholt" als Elektro-Ingenieur angefangen
September 1978	Ruhestand

Wanner, Josef

Matrosengefreiter und Smut

* 17.08.1924 in Würzburg
+ 23.05.2003 in Wässerndorf / Kreis Kitzingen / Unterfranken

Seine Kinder- und Jugendzeit verbrachte Josef Wanner in Wässerndorf / Kreis Kitzingen. Nach seiner Schulzeit erlernte er den Beruf des Steinmetzes.

Josef Wanner meldete sich freiwillig zur Kriegsmarine und wurde nach Gotenhafen befohlen, wo er zugleich eingezogen wurde. Anfang Juli 1942 kam er zur 21. Schiffsstammabteilung (S.St.Abt.) nach Leba / Pommern zur Rekrutenausbildung. Anschließend wurde er wieder nach Gotenhafen zur U-Bootsausbildung kommandiert. Weitere U-Lehrgänge folgten. Schließlich wurde er zur Baubelehrung nach Hamburg-Finkenwerder versetzt. Hier erfuhr Josef Wanner, dass er als Smut (Koch) auf U 1223 eingesetzt werden sollte.

Mit U 1223 machte er alle Übungen und Ausbildungen in der Ostsee mit. Auf der Feindfahrt in den St. Lorenz-Strom sorgte er sich immer um das Wohl der Besatzung und verdiente sich ihren Respekt und erfreute sich großer Beliebtheit. Bei Kriegsende sollte er noch unter dem Kommando seines I. Wachoffiziers, Wolfgang Steinort, bei Neustadt / Holstein gegen die Briten kämpfen. Dazu kam es aber nicht mehr und Josef Wanner geriet in Gefangenschaft. Er kam für kurze Zeit ins Lager Mehldorf in Schleswig-Holstein. Aus diesem Gefangenenlager wurde er am 21.07.1945 nach Hause entlassen. Nach dem Krieg übte er zuerst wieder seinen erlernten Beruf als Steinmetz aus. Bis zu seinem Ruhestand war er dann noch als Polier (Vorarbeiter) in einer Maurerfirma tätig.

Rekrutenzeit in Leba

Winkel, Günter-Ernst

Bootsmannsmaat

* 17.02.1923 in Stettin
+ 07.02.1994 in Leverkusen

Bevor Günter Winkel als Bootsmannsmaat und Seemännische Nr. II auf U 1223 kam, war er auf U 161, dessen Kommandant, Ritterkreuzträger Albrecht Achilles, bereits sein großes seemännisches Können schätzte. Besonders seine zuverlässigen Augen bei Überwasserfahrt während der Wache, die immer den Gegner zuerst sahen, waren fast schon legendär. Durch seine bescheidene Art, sein Verantwortungsbewusstsein und sein Pflichtgefühl, hatte er sich den Respekt seiner Kameraden verdient und war sehr beliebt. Als er im Sommer 1943 zum Unteroffizierslehrgang abkommandiert wurde, war keiner der Besatzung von U 161 begeistert. Und schon bei der nächsten Feindfahrt des Bootes schlug das Schicksal zu. U 161 wurde am 27.09.1943 vor der brasilianischen Küste bei Bahia durch US-Flugzeuge versenkt.

Harald Bosüner, Kommandant von U 1223, der vorher Wachoffizier auf U 161 war, kannte Günter Winkel natürlich sehr gut und holte ihn deshalb auf sein Boot.

Als Günter Winkel dann im Herbst 1943 auf U 1223 kommandiert wurde, eilte ihm bereits der Ruf voraus, ein hervorragender Ausguck zu sein, was seiner Zeit gleichbedeutend einer Lebensversicherung für Boot und Besatzung war. Diesem Ruf wurde er auf der Feindfahrt von U 1223 im Herbst und Winter 1944, die zu einer der längsten U-Boots-Unternehmungen ohne Versorgung zählte und tief in den St. Lorenz-Strom führte, vollauf gerecht.

In den gemeinsamen Nächten im winterlichen Nordatlantik, war der Sektor der Brückenwache, den Günter Winkel überwachte, immer sicher, obwohl er damals durch die langen Unterwasserfahrten bereits gesundheitlich schwer angeschlagen war.

Die Aufnahme zeigt links Günter Winkel, in der Mitte seinen Vater und rechts im Bild seinen Bruder

Frontbesatzung U 1223
während der einzigen Unternehmung

Kommandant:	Oberleutnant zur See Albert Kneip
Leitender Ingenieur:	Oberleutnant (Ing.) d. R. Georg Kuhlmann
I. Wachoffizier:	Leutnant zur See Wolfgang Steinort
II. Wachoffizier:	Leutnant zur See Hans-Hinrich Blank
Bordarzt:	Oberassistenzarzt d. R. Dr. Karlheinz Peters

Seemännisches Personal:

Steuermann:	Obersteuermann Peter Ternes
Seemännische Nr. 1:	Bootsmannsmaat Heinz Dickhoff
Seemännische Nr. 2:	Bootsmannsmaat Günter Winkel
Seemännische Nr. 3:	Bootsmannsmaat Andreas Günther

Steuermannsgast und Ausguck:
Matrosenobergefreiter Günter Hülsenbeck
Smut-Vertreter und Ausguck:
Matrosengefreiter Manfred Kurtz

Ausguck:	Matrosenobergefreiter Erich Czernia
Ausguck:	Matrosenobergefreiter Walter Kunde
Ausguck:	Matrosengefreiter Johann Kuklinski

Hauptrudergänger bzw. Gefechtsrudergänger:
Matrosenobergefreiter Rolf Tonndorf

Hauptrudergänger:	Matrosenobergefreiter d. R. Alfons Hasler
Tiefenrudergänger:	Matrosenobergefreiter Franz Gordian
Tiefenrudergänger:	Matrosenobergefreiter Wilhelm Herre
Tiefenrudergänger:	Matrosenobergefreiter Adolf Brunner

Smut (Koch):	Matrosengefreiter Josef Wanner
Backschafter U-Raum:	Matrosengefreiter Bernhard Ast

Torpedopersonal:

Mechanikermaat (T):	Mechanikermaat (T) Wilhelm Schwartz

Artilleriegast und Hauptrudergänger:
Mechanikerobergefreiter (A) Fritz Tschirner

Torpedogast Bugraum:	Mechanikerobergefreiter (T) Werner Fiedler
Torpedogast Bugraum:	Mechanikerobergefreiter (T) Erich Schnautz
Torpedogast Heckraum:	Mechanikerobergefreiter (T) Walter Fuhs

Funkpersonal:

I. Funkmaat: Funkmaat Wilhelm Neumann

II. Funkmaat: Funkmaat Herbert Altrock

Funkgasten – Horcher u. Bediener „Tunisgerät"

                                     Funkobergefreiter Immanuel Bühler

                                     Funkobergefreiter Christian Egner

                                     Funkobergefreiter Horst Claus

Maschinenpersonal:

Dieselmaschinen: Obermaschinist (D) Max Helm

I. Dieselmaat: Maschinenobermaat (D) Fritz Schramm

                                     Maschinenmaat Georg Bachmann

                                     Maschinenmaat Ludwig Reichenwallner

                                     Maschinenobergefreiter (D) Anton Ewertowski

                                     Maschinenobergefreiter (D) Hans Eibl

                                     Maschinenobergefreiter (D) Otto Kaeding

                                     Maschinenobergefreiter (D) Gerhard Buchwald

                                     Maschinenobergefreiter (D) Lorenz Fedrizzi

                                     Maschinenobergefreiter (D) Kurt Hartleib

E-Maschinen: Obermaschinist (E) Max Drensler

                                     Maschinenmaat (E) Theo Sauer

                                     Maschinenmaat (E) Horst Fischer

                                     Maschinenobergefreiter (E) Horst Ewert

                                     Maschinengefreiter (E) Helmut Jahn

                                     Maschinengefreiter (E) Georg Horstmann

                                     Maschinengefreiter (E) Günter Kassel

Batterieheizer: Maschinenobergefreiter (E) Heinz Kretschmer

                                     Maschinenobergefreiter (E) Günter Reddmann

Zentrale:

I. Zentralemaat: Maschinenmaat (Z) Heinz Nordmeyer

II. Zentralemaat: Maschinenmaat (Z) Rudolf Hinz

Zentralegasten: Maschinenobergefreiter (Z) Wilhelm Mackenroth

                                     Maschinenobergefreiter (Z) Günther Barck

                                     Maschinenobergefreiter (Z) Willi Beutel

                                     Maschinengefreiter (Z) Vinzenz Junk

56 Mann zählte die Besatzung U 1223 während der 1. Unternehmung.

Besatzungsliste U 1223 alphabetisch

Altrock, Herbert	II. Funkmaat	* 27.09.1919
Ast, Bernhard	Backschafter U-Raum	* 04.06.1925
Bachmann, Georg	Diesel	* 22.12.1921
Barck, Günther	Zentrale	* 28.11.1924
Beutel, Willi	Zentrale	* 13.02.1924
Blank, Hans-Hinrich	II. Wachoffizier	* 22.11.1922
Brunner, Adolf	Tiefenrudergänger (See)	* 15.01.1924
Buchwald, Gerhard	Diesel	* 09.07.1923
Bühler, Immanuel	Funker	* 25.10.1923
Claus, Horst	Funker	* 10.05.1924
Czernia, Erich	Ausguck (See)	* 08.01.1924
Dickhoff, Heinz	Seemännische Nr. 1	* 04.10.1922
Drensler, Max	E-Obermaschinist	* 23.07.1916
Egner, Christian	Funker	* 12.04.1917
Eibl, Hans	Diesel	* 26.10.1922
Ewert, Horst	E-Maschine	* 01.03.1923
Ewertowski, Anton	Diesel	* 19.11.1919
Fedrizzi, Lorenz	Diesel	* 23.09.1924
Fiedler, Werner	Torpedomechaniker	* 06.09.1924
Fischer, Horst	E-Maschine	* 11.02.1922
Fuhs, Walter	Torpedomechaniker	* 27.02.1923
Gordian, Franz	Tiefenrudergänger (See)	* 10.02.1920
Günther, Andreas	Seemännische Nr. 3	* 23.04.1923
Hartleib, Kurt	Diesel	* 20.11.1924
Hasler, Alfons	Hauptrudergänger (See)	* 03.07.1922
Helm, Max	Obermaschinist (D)	* 11.07.1915
Herre, Wilhelm	Tiefenrudergänger (See)	* 01.02.1922
Hinz, Rudolf	Zentrale	* 04.09.1921
Horstmann, Georg	E-Maschine	* 11.10.1925
Hülsenbeck, Günter	Steuermannsgast	* 15.03.1923
Jahn, Helmut	E-Maschine	* 29.03.1924
Junk, Vinzenz	Zentrale	* 08.09.1924
Kaeding, Otto	Diesel	* 11.07.1921
Kassel, Günter	E-Maschine	* 20.10.1924
Kneip, Albert	Kommandant	* 09.07.1921
Kretschmer, Heinz	Batterieheizer (E)	* 16.02.1925
Kuhlmann, Georg	Leitender Ingenieur	* 27.01.1922
Kunde, Walter	Ausguck (See)	* 09.06.1924
Kuklinski, Johann	Ausguck (See)	* 08.08.1924

Kurtz, Manfred	Smut i.V. u. Ausguck	* 20.08.1924
Mackenroth, Wilhelm	Zentrale	* 28.07.1922
Neumann, Wilhelm	I. Funkmaat	* 11.01.1921
Nordmeyer, Heinz	I. Zentralemaat	* 19.06.1920
Peters, Karlheinz Dr.	Bordarzt	* 02.06.1914
Reddmann, Günter	Batterieheizer (E)	* 02.02.1924
Reichenwallner, Ludwig	Diesel	* 01.06.1916
Sauer, Theodor	E-Maschine	* 26.02.1921
Schnautz, Erich	Torpedomechaniker	* 06.07.1925
Schramm, Fritz	I. Dieselmaat	* 18.12.1920
Schwartz, Wilhelm	Mechanikermaat (T)	* 20.11.1922
Steinort, Wolfgang	I. Wachoffizier	* 10.03.1924
Ternes, Peter	Obersteuermann	* 06.02.1915
Tonndorf, Rolf	Gefechtsrudergänger	* 08.05.1925
Tschirner, Fritz	Mechaniker (A)	* 14.08.1923
Wanner, Josef	Smut (Koch)	* 14.08.1923
Winkel, Günter	Seemännische Nr. 2	* 17.01.1923

In der Ausbildungszeit, zwischen Baubelehrung und Fronteinsatz, fuhren folgende U-Boot-Kameraden zeitweilig auf U 1223:

Bartels, Hans-Otto   erster I. Wachoffizier   * 21.03.1919
Oberleutnant zur See, gefallen am 29.09.1944 auf U 863 (v. d. Esch)

Bosüner, Harald   erster Kommandant   * 17.10.1913
        Kapitänleutnant

Busanny, Kurt   Maschinenmaat   * 26.10.1922

Dieminger, Hermann   Matrosenobergefreiter   * 01.11.1922

Engler   Oberbootsmannsmaat

Hansing, Wilhelm   * 08.08.1923

Hunscher, Hans-Hugo   Leutnant (Ing.)

Jäckle, Willi   Matrosenobergefreiter   * 14.05.1922

Kletzin, Alfred   Funkgefreiter   * 05.01.1925

Munk, Adolf   Maschinenobergefreiter   * 01.08.1924

Schäfer, Wilhelm Dr.   Marinestabsarzt d. R.

Wodetzki, Willi   Bootsmannsmaat   * 11.03.1921

U 1223
„DAS ROSENBOOT"
und seine Besatzung
anhand von ausgewählten Bildern

Das Rosenemblem am Turm von U 1223

Indienststellung U 1223

Hamburg – Deutsche Werft AG – Bauwerft von U 1223

Die Besatzung während Baubelehrung und Ausbildung

Mit japanischen Kameraden in Hamburg – Sept. 1943

(hintere Reihe stehend): 2. v.l. Erich Schnautz – 8. v.l. Hans Eibl
(vordere Reihe kniend): 4. v.l. Walter Fuhs

Diese japanische Besatzung übernahm später U 1224

(stehend 6. v.l.): Hans Eibl – der lange rechts außen ist Vinzenz Junk
(rechts außen kniend): Günther Barck

Indienststellungsfeier in Hamburg mit Vorarbeitern der Werft

(stehend v.l.n.r.): Vinzenz Junk – Unbekannt – Heinz Nordmeyer – Unbekannt –
Georg Kuhlmann – Willi Beutel – Rudolf Hinz – Unbekannt
(liegend v.l.n.r.): Günther Barck – Wilhelm Mackenroth

(v.l.n.r.): Fritz Tschirner – Manfred Kurtz – Hermann Dieminger –
Günter Hülsenbeck – Johann Kuklinski

(stehend v.l.n.r.): Hans Eibl – Vinzenz Junk – Werner Fiedler
(kniend v.l.n.r.): Horst Claus – Walter Fuhs

Günter Hülsenbeck – Adolf Brunner

(v.l.n.r.): Alfons Hasler – Günter Hülsenbeck – Johann Kuklinski –
Adolf Brunner – Walter Kunde

Auslaufen zur ersten Übung

(v.l.n.r.): LI Georg Kuhlmann und die Obermaschinisten
Max Drensler und Max Helm

I. WO Hans-Otto Bartels   II. WO Hans-Hinrich Blank

Kamerad Werner Fiedler

Erich Czernia – mit dem Rücken zum Betrachter: Wolfgang Steinort

(v.l.n.r.):
- Unbekannt
- Wilhelm Mackenroth
- Rolf Tondorf
  groß im Bild:
- Obermaschinist Max Helm
- Walter Fuhs

Wilhelm Hansing und Christian Egner   Fritz Tschirner und Wilhelm Herre

(v.l.n.r.): Wilhelm Herre – LzS Wolfgang Steinort – Willi Wodetzki

Erinnerungsfoto der Fahrt von Danzig nach Pillau – Nov. 1943

(v.l.n.r.): Vinzenz Junk – Hans Eibl – Günther Barck – Rudolf Hinz –
Lorenz Fedrizzi – Erich Czernia – Walter Fuhs

(links): Wilhelm Schwartz und im Vordergrund Rudolf Hinz

Günter Hülsenbeck u. Johann Kuklinski   Günter Hülsenbeck u. Georg Horstmann

(hinten v.l.n.r.): Günter Hülsenbeck – Hans Eibl – Johann Kuklinski
(vorne v.l.n.r.): Fritz Tschirner – Georg Horstmann – Otto Kaeding

(vorne v.l.n.r.): Rudolf Hinz – Günter Reddmann – Wilhelm Mackenroth
(rechts groß im Bild): Helmut Jahn; (hinten mitte): Erich Czernia
(mitte v.l.): Lorenz Fedrizzi und mit Wollmütze Johann Kuklinski

Anfang März 44 – Der neue Kommandant Albert Kneip (3.v.l.) ist eingetroffen!
Noch fehlt seine weiße Kommandantenmütze!

„Gemütliche Runde"

(v.l.n.r.): Horst Fischer – Wilhelm Neumann – LI Georg Kuhlmann –
Fritz Schramm – Rudolf Hinz

Manfred Kurtz und Otto Kaeding

Die drei „Oberheizer"

(v.l.n.r.): Obermaschinist Max Drensler – LI Georg Kuhlmann –
Obermaschinist Max Helm

„Tabakkollegium auf dem Wintergarten"

(v.l.n.r.): Wolfgang Steinort – Georg Kuhlmann – Max Helm – Peter Ternes

(vorne): Horst Claus bei einem „dringenden Geschäft" (hinten): Alfons Hasler

Zentralemaat Rudolf Hinz

Nochmals die „Oberheizer"
(v.l.n.r.): Max Drensler – LI Georg Kuhlmann – Max Helm

(vorne): LI Georg Kuhlmann – (mit weißer Mütze): Kmdt. Albert Kneip –
(im Hintergrund): Heinz Dickhoff

In Hela bei der Agru-Front

Sylvester 1943

Neujahrsmorgen 1944

(vorne): Kurt Hartleib, daneben Rudolf Hinz
(1. R. st. v.l.n.r.): Wilhelm Mackenroth – Max Helm – Georg Kuhlmann –
Wolfgang Steinort – Peter Ternes

(kniend v.l.n.r.): Heinz Kretschmer und Kurt Hartleib

Max Helm, rechts neben ihm LI Georg Kuhlmann

LI Georg Kuhlmann und
rechts neben ihm Rudolf Hinz

Mit U 1223 zur Ausbildung in der Ostsee

Marsch ins Übungsgebiet (noch mit Kanone)!

LI Georg Kuhlmann macht „Pipi"
„Nicht einmal dabei hat man seine Ruhe"

Während der Übung:
Schnelles deutsches
Kriegsschiff,
vermutlich Torpedoboot!

Luftbeobachtung durch eigene
Kräfte(BV-138)!

Ein tauchendes U-Boot im Übungsgebiet

Nach der Übung

Manöverkritik

– Juli 1944 –
Verabschiedung von der 4. U-Flottille in Stettin durch Fregattenkapitän Heinz Fischer

U 1223 in Stettin

An der Pier

Unser Doktor kommt an Bord
(groß in der Mitte): Bordarzt Dr. Karlheinz Peters

– 29.07.1944 –
Auslaufen aus Stettin

228

Eintrag im Gästebuch der 4. U-Flottille / Stettin

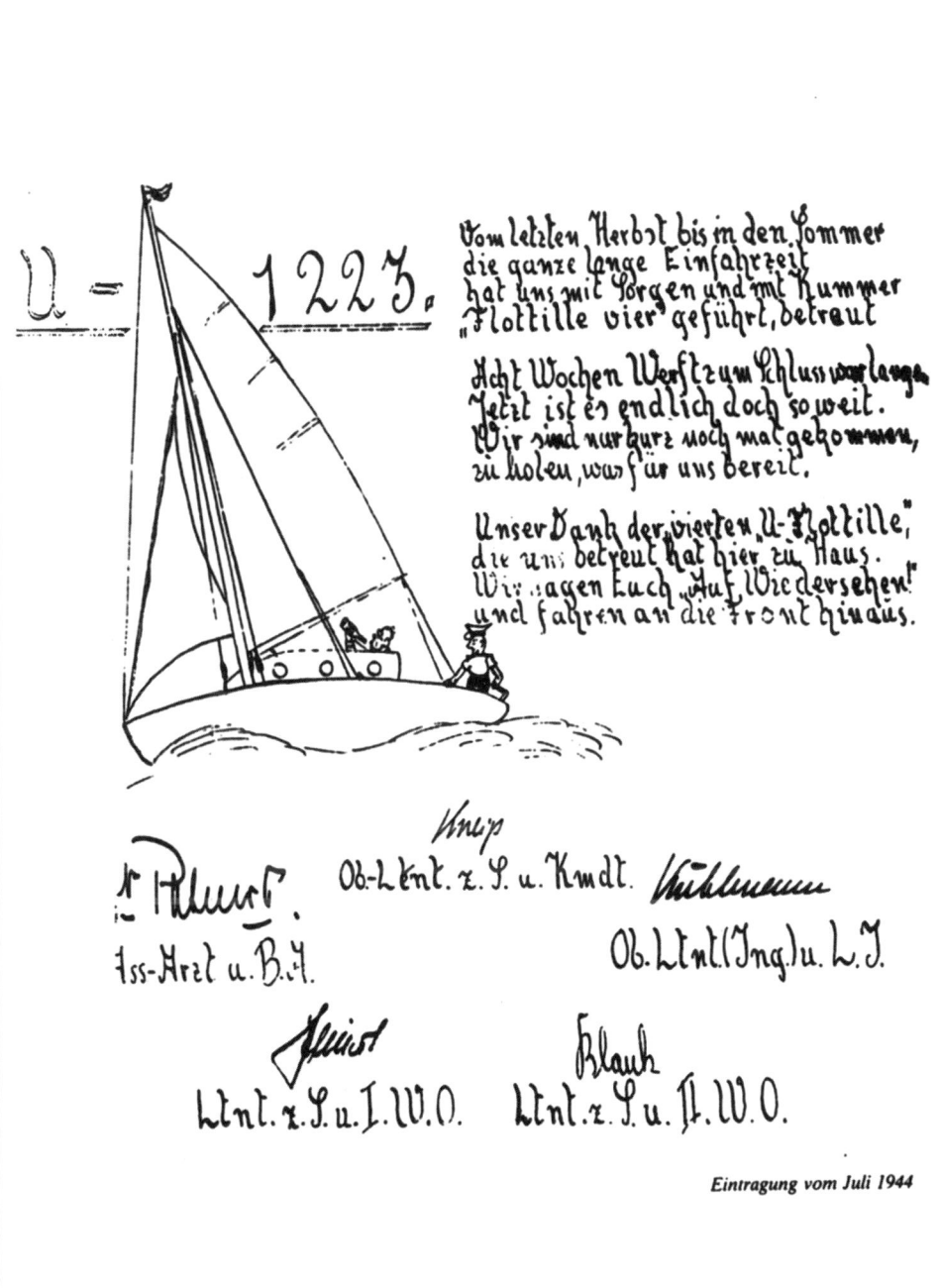

Vom letzten Herbst bis in den Sommer
die ganze lange Einfahrzeit
hat uns mit Sorgen und mit Kummer
„Flottille vier" geführt, betreut

Acht Wochen Werft zum Schluss war lange
Jetzt ist es endlich doch so weit.
Wir sind nur kurz noch mal gekommen,
zu holen, was für uns bereit.

Unser Dank der vierten „U-Flottille",
die uns betreut hat hier zu Haus.
Wir sagen Euch „Auf Wiedersehen!"
und fahren an die Front hinaus.

Eintragung vom Juli 1944

Eintrag im Gästebuch der 5. U-Flottille / Anfang Aug. 44 in Kiel

Nach der Unternehmung

27.12.1944 – Einlaufen in Flensburg nach fast fünfmonatiger Fahrt

Nach der glücklichen Heimkehr ist die Besatzung in bester Stimmung!

(v.l.n.r.): Max Helm – Karlheinz Peters – Albert Kneip – Georg Kuhlmann –
Wolfgang Steinort – Max Drensler – Peter Ternes

Die drei Oberfeldwebel von U 1223 am 27.12.1944 …
(v.l.n.r.): Peter Ternes – Max Helm – Max Drensler

... und hier die drei „Oberheizer"
(v.l.n.r.): Max Helm – Georg Kuhlmann – Max Drensler

Kommandant Albert Kneip

LI Georg Kuhlmann – mit einem
der anerkannt schönsten Bärte

1 Dr. Karlheinz Peters
2 Georg Kuhlmann
3 Ludwig Reichenwallner
4 Horst Fischer
5 Unbekannt
6 Max Helm
7 Erich Schnautz
8 Georg Bachmann
9 Max Drensler
10 Johann Kuklinski
11 Wilhelm Neumann
12 Herbert Altrock
13 Heinz Dickhoff
14 Albert Kneip
15 Wilhelm Schwartz
16 Unbekannt

17 Alfons Hasler
18 Fritz Tschirner
19 Bernhard Ast
20 Erich Czernia
21 Günter Hülsenbeck
22 Otto Kaeding
23 Theo Sauer
24 Hans-Hinrich Blank
25 Wolfgang Steinort
26 Heinz Kretschmer
27 Vinzenz Junk
28 Wilhelm Herre
29 Unbekannt
30 Walter Fuhs
31 Gerhard Buchwald
32 Günter Kassel

33 Werner Fiedler
34 Günther Barck
35 Wilhelm Mackenroth
36 Georg Horstmann
37 Anton Ewertowski
38 Rudolf Hinz
39 Hans Eibl
40 Manfred Kurtz
41 Günter Reddmann
42 Heinz Nordmeyer
43 Lorenz Fedrizzi
44 Christian Egner
45 Horst Ewert
46 Horst Claus
47 Helmut Jahn
48 Immanuel Bühler
49 Unbekannt

Anekdoten, Episoden und Geschichten, rund um das Boot und dessen Besatzung

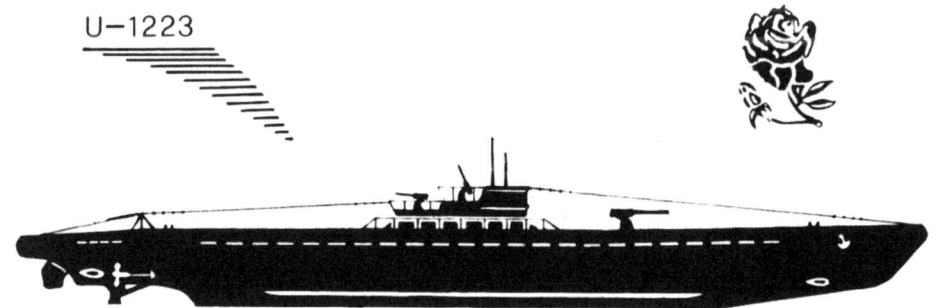

» Baubelehrung und Indienststellung U 1223 «

Mit meiner Kommandierung zur Baubelehrung bei der Deutschen Werft als II. Wachoffizier für das U-Boot U 1223 begann der Krieg sich zu unseren Ungunsten zu wenden. In diese Zeit, es war Ende Juli 1943, fielen die ersten schweren Rückschläge an allen Fronten. Im Osten ging schon vor Monaten Stalingrad verloren, die Fronten in Nordafrika waren zerschlagen, Rommels berühmte Afrikaarmee hatte kapituliert. Auf Sizilien waren bereits die Alliierten gelandet. Die U-Bootwaffe stand in einer schweren Krise, die Verluste waren ungeheuer und die Erfolge blieben aus. Der Krieg war aus dem Stadium der Siege und des unaufhaltbaren Vordringens in ein Stadium der erbitterten Verteidigung getreten. Zudem begannen die großen Terrorangriffe auf deutsche Städte mit riesig hohen zivilen Menschenverlusten.

Nach zehn sorglos und glücklich verlebten Sommertagen bei meiner Mutter in Bahnkrug, trat ich über Elbing meine Reise nach Hamburg an. Als wir mit dem „Seeadler" in der Kravolschleuse lagen, erfuhren wir von der Mussolini-Affäre in Italien. Ich muss sagen, dies waren wirklich kein glückhafter Auftakt und kein gutes Omen. Auch meine Ankunft in Hamburg war alles andere als schön. In der Nacht vorher war der erste schwere Luftangriff auf die Stadt niedergegangen. Das Bild, das sich mir am Morgen meines Eintreffens bot, war furchtbar. Ich musste auf Schusters Rappen hinaus nach Altona und sah auf diesem Wege erschütternde Bilder. Den Tränen nahe beobachtete ich umherirrende kleine Kinder, suchende Eltern, Familien vor den Trümmern ihres Hauses, notdürftig bekleidet, unbeschreiblich dies alles. Unvergesslich eingegraben haben sich in meine Seele die unschuldigen fragenden Augen der kleinsten Kinder, die noch nichts verstanden und am bittersten leiden mussten.

Nach langem Suchen fand ich inmitten der Trümmer der Werften den Chef der Baulehrabteilung, Fregattenkapitän (Ing.) Albrecht und meldete mich bei ihm. Er begrüßte mich kurz und verwies mich zur 3. Kompanie der 8. Kriegsschiff-Lehrabteilung nach Finkenwerder. Wieder ein stundenlanger Weg durch die brennende Stadt, bis ich dann am Nachmittag mein Ziel erreicht hatte und in der verschont gebliebenen Deutschen Werft, bei der Kompanie Unterkunft und Ruhe fand.

Gleich nach meinem Eintreffen lernte ich den Leutnant (Ing.) d. R. Georg Kuhlmann kennen, der auf unser Boot als Leitender Ingenieur kommandiert worden war. Damals ahnten wir noch nichts von unserer Freundschaft, von den schönen gemeinsamen Erlebnissen und von der schweren Zeit, in der sich unsere Freundschaft bewähren sollte. Kurz nach mir kam dann auch der I. WO an, der sich als Leutnant zur See d. R. Hans-Otto Bartels vorstellte. Als Kommandant war für unser Boot Kapitänleutnant Harald Bosüner vorgesehen, der erst später eintraf und während der Baubelehrung fast gar nicht in Erscheinung trat.

Über die Zeit der Baubelehrung ist nichts Besonderes zu berichten, außer dass unser Boot unter größten Schwierigkeiten heranwuchs. Die schweren Fliegerangriffe und dem dadurch hervorgerufenen Notstand mit Wassermangel, Strommangel, Notquartieren und Verkehrsstockungen war der Hauptgrund dafür. Rückblickend ist es unerklärlich, woher die Arbeiter und die führenden Männer der Werften die Kraft nahmen, immer wieder aufzubauen, wenn in der Nacht die Arbeit und Organisation von Jahren zerschlagen wurde. Hatten doch fast alle Arbeiter ihre Wohnungen und ihr „Hab und Gut" verloren. Trotzdem kamen sie jeden Morgen pünktlich zur Arbeit, selbst wenn sie in der vorangegangenen Nacht ihre nächsten Angehörigen verloren hatten, oder noch über das Schicksal der Ihren in Ungewissheit waren. Selbst heute noch, wird es für die damaligen Alliierten für alle Zeit ein Rätsel bleiben, wie es möglich war, dass eine Werft wie zum Beispiel Blohm & Voß, nach einem Luftangriff, den man wohl als vernichtend bezeichnen konnte, nur 14 Tage brauchte, um wieder die vorherige Produktionshöhe im U-Bootbau zu erreichen. Nur zwei Wochen und es wurde termingemäß wöchentlich wieder ein U-Boot in Dienst gestellt. Die Leistung, die alle hieran beteiligten Männer vollbrachten, wird einzig bleiben und ist den Leistungen der Front in den härtesten Kampftagen durchaus ebenbürtig. Wir von der Besatzung U 1223 schlossen in diesen Tagen mit allen Arbeitern und Ingenieuren, die am Bau unseres Bootes beteiligt waren, enge und herzliche Kameradschaft. Bei den meisten unserer Schwesterboote war das Verhältnis zwischen Werft und Bootsbesatzung ähnlich. Nur so ist es zu erklären, dass unsere Boote Glanzleistungen deutscher Arbeit waren, die uns nie im Stich gelassen haben.

Während der Baubelehrung entstanden auch enge Freundschaften zu den Kameraden der anderen Schwesterboote, aber auch den bereits gut bekannten Crew-Kameraden, die auf die jeweiligen U-Boote kommandiert waren, von denen wohl die meisten gefallen sind.

Da war zuerst U 550 unter dem Kommando von Kapitänleutnant Klaus Hänert, mit Oberleutnant (Ing.) Heinz Haake als Leitender Ingenieur, dem Leutnant zur See Guntram von Lingelsheim und Seibicke als I. Wachoffizier und meinem Crew- und Lehrgangskameraden Otto Schmidt als II. Wachoffizier. Das Boot wurde auf seiner ersten Unternehmung im April 1944 versenkt, mit U 550 verloren der I. und II. WO ihr Leben.

Es folgte U 1221, Kommandant Karl Kölzer, später Paul Ackermann, dem LI Leutnant (Ing.) Dietrich Werth, dem I. WO Oberleutnant zur See Hans Steinhoff und Leutnant zur See Klaus Bickel als II. Wachoffizier. U 1221 machte fast gleichzeitig mit uns von U 1223 seine Unternehmung, auch das Operationsgebiet vor der kanadischen Küste und im St. Lorenz-Strom war das gleiche.

Das Boot ging Anfang April 1945 bei einem Luftangriff auf Kiel verloren. Dabei kam der Leitende Ingenieur Oberleutnant (Ing.) Werth ums Leben.

Das nächste Boot war U 1222 unter Kapitänleutnant Heinz Bielfeld. Mit dem Leitenden Ingenieur Oberleutnant (Ing.) Heinz Godes, sowie dem I. WO Oberleutnant zur See Walter Neuhaus und II. WO Leutnant zur See Jürgen Eckelmann verband uns eine besonders enge Freundschaft. Aber auch dieses Boot ging auf seiner ersten Feindfahrt im Juli 1944 verloren.

U 1224 wurde von Kapitänleutnant Georg Preuß in Dienst gestellt. Die Offiziere des Bootes waren Oberleutnant (Ing.) Helmut Konrad, der LI, Oberleutnant zur See Roland Reche, der I. WO und Leutnant zur See Heinz Römer als II. WO. Dieses Boot wurde später von einer japanischen Besatzung, dessen Kommandant Norita hieß, übernommen. Nach der Abgabe von U 1224 stellten Georg Preuß und seine Besatzung in Bremen U 875 in Dienst.

Auch U 1224 ging mit seiner japanischen Besatzung auf der Überführungsfahrt nach Japan im Mai 1944 verloren.

U 1225 unter Oberleutnant zur See Ernst Sauerberg als Kommandanten, Leutnant (Ing.) Wilfried Rogge als Leitender Ingenieur, dem Leutnant zur See d. R. Dietrich Kropp als I. Wachoffizier und meinem Crew-Kameraden Klaus Ettel als II. Wachoffizier, blieb auch auf der ersten Fahrt. Oft war ich mit Klaus Ettel zusammen und verlebte schöne Tage bei seinen Verwandten in Hamburg-Reinbeck.

Auch U 1226, dessen Kommandant Oberleutnant zur See August-Wilhelm Claussen war, ging auf der ersten Fahrt verloren. Es gilt seit Oktober 1944 als verschollen.

Das waren unsere Schwesterboote, die entweder einige Zeit vor uns oder kurz nach U 1223 in Dienst gestellt worden waren. Außer U 550 und U 1221, wo ein Teil der Besatzung gerettet wurde und U 1224, wo die deutsche Besatzung auf U 875 umstieg, waren die anderen Boote U 1222, U 1224 (japanische Besatzung), U 1225 und U 1226 alle Totalverluste. Es bleibt noch zu sagen, dass der Chef der 3. Baulehrkompanie Korvettenkapitän (Ing.) Möhring, hauptsächlich wegen seiner panischen Furcht vor Fliegern, für uns etwas sehr seltsam war.

Endlich nach Überwindung vieler aufreibender und zermürbender Schwierigkeiten stellten wir unser Boot U 1223 am 06.10.1943 im Finkenwerder Bunker in Dienst. Mit diesem Tage begann auch die eigentliche Aufgabe und Arbeit von uns U-Bootsoffizieren. Sie müssen aus diesem Boot und der Besatzung eine echte Einheit schmieden. Alles sollte tadellos funktionieren, schließlich sollte aus Boot und Besatzung eine furchtbare Waffe geformt werden.

[niedergeschriebene Erinnerungen von Wolfgang Steinort]

» Erste Ausbildungen mit U 1223 «

Der weitere Ausbildungsweg führte uns zuerst nach Kiel, wo die Erprobungen und Versuche des U-Boot-Abnahme-Kommandos stattfanden. Auf U 1223 wurden sie meist von Kapitän List und Kapitän (Ing.) Kalb und dem Marinebaurat Hartung durchgeführt. Alle alte Weltkriegsoffiziere und prächtige Kerle. Nach erfolgreicher Beendigung der Erprobungen und Versuche durch das U.A.K. ging es nach Swinemünde zur Flakschule.

Diese Überfahrt, bei der die Motoren auf höchster Dauerleistung erprobt wurden, wie auch die übliche von Kiel aus stattfindende Fahrt nach Sonderburg zu Abhorchversuchen, konnte ich nicht mitmachen. Ich musste in Kiel nach langem Hinausschieben und Zögern auf Befehl des Flottillenarztes mit einer leichten Gelbsucht ins Revier. An Bord U 1223 vertrat mich unser Zusatz-WO Siegfried Brandt. Doch trotz allem waren diese acht Tage die ich im Bett liegen musste, für mich unerträglich. So gelang es mir dann doch, den Oberassistenzarzt Dr. Schrenk als alten front erfahrenen U-Bootsarzt, von der Notwendigkeit meiner Anwesenheit an Bord während der Ausbildung in Swinemünde zu überzeugen. Er entließ mich, obwohl ich noch lange nicht gesund war, allerdings mit der strengen Anweisung jeden Alkoholgenuss zu vermeiden. Der Erfolg dieser ärztlichen Anweisung war natürlich, dass ich am Tage meines Eintreffens in Swinemünde – ich kam mit U 1223 zur gleichen Zeit an – mich mit Schorsch Kuhlmann in einer Ecke der Messe der „Cordillera" zusammensetzte und einer Flasche „Danziger Goldwasser" den Hals brach. Als Schorsch und ich uns am Abend trennten, war die Pulle leer und der Grundstein zu unserer Freundschaft, durch die geschlossene Brüderschaft, gelegt.

Auf der Flakschule traf ich den alten Kompaniechef von der „Wangoni" und meinen alten Oberstückmeister vom „Sperrbrecher 3", jetzt Leutnant Baumann, wieder. Letzterer leitete die Ausbildung bei uns an Bord. Aber das beabsichtigte Zonenschießen fiel wegen starken Nebels ins Wasser.

Von Swinemünde aus, ging es dann kurz nach Stettin zur Vorstellung bei der 4. U-Flottille, der U 1223 unterstand. Chef der Flottille war Korvettenkapitän Heinz Fischer, der uns freundschaftlich begrüßte. Dann ging die Fahrt nach Gotenhafen zum Torpedo-Erprobungskommando und dann nach Danzig zur Zweigstelle des U-Boots-Abnahme-Kommandos (U.A.K.). Hier in Danzig erreichte mich am 07.11.1943 meine Beförderung zum Leutnant. Diese wenigen Tage im Hafen meiner Heimatstadt waren für mich besonders schön, weil ich oft meine Mutter und die Verwandten treffen konnte. Die Erprobungen, Meilenfahrt und Tieftauchversuche, nahmen immer nur kurze Zeit in Anspruch, so dass ich meist rechtzeitig bei meiner Großmutter aufkreuzen konnte. Der 8. November allerdings gehörte meinen Kameraden, denn an diesem Tag wurde meine Beförderung gefeiert. Bei „Eicke" in der Hundegasse. Das Besäufnis war aber weniger schön und der Zustand der „Damen", die „Onkel Kurtchen", unser Garantie-Ingenieur, eingeladen hatte, war nach den Feierlichkeiten elend. Trotzdem blieb mir dieser Abend in Erinnerung. Er war mit unserem unvergesslichen und unvergleichlichen Garantie-Ingenieur Kurt Muhs so eng verknüpft. Es war zugleich der Abschied von „Onkel Kurt" und an diesem Abend waren wir doch so hässlich und böse zu ihm. Aber später haben wir uns alle wieder vertragen und „Onkel Kurt" hat Schorsch Kuhlmann und mir die zweistündige Wartezeit bei strömenden Regen in der Werftgasse und meine Frechheiten auf dem Heimweg zur „Iberia" verziehen. Gott sei Dank fanden am nächsten Tag keine Erprobungen statt, außer einer kurzen Gedenkfeier am Vormittag, dann war frei. Ich nutzte diesen freien Nachmittag noch einmal aus, in dem ich mit meiner Mutter und Dietrich einen Spaziergang durch die heimatlichen Gefilde unternahm.

[niedergeschriebene Erinnerungen von Wolfgang Steinort]

» Der Abschluss mit meiner Berliner Zeit «

Bei der Agru-Front in Hela bekam der Kommandant Harald Bosüner Ende November 1943 die Nachricht, dass das Haus seiner Schwiegereltern in Berlin-Westend, bei einem Fliegerangriff beschädigt worden sei. Er nahm sofort Urlaub, stellte ein Arbeitskommando aus der Besatzung U 1223 zusammen, das er mir als ortskundigen Berliner unterstellte. Wir reisten unverzüglich nach Berlin ab. Dort haben wir uns bemüht, die Schäden am Haus zu beheben, was uns auch einigermaßen gelang. Trotzdem wurde ich während dieser Tage ein seltsames Gefühl nicht los, denn ich glaubte an Bord unseres U-Bootes wichtiger zu sein und die Tage für die Ausbildung auszunutzen.

Ich erwähne diese Fahrt nach Berlin nur, weil ich die Gelegenheit fand, noch einmal die Galvanistraße zu besuchen. Seit dem Bombenangriff, bei dem auch diese Gegend schwer getroffen worden war, sind nun über 14 Tage vergangen und die gröbsten Aufräumungsarbeiten waren schon geleistet. Dennoch sah die ganze Umgebung um unserer alten Wohnung einfach trostlos aus. Wenige Augenblicke habe ich nur vor den Trümmern des Hauses verweilt, in dem wir sieben überaus glückliche Jahre gewohnt hatten. Es stand nur noch die Fassade bis zum 3. Stock, alles andere war eingestürzt und im Keller war alles eine glühende und schwelende Trümmermasse. Das war mein letzter Besuch in der Galvanistraße und für mich zugleich der Abschluss unserer Berliner Zeit.

[niedergeschriebene Erinnerungen von Wolfgang Steinort]

» Weihnachten und Neujahr 1943/44 «

Es kamen die Weihnachtstage, die wir mit der Besatzung in Hela verbrachten. Wohl keiner der Besatzung wird den Heiligen Abend in dem festlich geschmückten U-Boot vergessen, die schlichte Feier im Bugraum, das anschließende Festessen in den Räumen. Überhaupt war vom U-Boot nichts mehr zu erkennen, denn mit unendlich viel Liebe und Sorgfalt war die ganze Maschinerie hinter dem Weihnachtsschmuck verschwunden. In jedem Raum stand ein kleines Tannenbäumchen mit selbst gemachten elektrischen Kerzen. Der I. WO Hans-Otto Bartels hatte für jeden Mann die Weihnachtsgeschenke verpackt und mit kleinen handgemalten Kärtchen versehen, der Smut und Bootsmannsmaat Winkel hatten wirklich Meisterwerke vollbracht. Außerdem erhielt jeder Mann noch eine kleine Konservendose mit Bohnenkaffee und anderen Kostbarkeiten für die Angehörigen daheim. Während sich ein großer Teil der Besatzung bald in die Unterkünfte begab und dort noch kräftig feierte, blieb ich an Bord, da mir am Heiligen Abend eine Trinkerei wenig behagte. Jochen Schult, dessen Boot U 427 in der Nähe lag, besuchte mich noch und wir plauderten noch lange von vergangenen Zeiten, von Kameraden, von Mädels, von Eltern und der Heimat.

Genauso nett und stilvoll wie die Feier am Heiligen Abend an Bord U 1223, verlief am ersten Feiertag das große Gänseessen im Grillraum der „Swakopmund". Die ganze Besatzung in weiß, tadellos gedeckte Tische, Bedienung durch Stewards und ein prächtiges Mahl. Der unerwartete und überraschende Besuch von Kapitän Engler, dem Chef der Agru-Front, enttarnte sich nachher als eine Folge der nächtlichen Gelage.

Wenn ich für Weihnachten Alkohol ablehnte, so kann ich dies von Neujahr nicht behaupten. Kurz gesagt sah der Jahreswechsel wie folgt aus:
31.12.1943 / 20 Uhr Besatzungsfest in der „Löwengrube" im Ort (ca. 50 Mann mit 70 Flaschen Schnaps). 01.01.1944 / 02 Uhr Rückmarsch zum Boot. 03- bis 05 Uhr Sektfrühstück im Offiziersraum (Bratpfanne auf der Back, jeder eine Gabel in der Hand, dazu besten Sekt). 05- bis 07 Uhr Schlaf. 07.30 Uhr Aufbruch zum Frühschoppen bei Aufräumungsarbeiten in der „Löwengrube". Ende gegen 16 Uhr. Eiliger Marsch zum Boot – Eiliges Mittagsessen! 17.30 Uhr als Gäste bei Bosüner. Rückkehr um 06 Uhr am 02.01.1944. Um 07 Uhr seeklar zur 4. Übungsfahrt.
Diese Daten sprechen Bände.

[niedergeschriebene Erinnerungen von Wolfgang Steinort]

» Silvester in Hela «

Kapitänleutnant Bosüner hatte vom Maat aufwärts zur Silvesterfeier an Land geladen. Ich blieb als Nachtwächter (WO) an Bord U 1223.

Als es Nacht wurde über Hela und die Jahreswende erreicht war, ging rings um uns her ein wüstes Geballer an. Die anderen Boote schossen mit Signalmunition, einige auch mit 2-cm-Leuchtspurmunition. Auf unserem Boot passierte nichts. Als die ersten Fragen kamen: „Was machen wir!" Schließlich ließ sich der Dauernachtwächter (WO) erweichen und befahl: 10 und 10! Aus Signalpistole und 2-cm-Flak blitze es auf. 10 und 10!

[niedergeschriebene Erinnerungen von Hans-Hinrich Blank]

» Hela und Libau «

In die Helaer Zeit und unsere noch folgenden Gastspiele dort fallen dann noch verschiedentlich kleine Feiern bei der Familie Bosüner im Ort und seiner späteren Wohnung in Hela-Heide. Sie waren zweifellos sehr nett, endeten meist erst am nächsten Morgen. Alle Teilnehmer wiesen häufig schwere Havarien, zumindest erhebliche Schlagseite auf.

Auch die Messe der „Swakopmund" hat mich in mancher feuchtfröhlichen Stunde erlebt, sei es nun im Kreise von Crew-Kameraden, zusammen mit eben „fertig gestellten" und frisch beförderten LI's oder mit anderen bekannten U-Bootsleuten. Im Krieg war nun einmal keiner ein Kostverächter und das Lied vom alten Germanen hallte so manches Mal durch die stille Nacht.

Nach Hela ging es zur Vortaktischen Übung, danach nach Libau zur Schießflottille. Auch diese Übung wurde trotz grimmiger Kälte absolviert, allerdings mussten wir hier mehrmals uns die nötige innere Wärme nächtlicherweise bei Skatabenden oder zusammen mit den Unteroffizieren beschaffen. Näher beschreiben sollte man diese Abende nicht, denn es wäre unmöglich, einigermaßen objektiv zu bleiben.

[niedergeschriebene Erinnerungen von Wolfgang Steinort]

» Provianteinkauf beim Verpflegungsamt «

Zum Abholen des Proviants – meistens einmal pro Monat, wenn wir im Hafen lagen, fanden sich bereitwillig immer einige Helfer, die die Sachen besonders gut verstauen konnten und zwar so unübersichtlich, dass der Kontrolleur nicht merkte, wenn sie einige interessante Dinge zuviel gebunkert hatten.

Auf dem Weg zurück zum Boot fiel leider eine Flasche „Bommerlunder" vom Wagen genau bei Willi Beutel auf die Hand. Der Flaschenhals zerbrach unmittelbar unterhalb des Korkens, so dass zum Glück nur einige Tropfen des kostbaren Inhalts verloren gingen. Johann Kuklinski schlug vor, ganz vorsichtig reihum etwas abzutrinken. Doch nach der ersten Runde war immer noch zuviel drin. Also dann jeder je zwei Schluck abtrinken. Jetzt konnten wir schon besser aus dem zerbrochenen Rand ausgießen. – Was war denn nun los?
Die Flasche war plötzlich fast leer. Den Rest mitzunehmen wagten wir nicht, wir konnten uns ja zu leicht am scharfen Rand verletzen. Ich warnte dringend davor, weiterhin so leichtsinnig mit „Gefahrengut" umzugehen. Der Weg bis zum Boot war noch lang und die Straße schlecht. Aber der Alkohol im Magen der Leichtmatrosen zeigte genau dieselbe Wirkung wie im Flüssigkeitskompass, stabilisierend und dämpfend, besonders bei dem gelernten Fischermann und dem Rheinfährmann aus Bingen. Letzterer steuerte den Verpflegungswagen so sicher wie seine Fähre – immer am Binger Loch vorbei.

[niedergeschriebene Erinnerungen von Hans-Hinrich Blank]

» Kommandantenwechsel auf U 1223 «

Kurz bevor wir zur letzten Übung auslaufen wollten, also zur Taktischen, kam dann Harald Bosüners Abkommandierung. Wir lagen wieder einmal in Hela, als am Abend des 03.03.1944 kurz vor Dienstschluss der neue Kommandant an Bord kam. Ich hatte gerade meinen Papierkram beiseite gelegt, um mich angesichts der noch nicht ganz überwundenen Strapazen der letzten Nacht, in die Koje zu schwingen. Plötzlich stand er vor mir und stellte sich als Oberleutnant zur See Kneip und neuer Kommandant von U 1223 vor. Sofort nahm er eine Geheimsachenkontrolle mit unwahrscheinlicher Gründlichkeit vor, die erst gegen 22 Uhr beendet war. Es war zwar alles in bester Ordnung, doch hatten mir diese Überstunden so den Rest gegeben, dass ich mich mit einer Flasche unterm Arm sofort zur Messe der „Swakopmund" begab und meinen Ärger im guten Cognac ertränkte.

Mit dem neuen Kommandanten begann dann für unser Boot die ganze Ausbildung noch einmal von vorn. Die Missstimmung, die darüber bei der Besatzung herrschte, mussten wir Offiziere natürlich ausbaden, was natürlich nicht einfach war. Aber jeder merkte auch sofort, dass es nun mit aller Gewalt dem Ziele entgegen ging.

[niedergeschriebene Erinnerungen von Wolfgang Steinort]

» Vortaktische und Schießflottille in Pillau? «

Am 24.03.1944 fuhr ich zusammen mit Schorsch Kuhlmann von Pillau nach Königsberg, um an der Geburtstagsfeier des Herrn Professor teilzunehmen. Auf dem Bahnhof in Metgethen trafen wir Oberleutnant (Ing.) Klemz, Brandis alten LI von U 617, der ebenfalls nach Holstein wollte. Mit dem kleinen tapferen „Goliath", dessen Hilfe wir noch oft in Anspruch nahmen, holte uns Marion ab. Zwar mussten Klemz und ich hin und wieder schieben, hauptsächlich wenn es bergauf ging und Schorsch Kuhlmann die Gänge verwechselte. Wir kamen aber doch bis zum Kopskegelkrug, wo wir noch Brigitte nebst Hund Lumpi aufluden und dann in Richtung Holstein weiter zockelten.

Unvergesslich unser dortiger Auftritt. In angeregter Unterhaltung begaben wir drei Mariner uns zum Zimmer, in dem die älteren Semester saßen, um zu gratulieren und zu begrüßen. Die Tür ging auf, wir verstummten, traten ein und standen etlichen Herren mit viel Rot und Gold am Kragen und Hosen, mit unheimlich breiten Backspieren und Halsorden, gegenüber. Und was dann geschah blieb unvergesslich. Wie auf Kommando fassten wir drei nach unseren Schlipsknoten, ehe wir weitere Schritte unternahmen. Trotz der wohlwollenden Begrüßung und Behandlung seitens dieser für uns in olympischen Höhen schwebenden Herren, waren wir doch froh und erleichtert, als wir in Gnaden entlassen wurden und uns im Kreise der Jugend den wunderbaren Geburtstagsgenüssen hingeben konnten. Der Abend war reizvoll, das schönste jedoch war der Rücktransport zum Bahnhof. Überhaupt waren die Fahrten von und zum Bahnhof immer eine ganz eigene Sache. Dieses Mal musste der Lastwagen herhalten, auf dem wir auf Korbsesseln, Stühlen und Bänken verstaut und mit Decken und Pelzen vermummt wurden. Es ging wie immer, auf solchen Fahrten, hoch her.

Am darauf folgenden Abend passierte mir ein kleiner Versager, der aber durchaus verständlich ist, wenn man meine damalige Lage bedenkt.
In der Nacht vom 23.- zum 24.03. in See, nicht geschlafen. Die Nacht vom 24.- zum 25.03. in Holstein, nicht geschlafen. An beiden Tagen Dienst gemacht. So

kam es, das in der Nacht vom 25.- zum 26.03., als wir natürlich wieder in Holstein waren und in gemütlicher Runde im Jagdzimmer zusammen saßen, ich gegen 02 Uhr im Sofa lautlos nach rechts umkippte und laut schnarchend für zwei Stunden Sendung wie auch Empfang einstellte.

Die Zeit, die wir mit unserem Boot bei der Pillauer Schießflottille verweilten, stellte an uns, vor allem aber an Schorsch Kuhlmann und mich, allerhöchste Anforderungen. Noch heute ist es mir eigentlich ein Rätsel, wie wir das alles ausgehalten haben. Während wir bei Tage immer eingespannt waren und angestrengten Dienst machten, steuerten wir dann die meisten Nächte Holstein an. Wir vollbrachten Meisterleistungen im An- und Umziehen, Waschen und Rasieren eingeschlossen, denn oft war die Zeit zwischen Festmachen des Bootes und der Abfahrt des Zuges so bemessen, dass Schorsch, der ja das Rasieren bereits während des Einlaufens erledigen konnte, folglich fast immer als erster fertig war, oft Meisterleistungen der Beredsamkeit bewältigte, um den Zugführer zum Warten zu veranlassen, bis wir in Gala-Uniform über Hecken und Zäune hin überspringend, angefegt kamen. Ja, manchmal war es schon so spät, dass der Zugführer, Schorsch Kuhlmanns Anweisungen treulich befolgend, am Bahnhof Schwalbenberg langsam anfuhr, wenn wir gerade aus der Stützpunktwache kamen. Beim Straßenübergang drosselte er die Geschwindigkeit so, dass wir, von hilfreichen Händen unterstützt, aufspringen konnten. Mit wir meine ich auch den I. Wachoffizier Bartels und unseren Kommandanten Albert Kneip, sie begleiteten uns häufig nach Metgethen. Die Bahnfahrt wurde dann immer zum Schlafen ausgenutzt.

[niedergeschriebene Erinnerungen von Wolfgang Steinort]

» Der Kurzurlaub nach Methgethen «

Eines Tages wollten die Offiziere auf Kurzurlaub nach Methgethen, einem kleinen Ort an der Pregel, fahren. Der Leitende Ingenieur hatte zu einer kleinen Feier bei seiner Verlobten eingeladen. Wie immer, Nachtwächter und WO: Natürlich „Blank." Es traf mich immer. Am nächsten Morgen war Antreten der Besatzung an Oberdeck. Die Urlauber fehlten. Ich, als Wachhabender meldete: „Besatzung angetreten. Die Offiziere wegen ‚Zugverspätung' noch nicht vom Kurzurlaub zurück." – Allgemeines Gelächter.

Das Auslaufen zur Übung musste verschoben werden. Der Ausbilder ließ seine Wut an mir aus, als ob ich schuld wäre. Ich wusch meine Hände in Unschuld, wie man bei solchen Gelegenheiten so schön aus der Bibel zitiert.

[niedergeschriebene Erinnerungen von Hans-Hinrich Blank]

» Die Sache mit dem Kommandanten «

In der zweiten Aprilhälfte 1944 fuhren wir unsere letzte Übung, die Taktische. Ziemlich am Schluss dieser Übung lagen wir etwa 30 Seemeilen vor Libau, im Verband, vor Anker. Ich hatte gerade Ankerwache, es herrschte ein scheußliches, regnerisches, nebliges und dabei noch windiges Wetter. Die Kommandanten waren zur Besprechung auf dem Begleitschiff. Plötzlich wird vom Leitschiff der Morsespruch herüber signalisiert:

„Kommandant an WO- sofort seeklar, Kurs nach Gotenhafen absetzen".

Ich veranlasste sofort das Nötige, weckte die Maschinenwache und als der „Alte" an Bord stieg, war der Anker schon kurz angehoben und kann gleich gehievt werden. Nie werde ich das Gesicht von Kneip vergessen, aus dem ich sofort sah, dass etwas Besonderes vorgefallen sein musste. Er, der sonst keine seemännische Vorsichtsmaßregel außer Acht ließ, befahl die Maschine sofort mit halber Fahrt anlaufen zu lassen, was bei diesem Wetter, inmitten der vor Anker liegenden U-Boote, gelinde gesagt ein Wahnsinn war. Gott sei Dank hatte ich mir vorher die Lage der anderen Boote genau eingeprägt, denn der „Alte" war vollkommen durcheinander. In Abständen von kaum einer Minute steigerte er die Fahrt über „Große" und „2 x Große" auf „AK" (Äußerster Kraft), dann ließ er noch die E-Maschinen zuschalten, so dass wir mit 19 Meilen in der Stunde durch die Nacht auf Pillau zubrausten. In dieser Nacht bin ich die kalten Füße nicht losgeworden. Man konnte im Nebel nicht das Vorschiff erkennen, dazu ein ungenauer Abgangsort, eine ziemlich verkehrsreiche Gegend und die Nähe der Einfahrt von Pillau. Hannes Bartels, der mich ablöste, sah einen Augenblick, als der Nebel für Sekunden aufriss, ein Feuer und peilte es sofort. Es war, wie wir annahmen Brüsterort, das uns einen schwachen Anhalt gab. Jedoch musste der gute Engel, dessen hilfreiche und schützende Hand wir oft verspürten, auch damals als blinder Passagier an Bord gewesen sein, denn wir erreichten am Morgen wohlbehalten Gotenhafen.

U 1223 war noch nicht festgemacht, als Kneip auch schon in gutem Anzug und mit einem kleinen Koffer in der Hand von Bord ging und in Richtung Bahnhof verschwand. Wir erfuhren später, dass sein Bruder gefallen war. Erst nach der Kapitulation erzählte mir Frau Kneip in Flensburg, dass fast gleichzeitig Kneips jüngere Schwester bei einem alliierten Terror-Fliegerangriff ums Leben gekommen war. Zu uns hat er darüber nie ein Wort gesagt.

[niedergeschriebene Erinnerungen von Wolfgang Steinort]

» Der Beinbruch «

Eines Tages, als wir noch vor der Fahrt nach Kanada in Kiel lagen und an Land wohnten, kam Fietje Reh, der mit seinem Minensuchboot zufällig nach Kiel musste, bei uns vorbei. Mit ihm war Georg Kuhlmann, bevor er auf U 1223 einstieg, als Leitender Ingenieur im Kanal gefahren. Die Wiedersehensfreude war groß, die „Promille" hoch, wenn sie damals gemessen worden wären. Unser Doktor hatte auch schwer geladen. Ich weiß heute nicht mehr, wer den Vorschlag machte, sein linkes Bein zu schienen und ihm einzureden, er hätte sich das Bein gebrochen. Jedenfalls schnallten wir ihn auf eine Tragbahre und stellten ihn aufrecht gegen die Wand unseres Zimmers, damit er trotz „Beinbruchs" am weiteren Geschehen teilnehmen konnte. Einer von uns musste ihn auch noch mit Getränken versorgen und ihm erklären, warum er trotz des Beinbruchs gar keine Schmerzen hätte.

Genug des bösen Spiels. – Der Doktor wurde wieder losgeschnallt. Auch die Schiene konnte entfernt werden. Wir feierten des Doktors schnelle Genesung.

[niedergeschriebene Erinnerungen von Hans-Hinrich Blank]

» Abschiedszeremonie in Kiel und die Überfahrt nach Norwegen «

Unsere erste Unternehmung fand in der letzten Phase des Krieges statt. Die Zeit der großen Geleitzugsschlachten, der Überwasser-Nachtangriffe mit hohen Versenkungsziffern war vorbei. Der Gegner hatte auch an unserer Front im Atlantik durch seine materielle Überlegenheit und seine hervorragenden Funkmessgeräte ein gewaltiges Übergewicht erreicht. Jedes Schiff und jede Tonne Schiffsraum, die in die Tiefe gingen, mussten mit wochenlangen Entbehrungen und Strapazen, mit zahllosen niederdrückenden Misserfolgen erkauft werden.

Mittlerweile waren die Atlantikstützpunkte verloren gegangen, die Heimatstützpunkte lagen unter ständigem Bombenhagel der gewaltigen alliierten Luftgeschwader. Werften und Fabriken wurden zerstört oder schwer in Mitleidenschaft gezogen. Das bedeutete für die U-Boote endlos lange Werftliegezeiten, lange Anmarschwege durch stark gesicherte feindliche Sperrlinien und eine allmählich zusammenbrechende Infrastruktur.

Überwassermärsche und Überwasserangriffe gab es kaum mehr. Die Boote wurden unter Wasser gedrückt und nur mit Hilfe des Schnorchels war die Fortführung des U-Boot-Krieges noch gewährleistet. Nur mit schneckenhafter Geschwindigkeit konnte sich das U-Boot vorwärts bewegen. Es gab kein Vorsetzen vor dem Gegner nach Mastspitzen mehr. Denn jedes aufgetaucht fahrende Boot wurde selbst in den weiten Seeräumen des Nordatlantiks binnen kurzer Zeit durch die Ortungsgeräte der feindlichen Flugzeuge aufgefasst und gejagt. Nur noch ein Auflauern an den Brennpunkten des feindlichen Schiffsverkehrs konnte einen Angriff begünstigen. Doch es war ein Abwarten, ob überhaupt ein Konvoi käme und das er gerade auf der Position des U-Bootes vorbeilief, wo es zufällig stand, oder aufgrund genauer Überlegungen und Berechnungen oder Erfahrungen dort stehen musste. Deshalb ging es näher heran an die feindlichen Küsten, hinein in die Meerengen, Golfe oder Flussmündungen. Denn nur noch dort waren für die alten Boote Erfolge zu erringen. Am Abend des 05. August 1944 hatte unser Boot an der Auslaufpier im U-Stützpunkt Kiel verholt. Hier traf U 1223 auf die vier anderen Boote, U 245, U 482, U 680 und U 979, die ebenfalls frontklar waren.

Die Stimmung der U-Boot-Männer war auf dem Höhepunkt angelangt. Die Herzen schlagen schneller, die Freude an den bevorstehenden Einsatz erhöhte sich zunehmend. Jetzt nach der langen und mühevollen Ausbildung war es für viele der größte Wunsch rasch an den Feind zu kommen. Nur die etwas wehe Stimmung des Abschieds von der Heimat auf lange Monate trübte ihre Seelen. Der Morgen des 06. August begrüßte die Besatzungen mit einem strahlenden Sonnenschein und einem leuchtend blauen Himmel. Der Abschiedssekt der Offiziere in der Messe der „St. Louis" mit den Glücks- und Segenswünschen der zurückbleibenden Kameraden hatte bereits am Nachmittag des 05.08. stattgefunden. Die letzte Nacht in der Heimat konnten wir fest und ungestört von den „Tommies" schlafen. Um 07 Uhr des 06.08., eben an diesem wunderschönen Sonntagmorgen, standen die Besatzungen der fünf U-Boote an der Pier angetreten. Ohne jede eitle Selbstbespiegelung machte unsere Besatzung den weitaus besten Eindruck. In tadellosen, sauberen U-Bootspäckchen mit gescheuerten Segeltuchschuhen und blanken Augen stand die Besatzung da, dass einem das Herz im Leibe lachte. Und jeder von ihnen trug eine Rose im Knopfloch. Der Kommandant und die Offiziere eine weiße, die Oberfeldwebel und Unteroffiziere eine rosa und die Männer eine rote. Die Frauen unserer Oberfeldwebel hatten für den Schmuck gesorgt, der dem Chef der 5. U-Flottille den Ausruf entlockte:

„Ihr seid ja das reinste Rosenboot!"

Und damit hatte U 1223 seinen Namen weg: „Das Rosenboot!" Kurze kernige Worte, durchdrungen von dem Ernst der Stunde und der Kriegslage, sprach der Chef, Korvettenkapitän Moehle, zu uns. Persönlich verabschiedete er sich von jedem Mann. Danach traten die Besatzungen weg zu einem kurzen Abschied von den Lieben, Verwandten und Bekannten, Freunden und Kameraden, die sich eingefunden hatten. Ernst und unter Tränen lächelnd nahmen die Frauen von ihren Männern Abschied. Lachend die Kameraden voneinander, aber auch manch Seemannsbräutchen stand still und traurig etwas abseits. Ich selbst hatte keine Angehörigen da, so ging der Abschied von den Kameraden schnell vonstatten. Rasch stand ich als einer der ersten auf der Brücke und überschaute das bunte Gewimmel auf der Stichbrücke. Stolz betrachtete ich unser blumengeschmücktes U-Boot, das behäbig zwischen den vier schlanken VII-C-Booten lag. Die Ehrenkompanie marschierte auf, die Musik ließ die alten Märsche erklingen. „Muß'i denn, muß'i denn", ertönte, dann schrillten die Batteriepfeifen. Die Besatzungen traten auf den Booten an. Auf den Signalstellen und Nachbarschiffen gingen an den Rahen die Abschiedssignale hoch. Die E-Maschinen sprangen an und langsam und bedächtig, kaum merklich zuerst, legte ein Boot nach dem anderen ab. Drei Hurras der Ehrenkompanie und das Englandlied, Winken und Rufen der Zurückbleibenden, das war der Abschied von der Heimat. Als U 1223 ablegte, rief der Flottillenchef herüber:

„Kneip, auf U 123 habe ich mir das Ritterkreuz geholt, sollen Ihnen die gleichen Ziffern, das gleiche Glück bringen!"

Dreimal kurz grollte das Typhon, die Männer winkten mit Handtüchern und hinein in den Trubel schallte ihr Ruf: „Das alte Wort, es bleibt besteh'n – U-Zwölf-zwo-drei wird niemals untergeh'n!" „Umschalten auf Diesel – Beide Maschinen langsam voraus!" In dem Moment als die Diesel ansprangen, flogen alle Blumen im hohen Bogen über Bord. Noch einmal blickten sie auf die leuchtende, im Sonnenschein strahlende Heimat und dem alten, lieben Kiel. Dann begann die Feindfahrt. Aber immer noch eilten einige Blicke zurück. Immer noch suchten die Gläser nach der langen entschwindenden Wik, blieben an der „St. Louis" hängen, auf deren Signaldeck ein helles Kleid leuchtete und ein einsames Tüchlein winkte. Es war die Braut des Kommandanten.

Um 09.30 Uhr stießen wir auf zwei Minensuchboote, die uns durch den Großen Belt und das Kattegat begleiteten. An der Spitze marschierte ein Minensuchboot, es folgten in Kiellinie U 245, U 482, U 979, das zweite Minensuchboot, dann U 1223 und am Schluss U 680. Die Fahrt ging bei sonnigem Wetter, allerdings etwas diesiger Luft, ohne Zwischenfälle vonstatten. Am 07. August standen wir um 00 Uhr im Kattegat. Von 16 Uhr ab begleiteten uns die Minensuchboote nur noch als Flakschutz. Um 21 Uhr wurden wir aus dem Geleit entlassen. Im Rottenmarsch wurde die Fahrt mit erhöhter Geschwindigkeit fortgesetzt. Doch bei einbrechender Dunkelheit verloren sich die Boote bald. Als ich am 08. August um 04 Uhr morgens die Wache übernahm, erklärte mit der II. WO Hannes Blank, dass wir schon seit 01 Uhr mit Nord-Süd-Kursen vor dem Oslofjord auf- und ab stünden, weil kurz zuvor alle Leuchtfeuer gelöscht worden seien. U 482, unter dem Kommando von Graf von Matuschka, hatte inzwischen gemeldet, dass er ein feindliches U-Boot gesichtet habe. Obwohl ich diesem Funkspruch nicht allzu große Bedeutung beimaß, war Vorsicht geboten. Deshalb nahm ich mir vor, etwas näher die Küste in Augenschein zu nehmen.

Schließlich hätte man die beiden großen Feuer auf den Inseln am Eingang des Fjordes, auch im gelöschten Zustand, wegen der Größe des Turmes beziehungsweise des Leuchthauses auf einigermaßen sichere Entfernung ausmachen können. Außerdem wurde es ja jetzt schnell hell. Mit langsamer Fahrt und Zick-Zack-Kursen um den Generalkurs Nord ließ ich auf die Küste zu laufen. Ein weiteres Boot von den anderen vier, das schon vor ein paar Stunden zu uns gestoßen war, folgte in geringem Abstand. Bald kam voraus ein hoher Turm in Sicht. Zuerst nur als undeutlicher Schatten vor dem dunklen Hintergrund der Küste. Schnell konnte ich ihn als den Leuchtturm von Lille Ferder erkennen. Zur Sicherheit ging ich mit ganz langsamer Fahrt und angestelltem Lot, damit ich Einzelheiten erkennen konnte, die meine Annahme bestätigten. Als ich so den genauen Standort ermittelt hatte, ließ ich mir vom Kommandanten die Erlaubnis geben, in den Fjord einzulaufen. Zuerst noch langsam, dann mit zunehmender Helligkeit mit höherer Fahrt, liefen wir in den Oslofjord ein.

Um 08.30 Uhr machten wir bei der Agru-Front Horten fest, deren Leiter Korvettenkapitän (Ing.) Hans Reibnitz war. Er hatte auch unsere Unterwasserausbildung in der Heimat geleitet und begrüßte uns freudig. Hier in Horten trafen wir auch noch eine Reihe uns unbekannter Boote, die vor uns von Kiel ausgelaufen waren. Vor allem unser Schwesterboot U 1221 unter Oberleutnant zur See Ackermann mit meinem Crew-Kameraden Klaus Bickel als II. WO. Ferner Rademacher (U 772), Reckhoff (U 398), Schaefer (U 484), sowie die bereits bekannten Ulber (U 680), Meermeier (U 979) und v. Matuschka (U 482).

Noch am gleichen Tag begannen wir mit der Schnorchelausbildung, bei der der uns aus Hela bekannte Stabsobermaschinist Schwartz die Hauptrolle spielte.
Unsere Besatzung fand sich schnell mit diesem neuen Apparat zurecht. Dieser große Luftmast, der ein Aufladen der Batterie sowie auch die Dieselfahrt an und für sich unter Wasser auf Sehrohrtiefe gestattete. Während sich bei den ersten Versuchen das Boot, auch infolge der erhöhten Unterwassergeschwindigkeit, ähnlich wie ein Delphin oder Tümmler benahm, so wurde das rasch besser. Wenn auch vorerst der zunehmende Unterdruck beim Unterschneiden des Schnorchels, und der meist plötzliche Druckausgleich beim wieder öffnen des Schwimmerventils, uns allen äußerst unangenehm erschien. Doch wir gewöhnten uns schnell daran und später im Atlantik verzog kaum einer mehr eine Miene bei einem Unterdruck von 200 Millibar.
    Nach den Übungsstunden mussten wir nachts in einer kleinen idyllischen Bucht in der Nähe von Horten ankern. Es müsste die Frederiksbucht- oder Fjord gewesen sein.

    [niedergeschriebene Erinnerungen von Wolfgang Steinort]

» Das Ramming mit U 979 «

Unsere Schnorchelausbildung sollte am 10. August ihren Abschluss finden. Doch mit des Geschickes Mächten ist kein ew'ger Bund zu flechten.

Am Morgen des 10. August muss wohl irgendein Versager in unserer Bordregie vorgelegen haben. Ich erinnere mich noch, dass wir zu spät seeklar waren, um noch rechtzeitig in unserem Übungsquadrat zu erscheinen. Da der Anmarschweg in unser Quadrat vom Kriegshafen aus einzusehen war, tauchten wir ab und verschwanden von der Bildfläche. Das war für uns das Nahe liegende, denn wir hatten wenig Interesse, dass unser verspätetes Eintreffen von der Ausbildungsleitung bemerkt würde. So eine stille Unterwasserfahrt war uns insofern auch noch angenehm, als wir von der Offiziersmesse auch noch nicht gefrühstückt hatten. Der Kurs wurde etwas außerhalb des allgemeinen Übungsgebietes ganz dicht an der steilen felsigen Küste entlang abgesetzt, das Boot auf 25 Meter eingesteuert. Schorsch Kuhlmann befand sich in der Zentrale, der Kommandant, Hannes Blank und ich begannen behaglich unser Frühstück zu verzehren, während der Doktor noch in der Koje lag. Zum Verständnis des sich bald darauf entspinnenden Dialogs zwischen Horchraum und Kommandant will ich noch bemerken, dass die Küste an Steuerbord lag.

Gegen 08.15 Uhr meldet der Horcher: „Dieselgeräusche an Steuerbord, Lautstärke 4!"

Kommandant: „Völlig ausgeschlossen!"

Horcher: „Dieselgeräusche an Steuerbord querab werden schnell lauter, Lautstärke 5, sind auf der ganzen Steuerbord-Skala zu hören".

Der Kommandant, jetzt etwas unsicher: „Das ist doch gar nicht möglich, an Steuerbord liegen doch bloß dicke Felsen, da ist ja gar kein Tauchquadrat, muss eine Täuschung sein.".

Horcher: „Dieselgeräusche sehr laut!" – Kurze Pause – der Horcher sucht am Gerät, dann meldet er: „Sind nicht mehr zu hören!"

Kommandant: „Na, also!"

Was dann kam, ging blitzschnell.

Horcher: „Laute E-Maschinengeräusche an Steuerbord!"

Der Kommandant sprang auf, erkannte jetzt den Ernst der Situation, wie auch die meisten der Besatzung, jedoch zu spät.

Denn schon meldete der Horcher wieder: „Geräusche werden schnell lauter!"

Dann kam aus der Zentrale die Meldung: „Geräusche im Boot zu hören!"

Sekunden später hören auch wir das Summen einer E-Maschine, dann ein knirschendes, lautes Krachen. Das Boot krängt stark nach Backbord, der Doktor sprang und fiel zugleich aus seiner Koje. Albert Kneip brüllte: „Anblasen!", stürzte in die Zentrale, ich hinter ihm her, in den Turm hinauf. Bange Sekun-

denbruchteile, dann richtete sich das Boot wieder auf. Die Druckluft zischte in die Tanks. 25 Meter, 24 Meter, 20 Meter, 10 Meter, das Turmluk war frei.
„Boot ist raus!" kamen die Meldungen aus der Zentrale in rascher Folge.
„Druckluft fest!" befiehlt der Kommandant, während er noch am Turmluk kurbelt. Das Luk sprang auf, flink waren wir auf der Brücke und blickten nach vorne. Nichts war zu sehen, wir blicken nach hinten, alles heil. Indem ich mich auf die Brückenverkleidung hangelte, will ich schon sagen, das ist noch einmal gut gegangen. Doch da fiel mein Blick vor den Turm. Ungefähr zwei Meter vor dem Turm war das Oberdeck aufgerissen, der Schnorchel war in zwei Teile zerlegt. Splitter vom Oberdeck lagen und hingen herum. Die Reling war total zu Bruch und der Netzabweiser weggerissen. Aufsteigende Blasen und zischende Luft ließen erkennen, dass Tauchzellen und Luftleitungen ebenfalls beschädigt waren. Das war eine schöne Bescherung, denn wir wollten noch am selben Tag, über Kristiansand, in den Atlantik auslaufen.

Doch der Augenblick war wenig zum Trauern geschaffen, es galt die notwendigen Maßnahmen zu treffen. Schnell wurde mit einigen Peilungen der Standort festgelegt. Der bewies zwar, dass wir außerhalb des Übungsgebietes standen, was uns jedoch nicht von der Schuld am Unfall freisprach, denn außerhalb der Tauchquadrate hatten wir unter Wasser nichts zu suchen. Wir wandten unsere Blicke dem Übeltäter zu, der wenige Sekunden nach uns aufgetaucht war und nun in Rufweite lag. Es war Meermeier (U 979), er hatte sich schon in der Heimat auf das Gebiet der Rammtaktik verlegt und schon beachtliche Erfolge in der Beschädigung eigener Boote erzielt. Jedoch war er immer schuldlos, auch in unseren Fall. Schweren Herzens liefen wir nach Horten ein und erstatteten Meldung. Zu unserer Freude stellten wir fest, dass unser Schwesterboot U 1221 ebenfalls mit einem Loch im Bauch dort lag. Ein anderes Boot hatte ihm beim Ablegen mit dem Tiefenruder die Tauchzelle 5 aufgeschnitten. So hatten wir jedenfalls einen Leidenskameraden. Unser damaliges Kriegstagebuch würdigte diese ungeheuer aufregenden Ereignisse mit folgendem kurzen Eintrag:

> 10.08.1944 / 08.21 Uhr / Horten Unterwasserhavarie mit U 979. Beschädigt
> wurde Schnorchelmast, Ausblaseleitung VIII, Tauchzelle 5, Netzabweiser,
> Oberdeck.

Noch am selben Abend lagen wir wieder in unserer kleinen idyllischen Bucht und wir lagen noch drei volle Tage da. Meist hatten wir Gesellschaft von Ulber, Meermeier oder Matuschka. Auch diese Boote durften noch nicht auslaufen, weil ein neues Funkgerät, der Kuriergeber, das unsere Boote zur Erprobung mitführten, nicht in Ordnung waren. Der per Flugzeug erwartete Ingenieur Berner, aus Deutschland vom Nachrichtenmittelversuchskommando (NVK), sollte die Geräte umgestalten. Und auf diesen Mann warteten wir.
Diese unfreiwillige lange Wartezeit, die infolge des Ausgangsverbotes für frontklare Boote einer Gefangenschaft oder Internierung glich, löste bei uns viel

Missstimmung und Ärger aus. Denn jeder vergeudete Tag hätte an der Front Erfolge bringen können.

Gegen die schlechte Laune wurde aber allerhand getan, wobei uns das schöne Sommerwetter zugute kam. Es wurde etwas exerziert, Reinschiff gemacht und was sonst einen noch einfiel, aber ansonsten wenig Dienst getan. Vor allem wurde viel gebadet, Wasserball gespielt, erbitterte Wasserschlachten mit U-Ulber und U-Matuschka ausgeführt. Und manchmal wurden wirkliche Höchstanforderungen an die körperliche Leistungsfähigkeit aller Beteiligten gestellt. Abends wurde im Offiziersraum Doppelkopf gespielt. Der Tag wurde dann mit einem erfrischenden Bad um Mitternacht bei Sternenfunkeln und dem Glitzern der phosphorisierenden Leuchttierchen beschlossen. Und am nächsten Morgen tauchte ich vor lauter Übermut unter dem Boot durch.

[niedergeschriebene Erinnerungen von Wolfgang Steinort]

» In Bergen «

Am 12. August erhielten wird den Befehl, zum Ausbessern der Schäden, nach Bergen in die Werft zu gehen. Am 13.08., einem Sonntag machten wir mit einem Schlauchboot eine kleine Expedition zur Küste unserer Bucht. Wir kletterten in den Wäldern herum, um uns die Beine zu vertreten. Schließlich wollten wir später behaupten können, in Horten an Land gewesen zu sein. Am 14. August um 14 Uhr verließen wir mit U 484 (Schaefer) und U 1221 (Ackermann) Horten. Um 15 Uhr nahmen wir ein Geleit auf, dass uns mit neun Seemeilen Marschfahrt nach Kristiansand brachte, wo wir um 05.30 Uhr am 15.08. festmachten. Wieder mussten wir einen Tag warten, ehe der Weitermarsch nach Bergen angetreten werden konnte.

Da bei Lister und vor Stavanger immer rege Fliegertätigkeit herrschte, wurde diese windige Ecke, an der schon manches U-Boot versenkt worden war, gerne bei Nacht umschifft. Deshalb verließen wir am 16.08. um 21 Uhr im Geleit von Räumbooten Kristiansand. Als ich um 04 Uhr die Wache übernahm, lagen wir vor Lister gestoppt. Teilweise wurde nur kurz mit den Maschinen angegangen, um in der Formation zu bleiben. Irgendetwas stimmte mit dem Geleit nicht. Es war eine unangenehme Situation, denn mit dem Funkmess-Gerät (FuMB) fassten wir mehrmals feindliche Luftortung auf. Wir wären bei Dämmerungsbeginn gerne an Stavanger vorbei in den verhältnismäßig sicheren Fjorden gewesen. Schließlich kam aber wieder Bewegung in die Linie. Ein Räumboot übernahm die Spitze, wir schlossen dicht auf, uns folgte Ackermann (U 1221). Dann ging es mit zweimal „Großer Fahrt" und manchmal noch mehr weiter. Wenn wir auch bei Helligkeit noch nicht ganz zwischen den Fjordbergen waren, so ging doch alles glatt. Im Laufe des Vormittags kam etwas diesiges Wetter auf, so dass wir dicht an das Räumboot herangehen mussten, um dieses gut im Auge behalten zu können. Wir versuchten in seinem Kielwasser zu bleiben, was vor allem bei den engen Durchfahrten, z. B. Haugesund, unbedingt nötig war. Die Fahrt machte richtig Spaß und fröhlich und guten Mutes machten wir um 13.30 Uhr in Bergen fest.

Der U-Stützpunkt Bergen war bereits auf unser Kommen vorbereitet. Nur kurze Zeit nach dem Festmachen verholten wir in den großen Bunker der Danziger Werft. Meine Bedenken und Befürchtungen, dass wir vor dem Eindocken noch die Torpedos ausladen müssten, trafen Gott sei Dank nicht ein. Wir mussten sofort von Bord, nachdem das Boot gut und sicher festgemacht worden war. Die Bunkertore wurden geschlossen und nur eine Stunde später lag unser U 1223 hoch und trocken aus dem Wasser. Die Reparatur konnte beginnen. Die Besatzung, mit ihren nötigsten Utensilien bepackt, machte sich auf den Weg zum U-Stützpunkt, der in Laksevag etwa eine halbe Stunde von der Werft entfernt lag. Dort bezogen wir das Besatzungswohnheim Nr. 1.

Eines möchte ich noch betonen, dass wir es als böses Geschick ansahen, gemeint war die Havarie in Horten, wohl trotz allen uns noch einmal zehn wundervolle, erlebnisreiche Ruhe- und Erholungstage beschert wurden, die wahrscheinlich keiner der Besatzung je missen möchte. Aber nach den arbeitsreichen und aufreibenden Tagen der Ausrüstung und der letzten Vorbereitungen unmittelbar vor den unbekannten Strapazen der langen Unternehmung, konnten wir die kommenden ruhigen Tage gut gebrauchen. Ja viele meinten, wir hätten sie sogar nötig. Es war als wollte uns das Leben noch einmal zeigen wie unsagbar schön es sein kann, bevor wir uns für lange Zeit freiwillig in unsere enge Stahlröhre verbannten. Ja man musste auch die Tatsache klar ins Auge fassen, dass wir vielleicht auch für immer Abschied nahmen.

Mit der Auswahl der Werft in Bergen hatten wir viel Glück. Denn jeder der einmal die Gelegenheit hatte, die zweitgrößte und zweifellos sehr schöne Stadt Norwegens kennen zulernen, würde sich ihrer immer wieder gerne erinnern. Diese herrliche Großstadt am weiten Fjord, umgeben von für norwegische Verhältnisse sanften Höhen mit großen Anlagen. Den hektischen Verkehr, der Luxus und das Gepräge einer pulsierenden Großstadt, mit der Föhnbahn und der ganzen herrlichen Umgebung, werde ich nie vergessen.

Auch der U-Stützpunkt Bergen in seinem ganzen Aufbau trug viel dazu bei, dass diese Tage so schön wurden. Die Gebäude waren alle im landesüblichen Stil erbaute Holzhäuser. Sie lagen scheinbar zwanglos aber doch in einer wohl durchdachten Ordnung an einem Berghang außerhalb des Ortsteils Laksevag. Um das Offizierskasino und Mannschaftshaus herum gruppierten sich die Wohnhäuser der Besatzungen. Jedes dieser Wohnhäuser war genau für eine U-Bootsbesatzung eingerichtet. Im unteren Stockwerk die Wohnräume, Bad und Tagesraum für die Mannschaften, oben dasselbe für Unteroffiziere und Offiziere. Das Mannschaftshaus enthielt Speise- und Kantinenräume für Mannschaften und Unteroffiziere, sowie Lesezimmer und Tischtennisraum. Auch ein Kinosaal fehlte nicht. Das Kasino zählte unbedingt zu den schönsten seiner Art. Geschmackvoll eingerichtete und behagliche Aufenthaltsräume, eine vorbildliche Mittagstafel im Speiseraum mit höflicher und wohl geübter Bedienung. Ein urgemütliches Frühstückszimmer, eine gut versorgte Bar und noch manch andere Erfindung der Zivilisation, machten ein gepflegtes und doch zwangloses Messeleben möglich. Es unterschied sich wohltuend von dem primitiven Bordleben auf einem U-Boot. Wir hatten in diesen Räumen wirklich schöne Stunden im Kameradenkreise erlebt. Ob bei einem frohen Trunk, bei Tischtennis oder Billard, am Schachtisch oder beim Skat, in einer stillen Ecke mit guter spannender Lektüre oder in ernsten oder heiteren Gesprächen mit guten Kameraden, immer war etwas geboten. Von unserer Crew V/41 waren auch mehrere anwesend. Ich erinnere mich noch an Eberhard Mitzlaff der auf U 315 (Zoller) I. WO war und Heinz Siewert, der als II. WO auf U 1163 (Balduhn) fuhr. Viel zur guten Stimmung trug auch der Oberleutnant zur See Zoller bei, der eben Kommandant von U 315 war, dass zur 11. U-Flottille in Bergen gehörte und hier stationiert war. Viele einzelne Begebenheiten habe ich vergessen. Aber ich erinnere mich daran, dass wir morgens häufig verkatert aufstanden und dass nach dem Mittagessen regelmäßig eine Partie Billard gespielt wurde. Und das der Obersteward bei den Tischtennisturnieren ungeschlagen blieb. Außerdem erinnere ich mich noch an eine Nacht, in der Eberhard Mitzlaff, Heinz Siewert und ich nach einer fröhlichen Zecherei in der Messe zu Siewert auf die Bude zogen. Dieser hatte uns nämlich verraten, dass er eine größere Menge besten Räucherlachs in der Stadt gekauft hatte. Wir haben dann alle Aale binnen kürzester Zeit verzehrt, ohne von irgendwelchen Essinstrumenten Gebrauch zu machen. Als ich dann im Dunkeln meiner Behausung zuwankte, schnappte mich eine Streife. Obwohl ich ihnen weder die Parole sagen, noch mein Soldbuch vorlegen konnte, haben sie nicht geschossen und mich auch nicht festgenommen. Wahrscheinlich habe ich bei ihnen keinen gemeingefährlichen Eindruck hinterlassen.

Während dieser Tage gönnten wir der Besatzung möglichst viel Ruhe. Außer dem regelmäßigen Wachdienst an Bord führten wir nur Sportdienst, Singen und kurze Unterrichtungen durch. Eine echte Sauna gab ihnen Gelegenheit sich innerlich und äußerlich zu erfrischen. Im Übrigen ließen wir ihnen in diesen Tagen viel Freizeit zum Ausgehen, Schlafen und Amüsieren. Mit dem Ausgehen war es insofern schlecht bestellt, da wir über kein blaues Ausgangszeug verfügten. Aber schließlich sind wir auch im U-Bootspäckchen losgezogen. Natürlich pieksauber und akkurat und ich glaube, das schlichte Maschinenpäckchen hatte auch einen guten Eindruck hinterlassen. Zumindest verfügte es, gegenüber dem feschen guten Anzug, eine ebenbürtige Anziehungskraft. Anlässlich eines kleinen Spazierganges am Sonntag konnte ich jedenfalls feststellen, dass fast alle unserer „Lords" recht nette und liebenswerte Begleitung bei sich hatten.

Wir benutzten so die freien Tage um uns zu vergnügen und zu erholen. Während wir das schöne Leben in vollen Zügen genossen, wurden in der Werft die Wunden unseres braven Bootes geheilt. Fleißige Hände und findige Köpfe flickten auch unseren Schnorchel wieder. Dieser hatte uns viele Kopfschmerzen bereitet, denn es war in Bergen nur mit allergrößter Mühe ein Stück nahtlos geschweißtes Rohr von der erforderlichen Größe aufzutreiben. Deshalb hatte vor allem die Bootsführung schwerste Befürchtungen, ob dieser geflickte Schnorchel auch die großen Belastungen und starken Schwingungen, denen er bei der Unterwasser-Dieselfahrt ausgesetzt ist, aushalten würde. Jedoch wider Erwarten, er hat gehalten. Obwohl U 1223 erst im Juli vollständig bemalt worden war, hatte das Boot schon nach so kurzer Zeit wieder einen starken Bewuchs bekommen, der ja bekanntlich gewaltig bremste. Deshalb kratzten wir unser Boot noch einmal ab und versahen es mit einem neuen Unterwasseranstrich, der sich schließlich für lange Zeit hervorragend hielt.

Am 27.08.1944 war dann alles klar. Wir verholten U 1223 aus dem Dock an die Pier irgendwo am Arsenal. Dort übernahmen wir noch einmal Proviant für vier Wochen, so dass wir insgesamt für über 20 Wochen Proviant an Bord hatten. Das Boot war voll gepackt bis in die letzten Winkelchen hinein. Wie es dann in so einem U-Boot aussah, wie genau und intensiv der Platz ausgenutzt werden musste, lässt sich nur schwerlich beschreiben. Das kann nur einer verstehen, der selbst etwas Ähnliches erlebt hat. Zirka 15000 Kartoffeldosen in Bug- und Heckraumbilge und 8000 Brotdosen in den Dieselraumbilgen mussten verstaut werden. Im Gang zwischen den Dieseln lief man auf mit Kondensmilchdosen gefüllten Holzkisten. Hinter den Dieselmotoren waren die Kanister mit Nährmitteln gestapelt. Auch hinter den Schalttafeln der E-Maschinen lagerten Kanister, hauptsächlich die mit ganz empfindlichen Nährmitteln. Fast alle Spinde waren voll mit Fleisch- Gemüse- und anderen Konserven. Im Bug- und Heckraum, sowie bei den E-Maschinen hingen Hängematten mit Frischbrot, daneben Speckseiten, Schinken und Dauerwürste. Unter allen Bänken und Tischen, ja in jeder freien Ecke standen Proviantkisten, so dass keiner wusste, wo man beim Essen die Füße lassen sollte. Selbst in den Kojen wurden besondere Kostbarkeiten verstaut. Kurz gesagt, wir waren voll beladen bis an die Grenzen des Möglichen, dass heißt, dass unser Boot nur noch in dem schweren Salzwasser des Atlantik tauchfähig war. Obwohl jede Dose genau registriert wurde, so war die ganze Arbeit der Proviantübernahme und des Verstauens doch nur das Werk weniger Stunden. Den jungen Männern die diese Arbeit und Organisation vollbrachten, durfte wohl die ehrliche Anerkennung ausgesprochen werden.

[niedergeschriebene Erinnerungen von Wolfgang Steinort]

» Der Ausmarsch zur 1. Feindfahrt «

Am Abend des 28. August 1944 war typisches Wetter für Bergen. Diesig, regnerisch und nasskalt. Um 19 Uhr verabschiedete uns der Flottillenchef der 11. U-Flottille Fregattenkapitän Hans Cohausz, der alleine nur mit dem Kapitänleutnant beim Stabe gekommen war. Er warf eigenhändig die letzte Leine los und die Feindfahrt begann.

Mit Geleit ging es durch die Fjorde bis wir bei Hellisö den freien Atlantik erreichten. Um 22 Uhr wurden wir aus dem Geleit entlassen und etwa 20 Minuten später tauchten wir zum Unterwassermarsch.

Ich selbst bin kurz nach den Verlassen von Bergen ins Boot gegangen, habe dort noch ein klein wenig für Ordnung gesorgt und begab mich dann in die Koje.

[niedergeschriebene Erinnerungen von Wolfgang Steinort]

» Die Probleme mit dem Schnorchel «

Um 00 Uhr am 29.08. begann meine Wache und um 00.30 Uhr haben wir dann mit unserer ersten Schnorchelfahrt begonnen. Das Schnorcheln war etwas gänzlich Neues für die Besatzung und Erfahrungen waren kaum vorhanden. Trotzdem sollten wir auf diese Weise England und die Island-Passage durchfahren und noch ein weites Stück in den Atlantik vorstoßen. Für uns galt, alles selbst ausprobieren und vor allem rasch Erfahrungen sammeln.

Bei der Schnorchelfahrt fuhr das Boot auf Sehrohrtiefe. Aber dabei machten die Dieselmotorengeräusche ein ständiges Horchen unmöglich. Deshalb musste der Sehrohrausguck bemüht sein, das U-Boot vor Überraschungen zu schützen. Wer nun weiß, was schon allein der Nachtausguck auf der Brücke bedeutet, der mag vielleicht verstehen, dass dieser Nachtausguck durch das Sehrohr eine nicht zu unterschätzende Anstrengung für das Auge, aber auch für die Nerven war. Schließlich sah man in der Nacht so gut wie nichts, dadurch waren die Ausgucke nervlich überanstrengt. Durch das Sehrohr, das ja einen ziemlichen Lichtverlust verursachte, wurde das Bild erheblich dunkler. Man konnte also weniger erkennen, ja in den ganz dunklen Nächten oft nicht einmal durch das lichtstärkere Nacht- und Luftzielsehrohr die Kimm ausmachen. Hinzu kam, dass sich durch geringe Schwankungen in der Tiefensteuerung des Bootes, die Augenhöhe und damit das ganze Bild ständig veränderten. Das dadurch Sterne am Himmel, die gerade noch unter der Kimm standen, Sekunden später auftauchten, dann wieder von Wellen verdeckt zu werden, manchen Ausguck stark irritierten und nervös machten. Außerdem flimmerte einem ständig mehr oder weniger das Phosphorisieren der kleinen Leuchttierchen vor Augen, die am Sehrohr vorbeispülen. Als letztes sei die große innere Spannung erwähnt, die jeden verantwortungsbewussten Sehrohrausguck bei Nacht beherrschte. Schließlich sind bei einer Brückenwache, die Ausguck hielt, mindestens vier Augenpaare da, die nach allen Seiten wachen. Am Sehrohr sah nur ein einziges Auge, das zudem nur einen ganz kleinen Sektor in der Horizontalen wie in der Vertikalen umfasst. In diesen Stunden am Sehrohr war man der völligen Unzulänglichkeit seiner Mittel vollauf bewusst. Aber der Wille war da, alles rechtzeitig zu erkennen, was Gefahr bedeutete.

So kam es, dass wir in diesen ersten Nächten am Sehrohr übernervös reagierten. Ich glaube unserem Kommandanten ging es genauso, denn während meiner ersten Wache war er überhaupt nicht aus dem Turm gegangen. Die meiste Zeit saß er am Angriffssehrohr, obwohl durch dieses noch weniger zu sehen war, als durch das vordere Sehrohr, an dem ich saß. Meiner Nervosität hatte ich es auch zu verdanken, dass ich während der ersten Nacht immer wie von einem elektrischen Schlag getroffen zusammenzuckte, wenn ich unseren Schnorchel an Steuerbord voraus als großen dunklen Schatten in Sicht bekam, dessen beide Rundumdipolstäbe wie zwei Masten eines Schiffes aussahen. Am Sehrohr nämlich verlor man jegliches Richtungsgefühl, vor allem wenn man mit ihm ein paar Mal herum war, ohne die Augen vom Okular genommen zu haben.

Vor allem unser Maschinenpersonal, mit dem Leitenden Ingenieur als Tiefensteuerleiter an der Spitze, musste sich gewaltig beim Schnorcheln umstellen. Schließlich entwickelte das U-Boot unter Wasser mit den beiden Dieselmotoren ganz andere Geschwindigkeiten, als wir bisher gewohnt waren. Zudem zeigte jeder Tiefenruderausschlag auch ganz andere Wirkungen. Die Tiefenrudergänger und der Tiefensteuerleiter sowie das gesamte Zentrale- und Maschinenpersonal müssen höllisch aufpassen und alles musste Hand in Hand arbeiten. Jeder Tendenz des Bootes musste frühzeitig begegnet werden, denn war das Boot beim Schnorcheln erst einmal im Steigen begriffen, durchbrach es meistens die Oberfläche. Wenn das Boot fiel, war es oft der Fall, dass es auf ganz erhebliche Tiefe sackte. Kam dann noch starker Seegang hinzu, steigerten sich die Tiefensteuerschwierigkeiten um ein Vielfaches. Nun war unser Leitender Ingenieur Georg Kuhlmann meist bemüht, möglichst wenig am Gewichtszustand des Bootes zu ändern. Schließlich war dieser bereits vorher für die Sehrohrtiefe einmal rechnerisch durch die Trimmrechnung und dann durch das Einsteuern genau festgelegt worden. Der Leitende benutzte nur im Notfall die Untertriebszellen, das aber nur ungern, weil es Druckluft kostete. Aber auch das Lenzen oder Fluten und Trimmen wurde nur ungern gemacht. Denn bei den gelegentlichen „Delphinen", die bei U 1223 auftraten, handelte es sich meist um Unaufmerksamkeiten der Besatzung oder augenblickliche und nur für kurze Zeit anhaltende Verhältnisse, die am besten mit dem Tiefenruder ausgeglichen wurden. Etwas anderes höchst Unangenehmes kam nun aber noch hinzu, denn wenn der Schnorchel einmal unterschnitt, schloss sich sofort das an ihm befindliche Schwimmerventil. Die Diesel saugten dann die zum Arbeiten notwendige Luft aus dem Motorenraum. Und so ein Diesel benötigte allerhand Luft. Innerhalb einer Minute konnte ein Diesel bei etwa 300 Umdrehungen in der Minute zirka 200 Millibar Unterdruck ins Boot saugen. Vor allem die Bootsführung musste dann gewaltig aufpassen und wissen, wo sich die Grenze der Leistungsfähigkeit der Besatzung befand. Im Augenblick, wo ein Mann, zum Beispiel der Fahrmaat am Diesel, das Bewusstsein verlor und umfiel, konnte das Boot rettungslos verloren sein. Doch wir an Bord hatten ein untrügliches Zeichen. Wenn der „lange Pipel", so wurde der Maschinengefreite Heinz Kretschmer genannt, im Gegensatz zu seinem Bootskameraden, dem Maschinengefreiten Günter Reddmann, dem „kurzen Pipel", dem Leitenden Ingenieur die letzte Mahlzeit auf den Anzug spie, wurde es höchste Zeit, den Diesel abzustellen. Es zeigte sich aber, dass dann das Barometer über 100 Millibar mehr Unterdruck anzeigte, als nach den Schnorchelvorschriften erlaubt war. Weitaus unangenehmer und körperlich auch schwerer verträglich war jedoch der Augenblick, wenn der Schnorchel nach dem Unterschneiden wieder die Wasseroberfläche durchbrach und meist schlagartig der Druckausgleich wieder hergestellt wurde. Da waren geplatzte Trommelfelle eine durchaus alltägliche Erscheinung. Unser Arzt, Dr. Peters, war der erste, der als Folge davon mit den Ohren piepsen konnte. Und ich glaube, keiner an Bord wird behaupten können, dass ihm nicht einmal bei diesem Scherz schwarz vor Augen geworden sei. Eine weitere Gefahr die ich erwähnen möchte, musste vor allem das Dieselpersonal durch scharfe Aufmerksamkeit und blitzschnelles Handeln begegnen. Beim Schnorcheln wurden die Abgase in die ebenfalls im Schnorchelmast befindliche Abgasröhre hoch geleitet und etwa einen Meter unter dem Schwimmerventil ins Wasser ausgestoßen. Schnitt nun das einmal unter, dann kam der Augenblick in dem die Diesel nicht mehr gegen die auf dem Auspuff lastende Wassersäule an arbeiten konnte. Somit traten dann mehrere Möglichkeiten ein. Entweder es blieb einfach stehen, oder aber es drang, während der Motor noch lief, Wasser in die Zylinder ein. Diese äußerst unangenehme Folge nannte man kurz Wasserschlag. Fast immer aber atmeten die Diesel dann die letzten ihrer Luftzüge in das Bootsinnere aus und erfüllten dieses mit seinem ekelhaften Qualm. In dieser Luft war das gefährlichste, vor allem Kohlendioxidgas, reichlich enthalten. Dem Menschen raubt dieses Gas die Entschlussfähigkeit, bevor sie daran zugrunde gehen.

[niedergeschriebene Erinnerungen von Wolfgang Steinort]

» Auf Feindfahrt – die Erbsensuppendusche «

Wir fuhren getaucht und schnorchelten, um die Akkus aufzuladen. Es herrschte Windstärke 7 bis 8. Unser Koch hatte seine berühmte Erbsensuppe auf dem Herd. Die Temperatur in der Suppe durfte so bei 95 Grad gelegen haben. Ich hatte Freiwache. Was machte ein Freiwächter? Er legt sich lang. Die Entfernung von Koch, Kombüse und Erbsensuppe bis zu mir betrug etwa zwei Meter.

Plötzlich Unterdruck im Boot. Ein gewisses Knacken in den Ohren der Matrosen, dasselbe Knacken auch in denen der Portepeeträger, wie der – „Stürkuddel" (Steuermann) immer betonte -, sogar beim „Alten" knackte es. Fast alle waren ein bisschen beknackt, nur der Koch nicht. Er hatte keine Bohnen in den Ohren, sondern die halbgaren Erbsen. Aber, nicht nur dort waren sie. Viele lagen friedlich nebeneinander auf den Flurplatten, auch vor meiner Koje, wohin sich sogar der Topfdeckel begeben hatte. „Stürkuddel" (Obersteuermann Peter Ternes) und „Dieselhelm" (Dieselobermaschinist Max Helm) begutachteten den Schaden und schätzten: 3 bis 5 Reichsmark.

Doch was war eigentlich passiert?
Ein ganz einfacher physikalischer Vorgang war der Grund: Die Erbsensuppe in dem großen Topf befand sich kurz vor dem Sieden. Dadurch, dass der Luftdruck im Boot sank, sank auch der Siedepunkt. Überall im Topf bildeten sich Dampfblasen. Sie wollten so schnell raus aus dem Topf, dass sie sogar die Knochen aus der Suppe mitrissen. Der Koch holte seine treuesten Helfer, um den Schaden zu beheben. Außer ein paar Brandblasen blieben keine Folgen. Das Essen fand etwas später statt. Der Freiwächter Blank konnte liegen bleiben.

[niedergeschriebene Erinnerungen von Hans-Hinrich Blank]

» Die Warzen von Theo Sauer «

Genau wie beim Fahrrad, das wir ja auf unserer Reise nach Kanada nicht mitnehmen konnten, war die Herkunft von Theos Warzen auch ein Rätsel. Er bekam sie an beiden Händen, innerhalb von Tagen mehr als zwanzig. Nun war Doktor Peters gefragt, der bisher zur Untätigkeit verdammt gewesen war. Da er die Koje über mir als Bewohner benutzte, hat er mir verraten, was in Sachen „Warzenbefall" zu tun sei. Der Doktor schlug vor, den Patienten in der Offiziersmesse zu behandeln. Er erwähnte, dass es sich um eine nicht unblutige Angelegenheit handeln würde. Außerdem wollte er ihm keine Vollnarkose verabreichen. Nun ist ja besonders in der Marine eine Methode bekannt, jemanden schmerzunempfindlich zu machen und das ist die Flasche, genau wie bei Babys. Wenn sie die Flasche sehen, hören sie augenblicklich auf zu schreien. Als Theo die Flasche sah, wurde auch er merklich ruhiger. Als Einziger durfte er vor der Prozedur eine halbe Flasche Rum zu sich nehmen, die der Doktor ihm in mundgerechten Portionen einflößte.

Der Funkmaat Neumann fungierte als Sanitätsgefreiter gleichen Namens. Er und ich sahen sehnsüchtig auf das Narkosemittel, aber der Doktor blieb hart. Wir durften nur daran riechen. Wir holten zwei Wolldecken, legten sie auf die Back und darauf den Theodor. Nach etwa 20 Minuten, meinte der Doktor, konnte operiert werden. Das Instrument, das der Doktor benutzte, war ein kleiner Löffel von 6,5 mm Durchmesser mit scharfen Rand. Einer hielt Theos Hand. Sehr geschickt und schnell setzte Doktor Peters an und löffelte die erste Warze aus, indem er sie an der Wurzel packte und in einen bereitgehaltenen Eimer bugsierte. So ging es weiter. Die Hand wurde verbunden und der Patient entlassen. Er durfte sich in die Koje legen und seinen Rausch ausschlafen. Dann kam der Koch mit dem Essen.

Ach ja, die andere Hand? „Die machen wir morgen", meinte der Doktor. Das brauche ich nicht mehr zu beschreiben. Oder wollt ihr es noch mal hören? Also, Theo hat auch das überstanden, er wollte diesmal nur eine etwas stärkere Narkose.

[niedergeschriebene Erinnerungen von Hans-Hinrich Blank]

» Vor Island war es wohl «

Wir hatten seit Tagen schweren Sturm und entsprechend hohen Seegang. An eine Standortbestimmung war nicht zu denken, kein Stern zu sehen. Nur, wenn sich jemand den Kopf stieß, sah er mehrere. Die Satellitennavigation war noch nicht erfunden. Wir wollten gern wissen, wo wir uns befanden. Also erst einmal tauchen, auf 30 Meter gehen und das Echolot anwerfen. Durch dauerndes Tiefenmessen wollten wir ein Tiefenprofil erstellen. Unser Funker Horst Claus, oder wer hörte als Erster, dann alle anderen: Waren wir auf Grund gelaufen? Wo war hier eine Sandbank? Nach der Seekarte sollte es hier mehr als tausend Meter tief sein. Aber irgendetwas schurrte an der Bordwand! Vorsichtig gingen wir tiefer. Es schurrte immer noch. Der Klabautermann konnte es nicht sein, er taucht nicht so tief. Aber das Echolot zeigte immer noch „Null". – Plötzlich hörte das Geschurre auf, das Lot zeigte 1500 Meter. Nun ging das Raten los. Eine Sandbank war es nicht. Logisch! – Wie ein Seemann konstatierte. Das Boot hatte sich auf Tuchfühlung mit einem Heringsschwarm befunden. Zur Bestätigung machten wir eine Kursänderung um 180 Grad und warfen ein Netz aus. Nach kurzer Zeit war das Netz so voll, wie das des Fischers „Petrus" auf dem See Genezareth. Wir mussten sogar einen großen Teil der Fische wieder über Bord werfen, um noch tauchfähig bleiben zu können.

[niedergeschriebene Erinnerungen von Hans-Hinrich Blank]

» Auf der Neufundlandbank war es wohl «

Als wir Kanada erreichten, herrschte dichter Nebel und wir befanden uns inmitten von vielen Fischerbooten, die von der Neufundlandbank in den St. Lorenz-Golf fuhren. Als wir uns auf der Rückreise befanden, die Albert Kneip bei Karnevalsbeginn (11.11.) angeblasen hatte, herrschte auch Nebel auf der Neufundlandbank. Es war Tag, die Fischer noch bei der Arbeit. Wir wollten nicht stören. Eine Korvette, oder war es ein Zerstörer, lag mit „beide zweimal Stopp" ganz friedlich auf der Bank. Erich Czernia sah ihn als erster und rief: „Der Ankerball ist sogar ohne Glas zu sehen!"

Wir machten gerade Wachwechsel. Der Smut auf dem Zerstörer wollte wohl zu Mittag frischen Fisch auftischen und wartete noch auf das Eintreffen eines Fischerbootes. Wir hatten ja noch Fisch genug (siehe zurückliegendes Kapitel) und wollten nicht stören. Also tauchen. Außerdem wollten wir uns bei der geringen Wassertiefe nicht in Gefahr begeben. Es hätte doch sein können, dass der Kanadier uns entdeckte, seiner Besatzung die Mittagspause verdarb, „Anker auf" ging, um uns mit diesen komischen Blechbüchsen zu bewerfen, die sie

„Ladungen" und wir „Wabos" nennen. Wenn jetzt jemand fragt: „Warum habt ihr ihn denn nicht torpediert?", sage ich:

> „Auf ein vor Anker liegendes Boot schießt man nicht – und schlafende Hunde soll man nicht wecken."

[niedergeschriebene Erinnerungen von Hans-Hinrich Blank]

» Die Sache mit der „Wilhelm Gustloff" «

Anfang 04. Januar 1945 ging es von Flensburg nach Königsberg / Ostpreußen in die Schichau-Werft. Dort begann für U 1223 die große Werftliegezeit. Nach dem das Boot routinemäßig an die Werft übergeben war, wurden die Reparaturarbeiten unverzüglich aufgenommen. Stabs-Arzt Dr. Karlheinz Peters kam sofort auf ein neues, mir unbekanntes Kommando. Er war am 30.01.1945 an Bord der „Wilhelm Gustloff" und hat überlebt. Der Kommandant Albert Kneip, Leitender Ingenieur Georg Kuhlmann, der I. Wachoffizier Wolfgang Steinort und der E-Obermaschinist Max Drensler und etwa die Hälfte der Unteroffiziere und Mannschaften gingen im I. Törn in den Urlaub.

Am 27.01.1945 trennten die Russen bei Heiligenbeil Ostpreußen vom Rest Deutschlands.

Vom Admiral Ost wurde uns am 28.01.1945 der Befehl gegeben unser Boot von U 539 / Lauterbach-Emden nach Westen schleppen zu lassen. Es herrschten zirka 30 Minusgrade und auf dem Seekanal standen ungefähr 40 Zentimeter Eis. Bis Pillau waren die Schleppleinen mehrmals gebrochen und unter den vorgenannten Umständen kaum zu verknoten. Auch unsere Batterien waren durch das mehrmalige manövrieren leer gefahren. In Pillau konnten wir zwar unsere Batterien wieder aufladen, bekamen aber keine neuen Schleppleinen. Schließlich konnten wir doch noch am gleichen Tage in See gehen und kamen über die Treibeisgrenze in das freie Wasser. Es herrschte orkanartiger Sturm mit Windstärke 10 bis 11. Als nun in den stärker werdenden Seegang die Leinen ein letztes Mal auf der Höhe von Hela brachen, war das Vorschiff nicht mehr zu betreten, so vereist war es. Zu allem Überfluss bekam U 539 die Trosse in eine Schraube und war dadurch selbst nur noch beschränkt einsatzklar.

So wurden wir hilflos wie eine Waschbalje von dem Oststurm nach Westen getrieben. In der Nacht und am anderen Tage trieben wir mit etwa 20 Seemeilen Abstand an Rixhöft vorbei. Die Brückenwache hatte ich mir mit dem II. WO Hans-Hinrich Blank geteilt. Ein Maat und zwei Matrosen waren ebenfalls immer auf der Brücke. Es kam dann so, dass ich die Abendwache hatte und der II. WO mich zur Mitternacht ablöste. Im Boot war es eiskalt. Wir konnten in jedem Raum nur noch eine Lampe brennen lassen, die Kombüse blieb ebenfalls kalt. Lediglich einmal täglich gab es heißen Tee. Ich kroch mitsamt dem Pelz in meine Koje. Nach etwa 20 Minuten erging dann der Ruf in das Boot: „Obersteuermann auf die Brücke!" Als ich eben den Kopf aus der Turmluke steckte, sagte einer der Männer: „Jetzt taucht er weg!" Der II. Wachoffizier erklärte mir, dass ein offenbar fremdländisches U-Boot uns mehrmals mit der Klappbuchs angerufen habe. Ich sollte helfen den internationalen Morsespruch zu entziffern. Ich ließ nun mit letzter Batteriekraft und nur einer E-Maschine U 1223 auf Kurs bringen, um die schmale Silhouette zu zeigen. Wir erwarteten einen Torpedoschuss. Als nach einiger Zeit nichts geschehen war, waren wir der Meinung, dass das fremde U-Boot aus dem gleichen Grund abgelaufen war. Wir trieben in unserem hilflosen Zustand noch zwei Tage weiter und waren dabei näher an die Pommersche Küste gekommen. Schließlich wurde ein Hafenschlepper aus Stolpmünde beordert, der uns auf den Haken nahm und nach Swinemünde in den Hafen brachte. Erst hier erfuhren wir von der Versenkung der „Wilhelm Gustloff". Der II. WO und auch ich kamen zu den Schluss, dass das U-Boot, welches die „Wilhelm Gustloff" versenkte, das gleiche Boot sein musste, dem wir einige Tage zuvor begegnet waren.

[niedergeschriebene Erinnerungen von Peter Ternes]

» Die letzte Reise von U 1223 «

Von Swinemünde kamen wir nach Stettin in die Werft. Der I. Urlaubstörn kam zurück und der II. Törn ging von Stettin aus in Urlaub. Als dann auch der II. Törn Mitte März 1945 vom Urlaub zurückkam, war U 1223 schon weg. Die Rote Armee beschoss bereits die Randbezirke von Stettin. Hier werden wir zur 33. U-Flottille nach Flensburg in Marsch gesetzt. Aber nach zirka einer Woche ging es wieder über Pasewalk zurück nach Swinemünde, wo wir unser Boot neben den Flakkreuzer „Ariadne" und dem Hochseeschlepper „Wotan" in der Kaiserfahrt wieder fanden. Einige Kameraden und ich mussten auf dem Schlepper „Wotan" einsteigen, da dort einige Heizer leicht verwundet waren. Später liefen wir von Swinemünde im Schleppzug „Wotan", „Ariadne" und U 1223 wegen der anrückenden Sowjet-Armee nach Travemünde aus. Die „Ariadne" blieb in Travemünde am Seebahnhof an der Pier liegen. Mit dem „Wotan" schleppten wir U 1223 über Kiel, wo wir einige Luftangriffe mitmachten, in die Seebeck-Werft nach Wesermünde. Am 16. April 1945 stellten wir dort U 1223 außer Dienst. Der größte Teil unserer Besatzung wurde unter dem Kommando von Oberleutnant zur See Wolfgang Steinort nach Neustadt in Holstein in Marsch gesetzt. Der Rest, darunter auch ich, stieg in Wesermünde auf andere Boote um. Ich weiß von diesem Boot nur noch, dass es ein VII-C-Boot war. Als wir am 28.04.1945 nach Cuxhaven ausliefen, waren auf U 1223 Werftarbeiter damit beschäftigt das Boot zur Versenkung vorzubereiten. Ich selbst sprach mit ihnen. Nach unserem Auslaufen war ein Luftangriff auf Wesermünde. Von Cuxhaven aus liefen wir nach Helgoland, wo wir die Kapitulation erlebten. Über Wilhelmshaven kam ich dann nach Stranraer in englische Gefangenschaft, aus der ich im Oktober 1946 entlassen wurde.

[niedergeschriebene Erinnerungen von Günther Barck]

» Das Radargerät «

Zur Abholung eines neuen Radargerätes erhielt ich einen Marschbefehl, mit Maat Günter Winkel nach Hamburg zu fahren. Kurz vor Kriegsende eine abenteuerliche Reise. Sie begann in Wilhelmshaven über Cuxhaven nach Hamburg. Zwei alliierte Flugzeuge schossen auf die Lokomotive. Es zischte kurz, der Zug blieb liegen vor Himmelpforten, in der Nähe der alten Kirche von Burweg. Die Tochter von Pastor Pape, die ich aus der Schulzeit in Stade kannte, kam mit einer Milchkanne voll Wasser am Fahrrad und versorgte die Passagiere, die Deckung hinter dem Bahndamm gesucht hatten. Dort im Gras lag auch Oberleutnant Servais Cabolet, Kommandant des VII-C-Bootes U 907, das in Norwegen überholt wurde. Er selbst befand sich im Urlaub und wollte gerade wieder zurück nach Norwegen reisen. Aber Maat Winkel war verschwunden, er hatte wohl den Dienst satt. Ich habe ihn erst wieder nach dem Krieg gesehen.

Weiter ging es nach Hamburg. Das Radargerät war nicht mehr dort, wo ich es in Empfang nehmen sollte. Ich erhielt Order wieder zurück nach Wilhelmshaven zu fahren. Auf der Strecke nach Cuxhaven kam ich zunächst nur bis Harburg. Kein Zug mehr da. Im Wartesaal saßen auch schon viele Flüchtlinge aus Ostpreußen, die völlig übermüdet waren. Die Zivilisten und auch wir Soldaten nahmen die kleinen Kinder auf dem Schoß. Sie schliefen sofort ein. Am Tisch saß auch eine Studentin aus Stade. Wir stiegen dann nach einigen Stunden Wartens zusammen in den Zug Richtung Cuxhaven, der aber nur bis Stade fuhr. Die Studentin nahm mich mit. Ihr Schwager war Chefarzt des Stader Krankenhauses. Von meiner Marschverpflegung konnte ich großzügig etwas abgeben, weil man mich wegen der zu erwartenden Reiseverzögerungen reichlich versorgt hatte. Am nächsten Tag erreichte ich Wilhelmshaven.

[niedergeschriebene Erinnerungen von Hans-Hinrich Blank]

» Auf einem anderen U-Boot «

Nach der Außerdienststellung von U 1223 hatte ich noch die Aufgabe, die Geheimsachen zu vernichten. Einige halfen mir, alles auf die Pier zu schleppen und zu verbrennen.

Danach ging alles ziemlich durcheinander. Kapitänleutnant Hans Hilbig, der Kommandant von U 1230, suchte einen neuen II. Wachoffizier. Das wurde ich. Mit mir kamen noch einige der U 1223-Besatzung auf U 1230. Mit U 1230 ging es nach Rendsburg, Proviant übernehmen. Wieder die Flieger. Und wer hatte Wache? Natürlich Blank!

Bei einem Fliegerangriff wird sofort mit „äußerster Kraft" gefahren. Aber im Nordostseekanal, dem damaligen Kaiser-Wilhelm-Kanal? Bei einem U-Boot mit fünf Meter Tiefgang fördern die Schrauben das Wasser unter dem Heck weg, neues kann nicht schnell genug nachlaufen, das Heck senkt sich, der Bug steigt. Ehe der Kommandant auf der Brücke war, lief das Boot aus dem Kurs auf die Uferböschung zu. Also: Trotz Fliegerangriff Maschinen stoppen! Dann langsame Fahrt! Das Boot kam wieder hoch und ließ sich wieder steuern. Beim nächsten Angriff wurde ein Mann am Kopf getroffen. Er stand hinter mir, die Splitter des Geschosses gelangten auch in meinen Rücken. Ich merkte zunächst nur einen heftigen Schlag. Ein weiterer Angriff erfolgte Gott sei Dank nicht. Wir fuhren weiter, durch die Schleuse in Brunsbüttel, Elbe abwärts nach Helgoland.

Dort lagen wir nun. – Was tun? – Sollten wir auslaufen? – Aber wohin? Dann kam die Kapitulation. Alles wurde schlechter. Nur eins wurde besser. Es wurde nicht mehr geschossen. Nach der Aufforderung der Sieger: Alle Schiffe den nächsten Hafen anlaufen! - blieben wir einfach in Helgoland um abzuwarten was auf uns zukam.

[niedergeschriebene Erinnerungen von Hans-Hinrich Blank]

» Das Kriegsende – Infanterieeinsatz bei Neustadt «

Nachdem wir unser U 1223 außer Dienst gestellt hatten, bekam ich meine letzte Aufgabe, die mir im Kriege gestellt wurde. Sie hatte nichts mehr mit Marine oder Seefahrt zu tun. Meine eigentliche Tätigkeit als Marineoffizier war jetzt mit der Außerdienststellung unseres Bootes und der Auflösung der Besatzung beendet.

Am 20. April 1945 kam ich mit meinem Teil der U 1223-Besatzung in Neustadt in Holstein an. Hier wurde begonnen Marine-Landeinheiten aufzustellen und auszubilden. Ich erhielt den Befehl, oder besser gesagt, wurde ich aufgrund meiner freiwilligen Meldung mit der Führung eines Panzerjagdzuges betraut. Wir Offiziere waren damals schon der Ansicht, dass diese Maßnahme viel zu spät ergriffen worden war. Hatten doch viele von uns bereits im Januar und Februar erkannt, dass eine Fertigstellung unseres Bootes in den schwer angeschlagenen und immer wieder neuen Angriffen ausgesetzten deutschen Werften, aussichtslos war. Einige von ihnen bemühten sich da schon, Einsatzkommandos an Land zu bekommen. Doch diese Ansichten und Vorstellungen wurden seitens der Marineführung energisch abgelehnt.

Doch trotz allem war die Stimmung und Haltung der Soldaten in Neustadt die denkbar Beste. Offiziere und Männer der neu aufgestellten Verbände wollten noch das Beste geben. Sie versuchten alles daran zu setzen, um noch in letzter Minute entscheidende Erfolge zu erringen. Der Infanteriezug, den ich führte, bestand nur aus Unteroffizieren, darunter auch die Unteroffiziere von unserem Boot, mit Ausnahme von Funkmaat Herbert Altrock. Die Gruppenführer waren Oberfeldwebel, die erste Gruppe führte Huntscher. Mit solch ausgesuchtem Personal wäre es ohne weiteres möglich gewesen, Erfolge gegen den Feind zu erringen.

In Neustadt wurde nun mit einem wahren Feuereifer mit der Ausbildung begonnen, die große Anforderungen an uns alle stellte. Denn wir waren ja den körperlichen Anstrengungen des Infanteriedienstes völlig entwöhnt. Zum anderen wurde die Ausbildung zwar forciert, aber auch sehr häufig arg übertrieben. In dem anstrengenden und harten Ausbildungsdienst fand ich an fast jedem Abend Ausspannung und Erholung in der Wohnung unseres Leitenden Ingenieurs Georg Kuhlmann, der hier mit seiner Frau wohnte. Wir saßen oft bis in die tiefe Nacht hinein, sprachen von vergangenen schönen Tagen in Schloss Holstein, kramten unsere Erinnerungen und kleinen Erlebnisse aus Kindheit und Schulzeit hervor. Erzählten von den Eltern und Geschwistern. Immer wieder aber verdrängten wir die Sorgen um den Ausgang des Krieges, um die dunkle Zukunft und Ungewissheit über das Schicksal unserer Lieben.

In diesen Tagen Ende April 1945 waren die Alliierten bereits tief in Deutschland eingedrungen. Die Fronten waren zerschlagen und in Auflösung begriffen. Der Kampf um die eingeschlossene Reichshauptstadt Berlin war auf dem Höhepunkt angelangt. Es war uns allen klar, dass dieser Krieg mit den bis dahin eingesetzten Waffen und militärischen Machtmitteln nicht mehr zu gewinnen war.

Am 02. Mai 1945 ereilte uns die Nachricht vom Tode Hitlers. Sie zerstörte alle unsere letzten Hoffnungen. Als uns der Aufruf unseres Großadmirals Karl Dönitz, der nach dem Tode von Adolf Hitler neuer Reichskanzler wurde, erreichte, war auch mir die erschütternde Tatsache klar, dass wir diesen Krieg verloren hatten. Es war mir aber auch klar, dass es jetzt galt, eisern die Truppe weiterzuführen. Die Disziplin musste weiter aufrechterhalten werden. Schließlich sollte nicht ein unabsehbares Chaos am Ende des Krieges entstehen. Dieses musste für unsere Männer getan werden. Die Soldaten meines Zuges hatten mich sofort verstanden, als ich ihnen klarmachte, dass wir jetzt im letzten Augenblick die Ehre des deutschen Frontkämpfers nicht besudeln dürften. Wir mussten bis zum bitteren Ende aushalten, so dass wir unseren Kameraden, die noch im Osten kämpften, keine Schande bereiteten. Es hatte mich keiner von ihnen enttäuscht. Mit diesem Willen im Herzen, führten sie noch die letzten Befehle aus.

Am 02. Mai nachmittags rückten wir dann von Neustadt aus und bezogen die Stellung bei Neusüsel, die wir an den Vortagen selbst gebaut hatten. Aus der Geländeübung wurde aber nichts mehr, denn die Engländer standen bereits vor Lübeck und sollten nach Aussagen zurückgehender Einheiten schon bei Bad Schwartau stehen und darüber hinaus an der Küste entlang in Richtung Neustadt vorgehen. Am Nachmittag wurde Gefechtsbereitschaft befohlen. Bei unserer höheren Führung musste ein heilloses Durcheinander herrschen, denn es kamen die widersinnigsten Befehle, die alle auszuführen ein Ding der Unmöglichkeit war. In kürzester Zeitfolge wurde befohlen: Stellung räumen, Stellung wieder besetzen, auf Engländer und Amerikaner nicht schießen, Vorbereitungen treffen, um die Waffen schnell aber dauerhaft zu verstecken, Stellung halten bis zum letzten Mann, gegen jeden Gegner usw.

Die Ausrüstung mit Waffen und Verpflegung war lächerlich. Zurückgehenden Einheiten, die sich bereits in Auflösung befanden, ließ ich die Waffen abnehmen. Damit gelangte ich auf einen Bestand von etwa 30 Panzerfäusten, ein paar Hundert Handgranaten, zwei Maschinengewehre, 15 Sturmgewehre, einige Maschinenpistolen und einem Haufen Gewehre mit genügend Munition. Nach Aussagen von Fachleuten der Infanterie war unsere Stellung günstig gewählt und gut angelegt. Kurz gesagt, hier war eine Verteidigung für kurze Zeit erfolgreich durchführbar.

Der 03. Mai kam heran. Am Morgen vom Gegner keine Spur, doch rückte dieser im Laufe des Tages über den Timmendorfer Strand, ohne Gegenwehr heran. Gegen Mittag kam unser Kompanie-Chef zu mir und brachte allerlei halbamtliche Gerüchte mit, auch über einen Waffenstillstand in unserem Abschnitt und vieles mehr. Aber klare Befehle über eine Feuererlaubnis oder nicht, brachte er nicht mit. Am frühen Nachmittag marschierte der Gegner, mit etwa 15 Panzern, durch Haffkrug auf Neustadt zu. Ebenfalls vorrückende gegnerische Panzer wurden von der Kompanie im Süseler Raum gemeldet. Und Haffkrug lag nur 1,5 Kilometer von meiner Stellung entfernt. Die eigene Führung reagierte auf all unsere Meldungen überhaupt nicht. Der letzte Befehl lautete: Stellung gegen jeden Gegner verteidigen.

Am späten Nachmittag sammelte der Gegner in Haffkrug seine Kräfte, die mit ihren Spitzen auf der zu uns führenden Straße standen. Ich wollte nun unbedingt klare Anweisungen haben, denn die auf mir lastende Verantwortung war erdrückend. Bei Widerstand von unserer Seite hätten wir vielleicht zwei oder drei Panzer vernichtet und den Gegner die Nacht über aufhalten können. Da sich aber schon am Abend in Haffkrug zirka 30 Panzer und 15 Panzerspähwagen gesammelt hatten, sowie motorisierte Infanterie mit Granatwerfern und Infanteriegeschützen im Anrollen über Timmendorfer Strand waren, wäre mein Infanteriezug am kommenden Morgen binnen kurzer Zeit aufgerieben worden. Außerdem war sicher, dass bei diesen Kämpfen der noch völlig unbeschädigte Ort in Schutt und Asche gelegt worden wäre. Ferner lag im Dorf eine Versehrten-Einheit von weit über 100 schwer versehrten Offizieren, die ebenfalls aufs Spiel gesetzt worden wären. Dieses sinnlose Opfer konnte und wollte ich nicht auf mich laden. Sinnlos war es darum, weil die Engländer bereits in Neustadt waren. Zudem hatten sie die Straßen nach Eutin und Kiel in Besitz genommen. Deshalb waren wir bereits umgangen und unsere Stellung war damit strategisch völlig wertlos geworden. Auf Grund dieser Überlegungen und der Vorstellungen des Kommandeurs der Versehrten-Einheit, eines kriegserfahrenen Oberstleutnants, begab ich mich zurück zum Bataillons-Gefechtsstand, um mir persönlich klare Anweisungen zu holen.

Ich fand die Herren gemütlich mit Damen um einen gut gedeckten Kaffeetisch versammelt. Rasch konnte ich feststellen, dass keiner auch nur annähernd über die Lage orientiert war. Ich wurde gar nicht groß angehört, sondern mit dem Befehl Widerstand zu leisten, entlassen. Als ich diesen Befehl erhielt, schickten schon andere Chefs unseres Bataillons ihre Soldaten nach Hause. Die Nachbarkompanien neben uns verließen ihre Stellungen und gingen mit einigen eigenen Panzern, die zu unserer Unterstützung bereitgestellt waren, zurück. Noch niemals zuvor während meiner ganzen Dienstzeit hatte mir eine übertragene Verantwortung so schwer zu schaffen gemacht. Sollte ich mit meinen Männern Widerstand leisten oder nicht. Schließlich kann diesen Zwiespalt nur einer verstehen, der sich jemals in einer ähnlichen Lage befunden hat und dieselbe soldatische Pflichtauffassung in sich trägt.

Doch es kam nicht mehr zum Kampf, denn gegen Abend überbrachte man mir den Befehl, sofort alle Waffen zu vernichten und die Soldaten zu entlassen und nach Hause zu schicken. Als ich diesen Befehl erhielt, wurde mir sofort klar, welche Gefahr sich in dieser wilden und planlosen Entlassung der Soldaten verbarg. Trotzdem kam ich den Befehl sofort nach, befreite er mich doch von der fast erdrückenden Verantwortung. Ich habe alle meine Soldaten mit einer ordentlichen, einem Dienstsiegel versehenen Eintragung im Soldbuch wegge- schickt. Damit konnten sie niemals in Verdacht der Fahnenflucht kommen. Der Abschied von meinen alten treuen U-Boots-Unteroffizieren ging mir verdammt nahe.

Dieses alles spielte sich so überstürzt ab, dass ich erst zur Besinnung kam, als ich mit Huntscher allein in der Stube meines Gefechtsstandes saß. Mir war in diesem Augenblick, als ich so von all' den braven Kerls verlassen dastand, hundeelend zu Mute. Bei einer Bäuerin tauschte ich schnell meinen kleinen Handkoffer in einen alten Rucksack ein. Um besser marschieren zu können, kramte ich diesen mit ein paar Habseligkeiten voll und stiefelte dann mit Hunt- scher in Richtung Süsel ab. Und während wir beide auf der menschenleeren Straße dahin marschierten, richtete ich meine Gedanken auf das was vor mir lag. In wenigen Minuten hatte ich meinen Entschluss gefasst. Mein Ziel war, solange wie möglich mich der Gefangennahme zu entziehen und zu versuchen mich zu einer eigenen Truppe durchzuschlagen. Diese Truppe fand und wusste ich bei meiner alten Flottille, der 33., in Flensburg. Geführt von dem von mir und allen seinen Untergebenen verehrten Korvettenkapitän Günter Kuhnke. Den Weg den ich mir dabei vornahm, war bei nüchterner und sachlicher Über- legung kaum Erfolg versprechend. Ich bin ihn aber trotzdem gegangen und ha- be Erfolg gehabt, allerdings hatte ich in erster Linie Glück gehabt.

[niedergeschriebene Erinnerungen von Wolfgang Steinort]

» Flucht vor der Gefangennahme «

Noch vor Süsel nahm ich Abschied von meiner guten 08-Pistole und wenig spä- ter von meinem Doppelglas, das ich viele Male auf der U-Boots-Brücke getra- gen hatte. Die Engländer hatten die Straße Süsel-Neustadt in Süsel besetzt und griffen dort alle passierenden, entlassenen Soldaten auf. Die deutschen Soldaten wurden ausgeplündert und das ziemlich rabiat. Danach jagten sie alle, bis auf die Offiziere, die sie fassten und einsperrten, davon. Huntscher und ich umgin- gen diese Sperre und gelangten dann bei Süseler Baum sicher über die Chaus- see. Hier trennten wir uns, denn Huntscher wollte nach Lübeck, während ich die Richtung nach Norden einschlug, wo ich die Küste bei Howacht über Lütjen- burg erreichen wollte. Von Süseler Baum ab benutzte ich nur noch Landwege oder ging nach Kompass oder Sternen querfeldein. Meine Feldbluse ließ ich im

Rucksack verschwinden und verwandelte die Uniform in ein echtes Räuberzivil.

Es galt so schnell wie möglich die Küste zu erreichen, da ich vorrückende Engländer bei Süseler Baum auf der Straße nach Eutin gesehen hatte. Deshalb nahm ich an, dass der Gegner von Neustadt über Oldenburg vorrücken würde, um dann von beiden Seiten bei Lütjenburg die Zange zuzumachen. Ich marschierte bis tief in die Nacht hinein und kam auch gut vorwärts. Etwa gegen Mitternacht fand ich auf einem großen Heuhafen ein weiches Lager und schlief, bis mich etwa gegen fünf Uhr früh die Sonne, aber auch die Kälte und der Morgentau weckten. Sofort setzte ich meinen Marsch fort und ohne die geringste Rast erreichte am frühen Nachmittag Lütjenburg. Unterwegs waren mir viele Soldaten und auch bekannte Kameraden begegnet, die denselben Weg in entgegengesetzter Richtung eingeschlagen hatten. Alle rieten mir von meinem Vorhaben ab. Nach ihrer Meinung sei es völlig unmöglich und aussichtslos von Howacht über See weiter zukommen. Doch ließ ich mich nicht beirren. Am Nachmittag des 04. Mai kam ich völlig kaputt in Howacht an. Bei den Wachmannschaften eines stillgelegten Rüstungsbetriebes, in dem sich außer diesen nur Ausländer befanden, wurde ich mit herzlicher kameradschaftlicher Freude aufgenommen. Zuerst bekam ich ein kräftiges Abendbrot. Die Braut des einen Kameraden, eine rassige Baltendeutsche, behandelte und verband mir meine wunden und zerscheuerten Füße, ohne sich durch die wenig angenehmen Ausdünstungen stören zu lassen. Hier war alles eine helfende, vertrauende und herzliche Kameradschaft.

Und nun wollte es der glückliche Zufall, dass ich hier bei diesen Männern von einem Bootsmann aus Howacht hörte, der in der kommenden Nacht nach Eckernförde segeln wollte. Sofort setzte ich mich mit dem Bootsmann, einem Weltkrieg-U-Bootsfahrer, in Verbindung. Schnell wurden wir einig. Er war froh einen zweiten Mann gefunden zu haben und ich ebenso schnell und ohne Schwierigkeiten eine Fahrgelegenheit. Um 20 Uhr in der ersten Abenddämmerung machten wir unser Boot flott und verließen die Howachter-Bucht. Unser Unternehmen wurde vom Wetter außerordentlich begünstigt. Es wehte eine kräftige Brise von Land her, so dass wir bei ganz geringem Seegang eine rauschende Fahrt machten, zumal wir manchmal sogar vor dem Wind segeln konnten. Ein feiner Staubregen schützte uns vor den Blicken der Flieger, die laufend an der Küste entlang flogen. Zu Beginn setzten wir uns ziemlich weit von der Küste ab, fuhren dann aber immer so, dass wir Land gerade noch in Sicht hatten. Die Fahrt ging sehr schnell und glatt von statten. Bei völliger Dunkelheit erreichten wir gegen 03 Uhr bei Langholz die Nordküste der Eckernförder Bucht. Da wir uns zuerst genau orientieren und zum anderen vom Stand der Kriegsereignisse unterrichten wollten, klopften wir in einem kleinen Haus die Bewohner heraus. Zwei ältere Damen öffneten die Tür und gaben uns trotz der ungewöhnlichen Tageszeit freundlich bescheid. Ich muss mich heute noch über das Vertrauen wundern, dass uns von allen Menschen entgegen gebracht wurde, die wir in diesen Tagen um Rat und Hilfe fragten.

So war es auch hier bei den beiden älteren Damen, von denen wir auch erfuhren, dass Eckernförde noch nicht von den Engländern besetzt sei. Daraufhin wollte mein Kamerad seine Reise fortsetzen. Aber das Ablegen mit seinem Boot bereitete ihm große Schwierigkeiten, es war nämlich bei unserer Landung beschädigt worden. Mit vereinten Kräften brachten wir das Boot wieder flott und schon bald war es im Morgengrauen verschwunden. Er war ein hilfsbereiter Kamerad, dessen Namen ich nicht weiß und auch später nicht mehr in Erfahrung bringen konnte. Ich fand bei den beiden Frauen eine freundliche Aufnahme. Zuerst wurde ich an den Herd placiert und meine durchnässten Sachen wurden zum trocknen aufgehängt. Schließlich erhielt ich noch ein ordentliches Frühstück, kurz um, als ich gegen 06 Uhr morgens das Häuschen verließ, war ich aufgewärmt, satt, sauber und einigermaßen frisch.

[niedergeschriebene Erinnerungen von Wolfgang Steinort]

» In Flensburg bei meiner alten Flottille «

Über das letzte Stück meiner Reise ist nicht mehr viel zu sagen. Ich hielt an der Straße Autos an und gelangte so schnell nach Kappeln und von dort auf dem gleichen Weg nach Flensburg, das ich mittags erreichte.

Die Meldung bei Korvettenkapitän Kuhnke werde ich nie vergessen. Nachdem er mich begrüßt hatte, bat ich ihn um ein Unterkommen. Seine erste, in ziemlich scharfer Form vorgebrachte Frage war: „Wo sind ihre Männer?"
Während ich in den vergangenen Stunden immer fest geglaubt hatte, alles für meine Soldaten getan zu haben was nur möglich war, so kam ich mir in diesem Augenblick vor, als wäre ich zum Verräter an meinen Kameraden geworden. Der Gedanke, dass ich etwas versäumt hätte, dass ich vielleicht aus reinem Egoismus, nur um selbst in geordnete Verhältnisse zu kommen, meine Männer in Stich gelassen hätte, dieser Gedanke würgte mir in der Kehle. Nur mit Mühe konnte ich Tränen unterdrücken. Korvettenkapitän Kuhnke ließ dann von mir Bericht erstatten. Als er mir daraufhin sagte, dass ich in meiner Lage richtig gehandelt und alles getan hätte, was ich tun konnte, war mir als würde ich von einer unendlichen Last befreit. Ein gegenteiliges Urteil aus dem Munde dieses Mannes hätte mir auch das Todesurteil über meine Befähigung zum und meine Leistungen als Offizier bedeutet.

Hier in Flensburg erlebte ich dann die Kapitulation und das Kriegsende. Und während überall im Reich ein heilloses Durcheinander herrschte, lebten wir hier im U-Boots-Stützpunkt wie in einer Oase der Ordnung, Disziplin und Ruhe. Der gewohnte Betrieb lief weiter, nur dass kein militärischer Dienst, mit Ausnahme des Wachdienstes, gemacht wurde. Von überall fanden sich Offiziere, Soldaten und ganze U-Boots-Besatzungen ein, die sofortige Aufnahme, Verpflegung, Unterkunft und Bekleidung erhielten. Ich fand ein wunderbares Quartier beim Kameraden Bergander, der bereitwillig sein Zimmer mit mir teilte. Da er noch dazu die Abende meist bei seiner Frau in der Stadt verbrachte, hatte ich meistens das Zimmer für mich allein. Der Vorteil für mich war, dass ich ungestört meinen Gedanken nachgehen konnte und es gab in diesen Tag viel für mich zum Aufarbeiten. Zudem konnte ich an manchem Abend Trude Nellen zu einem Tässchen Kaffee und einem kleinen Plauderstündchen einladen.

An einem Tag zwischen der Kapitulation und der Besetzung Flensburgs durch die Engländer fand auf dem Skagerrak-Platz in der Marineschule ein Offiziersappell vor unserem Großadmiral statt. Wir Offiziere der U-Bootswaffe marschierten geschlossen vom Stützpunkt zur Marineschule hinauf. Dieser Marsch wird mir und allen die daran teilnahmen, unvergesslich bleiben. In einer langen Dreierkolonne marschierten wir schweigend, in tadelloser Haltung im Gleichschritt. Als die Marineoffiziere dann Aufstellung genommen hatten, standen unter ihnen die Männer, deren Namen in der ganzen Welt bekannt, geachtet und gefürchtet waren:
   Otto Schuhart, Georg Lassen, Viktor Schütze, Ali Cremer, Heinrich Liebe, Günter Kuhnke und noch viele bekannte U-Boots-Kommandanten mehr, die für ihre Einsätze mit hohen und höchsten Auszeichnungen geehrt worden waren.

Ich glaube dieser Offiziersappell war der letzte dieser Art im großen Kriege. Dicht geschart standen um das Rednerpult Offiziere aller Waffengattungen, vom Leutnant bis zum Generalfeldmarschall. Die Wachtruppe bestand aus einer Kompanie von U-Bootsoffizieren unter der Führung des Ritterkreuzträgers Kapitänleutnant Ali Cremer. Überhaupt wurde mir in dieser Stunde klar, dass die Marine in diesem Kriege die Schande von 1918 ausgewetzt hatte, indem sie wirklich bis zum letzten Augenblick treu, gehorsam und diszipliniert blieb. Die Ansprache des Großadmirals Karl Dönitz war ein klarer, in seiner schlichten Art gehaltener Rechenschaftsbericht über das, was er während der Tage seiner Regierung unternommen hatte. Versucht wurde vor allem im Westen den Krieg schnell zu Ende zu bringen um damit nutzlose Opfer zu verhindern. Zweitens sollten soviel wie möglich deutsche Truppen der Gefangennahme durch die Rote Armee entzogen werden, um sie dann in englische oder amerikanische Hände zu dirigieren. Außerdem sollte alles getan werden, um Deutschland das Los der Besatzung zu erleichtern. Er sprach über alle Dinge sehr frei und klar. Doch mir schien, zumal klang es so aus seinen Worten, um sein Wissen der baldigen Gefangennahme.

Mich hat dieser Appell tief erschüttert und dennoch schätze ich mich glücklich, dass ich daran teilnehmen konnte. Als ich durch das Gelände der alten, vertrauten Marineschule zum U-Stützpunkt ging, hatte ich das Gefühl, dass ich diesen Mann, unseren Großadmiral, zum letzten Male gesehen hatte. Meine Gedanken strichen zurück zu der ersten Musterung durch ihn, die ich als Fähnrich in Pillau mitmachte. Auch an den Abend, den er in unserem Kreise auf der „Pretoria" verbrachte.

Die letzte Aufgabe, die mir als Offizier übertragen wurde, war auch wohl eine der schwersten. Korvettenkapitän Kuhnke übergab mir die Führung der 2. Kompanie, die ich für den Marsch in Gefangenschaft führen sollte. Und das obwohl er über die Schwierigkeiten bescheid wusste und er außerdem noch genügend ältere und erfahrene Offiziere zur Verfügung hatte. So führte ich als jüngster Offizier die stärkste Kompanie. Die Mannschaften meiner Kompanie bestanden zum größten Teil aus gerichtlich bestraften U-Boots-Soldaten. Die Chefs der anderen Kompanien waren alte Kapitänleutnants oder Oberleutnante zur See, die sich bereits als Kommandanten besonders bewährt hatten.

Bevor ich aber meinen Abmarsch von Flensburg beschreibe, will ich der tapferen Frau meines alten Kommandanten von U 1223 gedenken. Ihre Freude über das Wiedersehen mit einem Kameraden ihres Mannes war eine Wohltat für mich in diesen schweren Tagen. Unvergesslich der Nachmittag den ich mit Frau Kneip auf ihrem Balkon verplauderte. Alte Erinnerungen an glückliche Tage in Kiel ließen wir vorüberziehen und dachten an ihren Mann, der seiner Zeit in Norwegen war. Unvergesslich auch die Abende, an denen Trude Nellen mein Gast war, dem ich mein Herz und meine Sorgen ausschütten konnte. Selbst unser gestrenger Chef lächelte, als er uns am Vorabend des Abmarsches in Gefangenschaft, noch nachts um 01 Uhr auf meiner Stube überraschte.

[niedergeschriebene Erinnerungen von Wolfgang Steinort]

» In Helgoland «

U 1230 war noch keinen Tag in Helgoland und wen treffe ich an der Pier? Wir erkannten uns nicht gleich, er mich etwas später. Es war Nic.

1937 war ich von Osten aus, meinem Heimatort an der Oste, öfter in den Ferien mit einem Küstenmotorschiff nach Helgoland gefahren, um dort Stackbusch zu löschen. Helgoland wurde damals bereits zu einer Art Festung ausgebaut. Mit dem Stackbusch baute man Buhnen, um das Wegspülen des Sandes durch die Gezeitenströme einzudämmen. Wenn ich beim Entladen half, gab es Stundenlohn in Akkord. Dort arbeitete auch Nic als Fiets (Entladechef) mit etlichen Helgoländern. Inzwischen hatte er eine Arbeit im Marinebunker. Am Tag der Kapitulation sagte er zu mir: „Jetzt wo der Krieg zu Ende ist, werden wir bald Besuch von den Engländern bekommen. Du kannst mitkommen in den Bunker und für euer Boot Proviant aussuchen. Alles, was noch hier liegt, nehmen uns die Feinde weg. Verstaut, was ihr `reinkriegt.“ Also haben wir den Proviant an Bord geholt und das Boot kräftig überladen, so dass es tauchunfähig war. Aber tauchen brauchten wir ja jetzt nicht mehr. Auch die anderen Boote hatten noch genug abbekommen. Ich erinnere mich noch an Roth (U 368), Hornbostel (U 806) und Stegmann (U 779). Was wir mit all den Dingen machen wollten, wussten wir nicht. Erst einmal an Bord holen. Es waren z. B. mehr als hundert Kisten Dosenmilch, viele Kisten mit Käse und gekochtem Schinken in Dosen, Räucherschinken, Mettwurst, Speck usw. Zuletzt zeigte Nic mir einige Kisten mit Cognacflaschen, die noch von der Kaiserlichen Marine seit 1905 dort lagerten. Zweimal 50 Flaschen nahmen wir an Bord. Marke: „Five Planets, finer than all the Stars!“ stand auf den Etiketten. Und alles erhielten wir ohne Belege. Wir haben ihn vorsichtig und langsam getrunken – den Cognac.

Nach einer Woche kamen einige Korvetten. Es lief alles ganz ruhig ab. Wir blieben an Bord. Die Besatzungen der britischen Korvetten bestanden größtenteils aus Reservisten, die Offiziere waren von der Handelsmarine. Ich merkte, dass unter Seeleuten immer noch das alte Gesetz galt: „One hand for yourself, the other for the Passengers!“ Wir konnten uns sofort gut mit ihnen unterhalten. Ein Oberleutnant fragte mich, ob er mal auf ein deutsches U-Boot dürfe, obwohl es ihnen streng verboten war. Als ich Wache hatte, nahm ich ihn mit an Bord, zeigte ihm alles, auch die leeren Torpedorohre. Er bekam auch ein paar Gläser Cognac, die er zu würdigen wusste. Am nächsten Tag holte er mich auf seine Fregatte. Das interessierte mich. Dort erfuhr ich von den Engländern, was ich durch heimliches Mithören des Funkverkehrs eigentlich schon wusste und was unser Kommandant immer abgestritten hatte. Die Engländer konnten während der Geleitzugkämpfe die Funksignale der U-Boote auf Kurzwelle einpeilen. Wenn sie sagten: „Radar detected“, hieß das – mit Radar – erfasst. Wenn sie sagten: „Radio detected“, war – Einpeilung – mittels Kurzwelle gemeint. Welch ein Leichtsinn damals auf der Neufundlandbank, wo wir eine Stunde über unser Ergebnis im Lorenz-Strom, sowie einen Lage- und Wetterbericht abgaben.

Offenbar erwarteten die Engländer weitere deutsche U-Boote, die noch auf See waren. Von deutschen Funkstellen wurden laufend Suchmeldungen gesendet, aber es kamen keine Boote mehr. Etwa eine Woche später erhielten wir die

Aufforderung nach Wilhelmshaven auszulaufen. Der englische Standortkommandant teilte uns mit, dass wir alle Boote nach Schottland überführen sollten. Wir würden von dort sofort wieder zurück nach Deutschland entlassen werden. Wie man sich täuschen kann. – Aus **sofort** wurden zwei Jahre.

[niedergeschriebene Erinnerungen von Hans-Hinrich Blank]

» Internierung «

Mit dem Abmarsch in die Auffanglager begann meine letzte Aufgabe in der deutschen Wehrmacht. Als ich an der Spitze meiner Kompanie aus dem Stützpunkt marschierte, wurde ich von Korvettenkapitän Günter Kuhnke herzlich verabschiedet und ebenso herzlich war der Abschiedsgruß, den mir Frau Kneip übergab, als wir an der Ballastbrücke vorüberzogen. Sie gab mir ein kleines Fläschchen Aquavit aus den Beständen unseres Rosenbootes.

Die Haltung der Soldaten war beim Abmarsch gut. Der schneidige Gesang der U-Bootmänner lockte manch einem Flensburger Tränen in die Augen. Aus vielen Fenstern regneten Flieder- und Rosensträuße. Auch manches stumme Gesicht hinter einer Gardine zeugte davon, dass den Flensburgern der Abschied von den blauen Jungs doch nicht leicht fiel.

Auf dem ganzen Marsch nach Husum, den wir nachts in Noel unterbrachen, spürten wir noch die Fürsorge unserer Flensburger Flottille. Mit einer zur Verfügung gestellten LKW-Kolonne erleichterte sie uns den Marsch erheblich. Unser Einmarsch in Husum entsprach dem Ausmarsch aus Flensburg. Nie vergessen werde ich einen Greis, der am Straßenrand stand, den Hut vor uns zog und bitterlich weinte. Blumengeschmückt erreichten wir den Sammelplatz, wo der Machtbereich der Alliierten begann. Vor der am Nachmittag durchgeführten Untersuchung übergab ich mein Tagebuch den Flammen. Später ärgerte ich mich darüber, denn ich hätte es ohne Schwierigkeiten behalten können. Doch konnte ich das damals nicht überschauen.

In einer 24-stündigen Bahnfahrt wurden wir nach St. Michaelisdonn südlich Heide transportiert. Im Verlauf der Fahrt fiel mir einmal die völlige Unfähigkeit der Engländer im Organisieren auf, zum anderen ihre zum Himmel schreiende Angst vor einem Haufen unbewaffneter deutscher Soldaten. Von Heide aus wurden wir dann in den kleinen Ort Dingen bei Eddelack ins Quartier geleitet. Als ich damals mit meiner Kompanie beim Bauern Groothusen auf dem Hof ankam, ahnte ich noch nicht, dass ich seine Gastfreundschaft gut acht Wochen genießen durfte.

In den ersten Tagen wurden Bataillone gebildet und ein geordneter, militärisch untermauerter Betrieb eingeführt. Meine Kompanie wurde dem Bataillon des Kapitänleutnants Struckmeyer unterstellt, dem ehemaligen Kommandanten von U 608. Als Adjutant und Schriftoffizier unseres Bataillons wirkte mein guter Crew- und Rekrutenkamerad Zimmerle. Wenn ich mir diesen ganzen Aufbau einer großen Truppeneinheit aus vielen kleinen einzelnen Kompanien, Zügen und Gruppen vorstelle, der nur von Deutschen durchgeführt wurde, so kann man in der heutigen Zeit ruhig sagen, dass es damals noch einmal eine große Glanzleistung deutscher Organisation und Aufbaukraft war. Ich selbst, als Truppenoffizier, schimpfte immer wieder über das rasche Anwachsen des Papierkrieges und dachte damals nicht im Geringsten daran, die Leistungen der Stäbe anzuerkennen. Wie groß sie aber in Wirklichkeit waren, kann nur einer beurteilen, der den ganzen Aufbau mitgemacht hat. Allerdings war nicht minder groß und anerkennenswert die Leistung der Kompaniechefs und Bataillonskommandeure. Es gelang ihnen die Disziplin der Truppen, während diesen schweren Tagen für jeden, aufrechtzuerhalten. Diese Leistungen wurden später auch vom Gegner rückhaltlos anerkannt.

Ich war mit meiner Kompanie sehr zufrieden, denn in unserem Bataillon hatte ich wohl die wenigsten Zwischenfälle zu verzeichnen gehabt. Nur einmal bei einem Diebstahlsfall musste ich die Unterstützung des Bataillons in Anspruch nehmen. Alles andere konnte ich selbst schaffen. Bei meiner Arbeit hatte ich in den mir zugeteilten Offizieren, es waren die Oberleutnante Günther und Packwohr und der Leutnant Kloppenburg, keine große Stütze. Mit Ausnahme von Günther gab es nur Schwierigkeiten. Dagegen musste ich die Arbeit der Oberfeldwebel, vor allem der Stabsobermaschinisten Schwartz und Hansen, Sonadossi und Geisdorf, sowie des Obermechanikermaates Boek und des Funkmeisters Böhm vollauf anerkennen. Ohne die tadellose und geschickte Mitarbeit dieser erfahrenen Soldaten hätte der Laden bestimmt nicht so gut funktioniert. Schließlich mussten wir seit Kriegsende bei der Führung der Männer ganz von unseren gewohnten militärischen Grundsätzen abgehen. Es mussten Zugeständnisse gemacht und Kompromisse geschlossen werden, bei denen im Krieg gar nicht daran gedacht wurde. Jetzt galt in erster Linie die Persönlichkeit allein. Schulterstücke und Sterne hatten ihren Nimbus verloren. Ferner gelang es durch geschicktes Jonglieren mit der Stimmung der Truppe und das Eingehen auf jeden Charakterzug der einzelnen Soldaten, die Ordnung aufrechtzuerhalten. Die Stimmung war abhängig vom Wetter, Essen oder den Entlassungsaussichten. Man musste immer Bluffen, Schauspielern und durfte auch nicht den kleinsten Fehler in der Behandlung der Soldaten machen. Ich selbst habe mich immer bemüht, mir das Vertrauen der Männer durch unermüdliche Fürsorge, durch stets bereites Einwilligen und Eingehen auf die kleinsten Sorgen und der Nöte jedes Einzelnen zu erhalten. Durch den Einsatz aller ihrer Fähigkeiten und Arbeitskraft für die Gemeinschaft, gelang es mir, ihr Vertrauen zu erwerben. Und Vertrauen ist die Grundlage des Gehorsams. Gerade in dieser Kompanie hatte mir die Praxis diesen alten Soldatengrundsatz bestätigt. Es war mir gelungen, in der Kompanie eine den Verhältnissen entsprechend gute Ordnung und Disziplin zu erhalten. Die Unterbringung der Männer, Verpflegung und die Zusammenarbeit mit unserem Quartierwirt waren gut. Der Erfolg bestätigte mir, dass ich den richtigen Weg eingeschlagen hatte.

Mit dem Aufbau von einigen Zelten für die Erntezeit und die Räumung der Scheune, konnte ich noch einen Befehl meines letzten Chefs ausführen. Mittlerweile hatte ich auch für eine brauchbare Küche gesorgt und errichten lassen. Danach lief der geschäftsmäßige Ablauf der Entlassungen ordentlich an, so dass ich mit ruhigem Gewissen meinen Posten allmählich verlassen konnte.

Auch ich meldete mich zur Entlassung, als alles für mich getan war, was in meinen Kräften lag. Über die vielen Sorgen, Pläne und Ziele, die wir Offiziere in vielen Abend- und Nachtgesprächen über unsere Zukunft erörterten, will ich hinweggehen. Mein Entschluss, als Landarbeiter in den Heimatort meines alten und guten Freundes Georg Kuhlmann zu gehen, wurde kurz und ohne große Überlegungen gefasst und sofort in die Tat umgesetzt. Am Morgen gab Winfried Zimmerle telefonisch meine Meldung an den Unterabschnitt durch. Bereits am Abend des gleichen Tages erhielt ich den Befehl zum Abtransport in das Entlassungslager für den nächsten Morgen. Der warme und herzliche Abschied von meinen Quartierwirten und von den letzten noch verbliebenen Soldaten meiner Kompanie, der mir zuteil wurde, zeigte mir, dass ich doch allen ans Herz gewachsen war. Von meinen Quartiersleuten bekam ich sogar eine Torte und eine Flasche Friedensware spendiert. Und ehrlich gesagt, er viel mir schwer, war es doch zugleich der Abschied von meinem geliebten und freiwillig gewählten Soldatenberuf. Dieser war mir trotz all der Sorgen, Ärgernissen und Plagen,   aber vielmehr auch mit seinen Erfolgen und Freuden ans Herz gewachsen.

[niedergeschriebene Erinnerungen von Wolfgang Steinort]

» Von Wilhelmshaven nach Loch Ryan «

Nach unserer Überführung von Helgoland nach Wilhelmshaven lagen wir dort noch zwei bis drei Wochen, vielleicht auch noch länger. Von Bord luden wir von dem reichlich vorhandenen Proviant einen Teil in Einmann-Schlauch-

Boote um, um es den hungrigen Kinder, die auf den Deichen standen, abzugeben. Diese paddelten die Vorräte an Land, wo andere schon mit Handwagen warteten. So wurde wenigstens einigen geholfen.

Als wir erfuhren, dass die Überführungen beginnen sollten, stieg ich von U 1230 auf U 779 um. Bei Johann Stegmann, dem Kommandanten dieses Bootes, machte ich als I. Wachoffizier die letzte Fahrt. Leitender Ingenieur war Adalbert Fischer. Als Begleiter und Aufpasser fungierten englische Fregatten, für je sechs U-Boote eine Fregatte. Wir marschierten in Kiellinie mit halber Fahrt, unser Boot wegen der Verständigung als erstes hinter der Fregatte. Die See war spiegelglatt. Noch wussten wir nicht, wohin die Reise gehen sollte. Wir langweilten uns und ich machte am zweiten Tag den Vorschlag, eine einstündige Wettfahrt zu veranstalten. Der Kommandant der britischen Fregatte war sofort einverstanden, schließlich wettet jeder Engländer gern. Also – Aufstellung in Dwarslinie. Die U-Boote backbord neben der Fregatte, in Abstand von 200 Meter – Wer gewinnt? Ein weißer Stern und los ging es. Beide Maschinen „AK". Wir alle wussten, dass die U-Boote gut zwei Knoten schneller als die Fregatten waren. Einen Sieger konnten wir aber leider nicht ermitteln. Denn aus dem Auspuff eines unserer Nachbarboote quoll dichter weißer Rauch, wie bei der Papstwahl. Der Grund war schnell klar. Dreck und Wasser im Treibstoff. Man hatte beim Bunkern den Rest aus einem Tank erwischt. Von der Fregatte schoss man einen roten Stern. Das Rennen wurde abgebrochen. Die Signale waren bereits vorher abgesprochen und sind per Winkspruch durchgegeben worden. In einer späteren Unterhaltung per Klappbuchs stellten wir fest, dass dieses Manöver das erste war zwischen einer englischen Fregatte und sechs deutschen U-Booten. Wir alle waren froh, dass der Krieg vorbei war, auch wenn für uns Deutsche eine schwere Zeit kam.

Es ging weiter durch den Pentland-Firth in die Irische See. Wir liefen nach Loch Ryan, einen ziemlich flachen Fjord. Vorher kam ein Lotse, ein britischer Oberleutnant, zu uns an Bord. Er sagte mir, dass wir genau in der Mitte des Fahrwassers Kurs auf eine Tonne voraus halten sollten. Nach Steuerbord wäre es sehr flacher und sandiger Grund, außerdem wäre Hochwasser. Dann fragte ich den Lotsen, was das für Soldaten wären, die dort in Stranraer an der Pier standen. Er antwortete kurz: „Military Police". „Aha!", sagte ich zum Kommandanten Stegmann, „Die wollen uns sicher verhaften!". Unser Lotse verstand kein Deutsch. Ich rief nach unten: „Beide halbe" und für den Rudergänger: „Steuerbord 5". Dann lenkte ich den Lotsen ab, indem ich ihm gleich mehrere Fragen stellte. So merkte er nicht, dass wir auf eine Sandbank zu liefen. Und schon knirschte es. Unser Boot kam ganz schön hoch raus, als es auf der Sandbank liegen blieb. Ein englisches Verkehrsboot kam längsseits. „Jetzt kommt ihr nicht mehr frei", hörte ich den Kapitän rufen, „das Wasser fällt schon". Die anderen Boote die hinter uns fuhren, liefen vorbei. Wir riefen unseren Smut, er solle uns etwas „Gutes" zu Essen machen und an alle: „Wir haben mehr als acht

Stunden Zeit. Der Smut bereitet uns die Henkersmahlzeit!" Unser Lotse blieb auf der Brücke. Wir sahen, wie die Besatzungen der anderen Boote von den Militärpolizisten abgeholt wurden. Bei uns dagegen ertönte das schöne Kommando: „Backen und Banken!" Schließlich lag U 779 hoch und trocken auf der Sandbank. Die Engländer blieben bemerkenswert ruhig. Die Seeleute wussten ja, dass nichts zu ändern war. Schließlich kamen wir beim nächsten Hochwasser wieder frei und teilten das Los mit den Kameraden der anderen Boote.

[niedergeschriebene Erinnerungen von Hans-Hinrich Blank]

» In der Gefangenschaft – Verhörlager Campton Park «

Nach der Überfahrt nach Stranraer und der Abgabe von U 779 an die Briten, waren wir ab 17.06.1945 Kriegsgefangene (POWs). An diesem Tag ging es per Eisenbahnfahrt mit der British Railways in dritter Klasse nach London, danach mit einem LKW durch London zum Vorzeigen der „German Navy-Brassheads". Verhört wurden wir dann im Campdon-Park, einer Pferderennbahn. Die Vernehmung erfolgte zunächst durch Tschechen in englischen Uniformen. Ich habe daraufhin den nebenbei stehenden englischen Offizier gebeten, ob ich nicht in englischer Sprache vernommen werden könnte, weil der tschechische Ausfrager nicht bereit sei, sich an die Genfer Konvention zu halten. Dieser hatte das dann auch gleich selbst übernommen. Die Befragung über den Einsatz während des Krieges erfolgte durch einen Captain der englischen Marine. Damit war die Fragerei beendet. Ein Sergeant, der offenbar mit dem tschechischen Ausfrager geredet hatte, sperrte mich eine Nacht in eine Toilette. Er schob mir unter der Tür ein undefinierbares Essen durch, das ich ablehnte und mit dem Fuß retournierte.

Am nächsten Morgen begann der Transport in das Offizierslager POW-Camp No. 18 Featherstone-Park, Haltwhistle, Northumberland. In der Nähe des Lagers lag eine Burg mit Namen Featherstone Castle. Von jetzt an war meine Marinezeit beendet. Zwei Jahre Kriegsgefangenschaft folgten.

[niedergeschriebene Erinnerungen von Hans-Hinrich Blank]

» Große Filzung durch die Engländer «

In meinen Seesack hatte ich am Boden eine Kombizange, ein Eisensägeblatt und eine Konservendose mit Fleisch eingenäht. Wer weiß, wofür! Das fiel dem englischen Filzer nicht auf, weil ich den Seesack am Boden festhielt und den Inhalt ausschüttete. Aber meine Uhr! Es war ein Hanhard (17 Steine). Aber der Filzer hatte nicht damit gerechnet, dass ich Englisch sprach, als er mir meine Uhr abnahm. Ich rief: „Officer!" Es kam ein Captain mit Stock unterm Arm. „He has stolen my private wrist watch!" Er sagte: „Not stolen, Sir, he didn`t know, that the watch is a private one. " Ich erhielt meine Uhr zurück. Sie war zwar nicht „privat", aber sie sah so aus. Die Notlüge möge man verzeihen. Die unverdächtigen Sachen – Wäsche usw. – durfte ich einpacken.

Wir wiesen mehrfach auf das Versprechen des englischen Kommandanten von Wilhelmshaven hin, uns gleich nach Ablieferung der Boote nach Deutschland zurück zu bringen. Viel später, als ich bei General Christisen in York war, habe ich erfahren, dass der Captain aus der Marine ausgeschieden sei, weil er sein Versprechen nicht halten konnte.

[niedergeschriebene Erinnerungen von Hans-Hinrich Blank]

» Gefangenenlager No. 18 Featherstone Park «

Wir „Neuen" kamen in die Marinebaracke, wo ich mehrere Bekannte traf. Unter anderen Servais Cabolett (U 907), Haack aus meiner näheren Heimat und Kapitän Jacobi (im Zivilberuf Direktor der Portland Zementfabrik Hemmoor), auch Erich Waller, Reserveoffizier auf einem Sperrbrecher, im Zivilberuf Buchhändler in Stade, bei dem wir unsere Schulbücher gekauft haben. Von ihm bekam ich oft einen Nachschlag beim Mittagessen, weil er als Buchbinder in der Lagerbücherei arbeitete und Extrarationen bekam. Manchmal habe ich ihm beim Einbinden beschädigter Bücher geholfen.

[niedergeschriebene Erinnerungen von Hans-Hinrich Blank]

» POW-Camp Shap Wells «

Im Juni 1946 erfolgte meine Verlegung in das kleine Gefangenenlager bei Shap Wells. Der Lagerkommandant war ein Reserveoffizier, ganz gemütlich. Der Verwaltungsoffizier, auch ein Reservist, war immer knapp bei Kasse und hatte ein Motorrad, aber nie genug Benzin, das auch in England noch rationiert war. Die Wasserversorgung erfolgte aus einer Quelle, daher der Ortsname Shaps Wells. Ein alter Mann bediente eine Wasserpumpe, angetrieben durch einen

Benzinmotor. Ich unterhielt mich oft mit ihm. Als er eines Tages erwähnte, dass er in Rente ginge, sprach ich den Verwaltungsoffizier an: „Die Pumpe kann ich auch bedienen!" Er versprach mir mit dem Chef zu reden, dieser stimmte sofort zu. Die Pumpe befand sich in einem kleinen Haus mit dem Schild „Pump Station", außerhalb des Lagers. Für den Betrieb gab es 40 Liter Benzin pro Tag, das aber nicht alles verbraucht wurde. Ich sparte weiteren Treibstoff dadurch, dass ich die Pumpe langsamer laufen ließ. Mir war bekannt, dass Pumpen wirtschaftlicher arbeiten, wenn sie nicht mit maximaler Drehzahl laufen. Ich hatte ja Zeit. Und das Benzin, das übrig blieb?

Der englische Verwaltungsoffizier ließ immer etwas in seinen Motorradtank füllen. Und wenn er seine Eltern in Newcastle besuchen wollte, half ich ihm mit Sprit aus. Schließlich verkaufte er sogar den überschüssigen Sprit, denn Benzin war in den Jahren nach Ende des Krieges in England rationiert. So kam etwas Geld in meine Kasse. Allerdings wusste ich nicht, wie teuer er es seinen Kunden verkaufte.

Da der Krieg ja zu Ende war, durften die Kriegsgefangenen (POWs) auf den Straßen in der Umgebung Spaziergänge machen. Dies wurde bei gutem Wetter immer ausgenutzt. Jedoch hielten häufig Autofahrer an und fragten: „Can I give you a lift?" Sie wussten ja nicht, dass die Kriegsgefangenen nur spazieren gehen wollten. Eines Tages sagte mir der Verwaltungsoffizier: „Du kannst doch auch mal mit meiner ‚Matchless'- Maschine fahren. Benzin haben wir ja genug". Das tat ich dann auch ab und zu.

In diesem Lager, das Hauptgebäude war ein ehemaliges Hotel, waren nur etwa 250 Kriegsgefangene untergebracht. Die Bewacher, 20 bis 30 Mann, die hier ihre Rekrutenzeit abdienten, langweilten sich – wir auch. Einige von uns spielten das in England überall bekannte „Dart"-Spiel, das die Engländer uns zeigten. Ich unterhielt mich öfters mit den Soldaten, die gesehen hatten, dass ich mit dem Motorrad vom Verwaltungsoffizier fuhr. Einer fragte mich: „Verstehst Du was von Motoren? Hier steht ein alter ‚Austin', teilweise demontiert. Kannst Du uns etwas über Motoren und Autos erzählen?"

Sie haben ihren Vorgesetzten gefragt, ob es erlaubt würde, wenn ich ihnen ein bisschen über Technik erzählen würde. Es wurde genehmigt. Ich hatte sechs interessierte englische Rekruten, die meine Instruktionen anhörten, zumal sie als Unterricht galten. Zwei von ihnen waren gelernte „Plumber" (Klempner). Sie schafften es nach relativ kurzer Zeit, den alten „Austin"-Motor zu demontieren und auch wieder zusammen zu setzen. Einige Monate später, als ich einen anderen Job erhielt, bekam ich eine Bescheinigung über diese „Lehrtätigkeit". Ich habe das Schriftstück heute noch.

Bei einer Besichtigung durch den Kommandierenden General von Nord-England, Sir Philip Christisen, hat der Lagerkommandant ihm gezeigt, was wir hier machten. Der General fragte, ob jemand Lust hätte, als Mechaniker nach Claxton Hall zu kommen. Ich wollte. Er fragte, ob ich jemanden kenne, der Jagdfalken abrichten könnte. Ich überredete Oberleutnant Klaus der Crew V/41, mitzukommen. Als dritter Mann kam noch ein Koch mit.

[niedergeschriebene Erinnerungen von Hans-Hinrich Blank]

» Claxton Hall «

Wir fuhren nach Claxton, einem kleinen Ort, nicht weit von York gelegen. Der General wohnte in einem Schloss, genannt „Claxton Hall". Seine Frau war die Tochter des Erzbischofs von York.

Wir drei Kriegsgefangenen bezogen ein leer stehendes Gärtnerhaus mit drei Zimmern und Küche. Ich hatte als Mechaniker nicht viel zu tun. Der Fahrer des Generals musste mit dem Wagen zum Tanken und Warten in eine Armee-Werkstatt nach York fahren, ich fuhr mit dem zweiten Wagen, der für die Lady bestimmt war, hinterher. Bei einem Buchhändler hielten wir und bestellten erst mal Bücher, die sich mit der Abrichtung von Jagdfalken befassten. Nachdem die Bücher eingetroffen waren, haben wir eifrig gelesen. Oberleutnant Klaus hatte die nötige Ruhe für seine Aufgabe. Die Vögel lernten nach der Methode, wie sie in den Büchern beschrieben war.

Wie ziemlich häufig in England regnete es heftig, als wir uns wieder einmal auf dem Weg nach York befanden. Am Straßenrand stand jemand winkend neben seinem Auto. Ich hielt an und fragte ihn, ob ich helfen könne. Er war Vertreter für die Radio-Firma Cossor und wollte nach York in ein Radiogeschäft. Wir schleppten seinen Wagen von der Straße und ich nahm ihn mit. Unterwegs fragte er mich, weshalb ich als amerikanischer Marineoffizier in England sei und mit einem Stander am Auto fahre. Vermutlich, weil sich die deutschen und a-merikanischen Rangabzeichen an den Marineuniformen ähnelten, hielt er mich für einen Amerikaner. Ich erzählte ihm, dass ich deutscher Kriegsgefangener bei General Christisen in Claxton sei. Er wohnte im Nachbarort Flaxton und hatte von General Christisen gehört. Als ich ihn absetzte, lud er mich ein, ihn einmal zu besuchen.

An einem Sonntag fuhr ich mit dem Fahrrad zu ihm. Sein Name war Robert Sturdy und seine Frau hieß Mary. Sie hätten, erzählte sie mir, einen Neffen bei der Marine. Ich lernte ihn später noch kennen. Die Sturdy`s bewohnten ein Haus in Flaxton. Dort reparierte er defekte Geräte in einer kleinen Werkstatt. Als ich ihm sagte, dass ich davon auch etwas verstände, sagte er: „Dann kannst Du mir helfen, wenn Du Lust hast". Die Möglichkeit ergab sich bald und ich fuhr des Öfteren zu ihm. Er bezahlte mich natürlich nicht. Ich hatte ihm gesagt, dass Gefangene kein Geld haben dürften. Ich würde ihm aber trotzdem helfen.

Oberleutnant Klaus hatte seine Falken soweit abgerichtet und an sich gewöhnt, dass wir die ersten Freiflüge wagen konnten. Mit einem „Flobert, Kaliber 6 mm", schossen wir Kaninchen, die als Jagdbeute dienten. Ich band eins an eine Schnur und entfernte mich etwa 200 Meter. Klaus nahm den Falken die Lederkappe ab und löste die Fessel (Lederriemen, der an einem Fuß des Falken befestigt wird). Der Falke saß auf der Faust. Als ich an der Schnur zog, so dass sich das Kaninchen bewegte, flog der Falke los und schlug die Beute. – Erster großer Erfolg. Der zweite Falke kam am nächsten Tag dran. Er war wenig interessiert und ließ sich schlecht locken. Nach mehreren Versuchen flog er weg, hörte nicht auf das Pfeifen und entfernte sich auf Nimmerwiedersehen. Der General war traurig.

In England ist es üblich „Christmas-Chorals" in der Adventszeit zu singen. Die Lady fuhr mit Familie und dem Personal nach York in die Kathedrale. Uns nahm sie auch mit. Wir erhielten ein Choral-Buch und sangen kräftig mit. Auch das Weihnachtsfest feierten wir mit der Familie. Als Geschenk erhielten wir jeder einen Umschlag mit 30 Shilling.

Beim Basteln eines Segelbootmodells für den kleinen Enkel des Generals verletzte ich mich mit einem Stecheisen. Eine Daumensehne war betroffen und die Wunde entzündete sich. Die Lady fuhr mit mir ins Army-Hospital, wo ich mit Penicillin behandelt wurde. Das gab es meines Wissens damals in Deutschland noch nicht. Die Entzündung verschwand, die Sehne wurde genäht. Nach acht Tagen konnte ich wieder aus dem Krankenhaus entlassen werden.

Wir blieben noch zwei Monate in Claxton Hall. Als wir erfuhren, dass wir entlassen werden sollten, verabschiedete ich mich bei den Sturdy`s. Robert schenkte mir für meine Arbeit bei ihm ein Radiogerät, natürlich von Cossor. Nun musste ich noch eine Bescheinigung haben, dass ich das Gerät rechtmäßig erworben hatte. Sonst wäre es mir bei der ersten Filzung abgenommen worden. Die Bescheinigung erhielt ich vom General. Das Radiogerät habe ich noch etwa 12 Jahre benutzt.

[niedergeschriebene Erinnerungen von Hans-Hinrich Blank]

» Entlassung aus der Gefangenschaft «

Am 23.06.1947 erfolgte meine Entlassung aus dem POW-Camp 18 nach Munsterlager. Zwei Tage später holte mich meine Mutter, mit der einzigen Taxe, die es damals gab, aus Munsterlager ab. Es war der 25. Juni 1947.

Auf Antrag erhielten entlassene Kriegsgefangene einen Betrag von 50 Reichsmark pro Monat, der später sogar in Deutsche Mark gezahlt wurde.

Es war noch eine Zeit der Chinch- und Tauschgeschäfte. Das Geld war nur wenig wert, das Essen knapp. Alles war rationiert. Ich suchte mir eine Arbeit als Obstpflücker bei Apfelbauern. Als Tagelöhner war ich dort in voller Verpflegung. Die Bezahlung erfolgte mit einer Kiste Äpfel (30 Pfund) pro Tag. In unserem Haus hatten wir einen gut geeigneten Keller, so dass das Obst sich lange hielt und uns als Kalorien- und Vitaminquelle und natürlich als Tauschobjekt diente. Weitere Tauschobjekte waren Tabak und Zigaretten, die noch aus der Helgoländer Zeit stammten. Ich hatte sie bei der Frau, unseres Leitenden Ingenieurs von U 779, Adalbert Fischer, gelagert, die in Wilhelmshaven wohnte. Es handelte sich um 50 Päckchen feinsten Tabaks von Dobermann und 1500 Zigaretten (Gold Dollar), verlötet in Blechbehältern.

Die Offiziere von U 1223 hatten gleich nach der Entlassung untereinander Verbindung und bald schon kamen die ersten Briefe von Besatzungsangehörigen. Georg Kuhlmann schrieb mir: „Ich kann Dir ein Motorrad vermitteln. Es stammt aus Wehrmachtsbeständen, allerdings ohne Papiere. Einige Teile fehlen". Ein Motorrad wollte ich haben. 1000 Reichsmark und 500 Zigaretten war der Preis. Nur zwei Kilometer von meinem Wohnort Osten entfernt war ein großer Platz mit Schrotteilen der ehemaligen Wehrmacht. Dort fand ich, was ich brauchte und erhielt auch eine Bescheinigung über ein „Motorrad in Einzelteilen". Preis: Zwei Päckchen Tabak. So lief das damals.

[niedergeschriebene Erinnerungen von Hans-Hinrich Blank]

Anlagen zu U 1223

Anlage 1

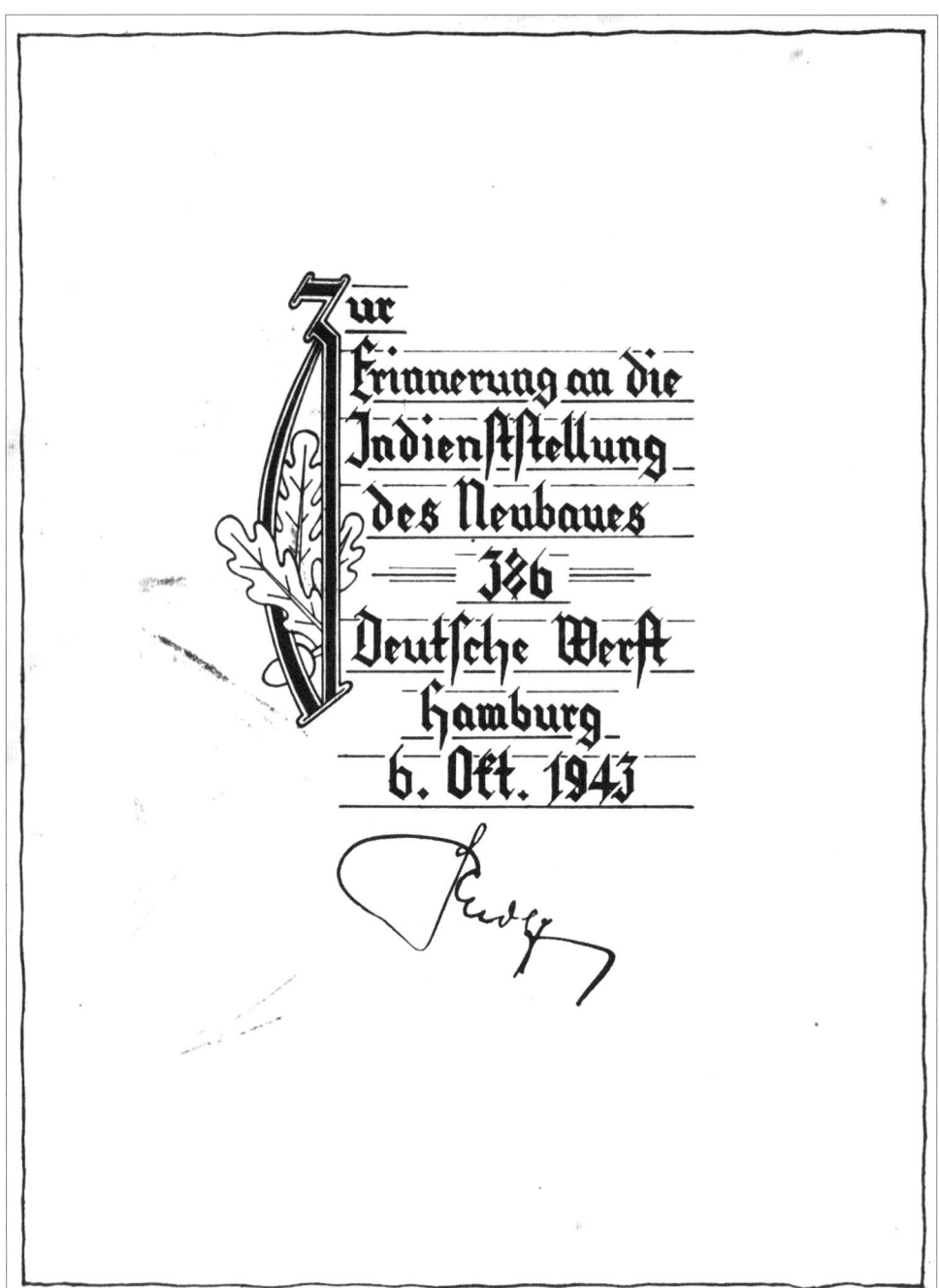

„U 1223" nach all seinen Fahrten immer
viel Erfolg und immer ein glückliche
Heimkehr! Heil und Sieg nach altem Brauch!

Albrecht

Hbg. Am 6. 10. 1943.   Freg. Kapt.(Ing) u. Lehr. d. 8. K. u A.

Meine besten Wünsche begleiten Boot und
Besatzung auch im Siegeszug gegen den Feind
bis zum Endsieg
Heil „U 1223"!   Riehring

Kors. Kpt (Ing) Lehr 3/-88...

Angriff! Ran! Versenken!

Fauss

Begleiter u.
Freund des Nachboots.

Als Vertreter der Deutschen Werft wünsche
ich dem Boot U 1223 in seiner Besatzung
auf all seinen Fahrten guten Erfolg u. frohe
Heimkehr.

Sandleben.

Beste Grüße!

Gieseler
Wm. Obt. Gruber.

Abt. u. Ing. Ing. Wyma.

Und ich sage nur:

„Geiht de Striet all wedder los?"

Aber dauf und dran,
Ihr seid mein „20"jigstes Boot
der Ser. Tag
b. Meeles

„Immer einen guten Aal im Rohr
und einen dicken Brocken davor"!
Das wünscht „U 1223"

Günther
Lt. (Ing) u. leitender Ing. der S.K.L.

Edel sei der Mensch, hilfreich und gut, darum
punkte mit den Tommy auf den Grund des Meeres

[Unterschrift]

Wenn als soll Euch der Tommy siegen,
immer sollt Ihr siegen !!!
Dieses wünscht „U-1223"

Obefährich zu See Ittel

Von Herzen immer siegreiche Fahrt und glückliche
Heimfahrt

Konrad
Oblt. (Ing.) u. L.J 1224

Immer alle Türme in der Brust
wünscht Ruh,
Ing.zt. u. I. WO. O. 1224.

Rangehen ist alles.
Heil u. Sieg und reiche Beute

Scharke
Abs. Rpt. — 18.10.
43.

Ein Frühstück wie in der guten Zeit
Unser aller herzlichen Dank.
— Wir bleiben materiell —

Pin

Scheele

Kiel, 21.10.43.

unsere materielle Not schließen
nicht aus, daß wir dem Boot
für die Zukunft die besten Wünsche
mit auf den Weg geben.

Zeppener - Hattenhoff.

Es geh wie es geh!
Wer rastt, ist feige!

Möge ein gütiger Wind U 1223 stets
nach erfolgreicher Fahrt in die Heimat
bringen.

Dönitz

$\frac{25}{10}$ 43   Marine. General U A G<u>E</u>

Stets nur weiter gute Fahrt,
so wie es stets bei U H K!
Und auch viel Glück im hohen Osten,
immer fahren — nur nicht rosten!
Und immer lustig schnell und flink,
das wünscht dem Boot —
          für Garantie der Tag!

                    An Bord vom 6. 10. ÷ 8. 11. 43
                    C. Auchs
                    Deutsche Werft

Es wogt die See so auf u. nieder,
Es wogt das Boot im Abendwind!
Es wogt der Zucken unterm Kiel...,
Warum auch nicht, was wogt, gewinnt!
                    D. O.

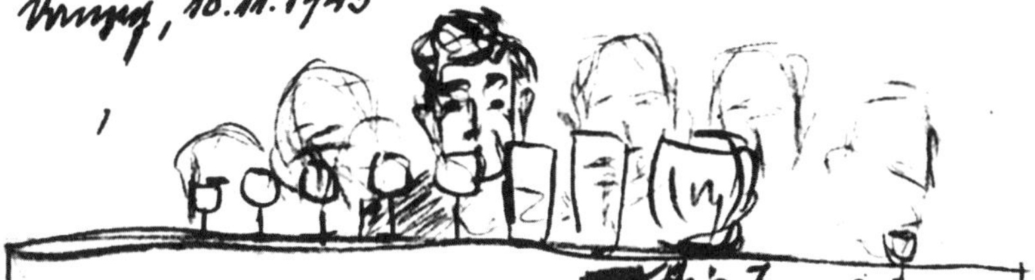

Anlage 2: Die erste „Bierzeitung"

- 1 -

Wer heut Abend hört manch Wort,
Von sich und seinen Kameraden ,
nehms nicht krumm sei nicht geladen,
was macht es schon wir gehn ja wieder an Bord.

Wir sind hier versammelt zu fröhlichem Tun,
zum Singen zum Scherzen und zum Lachen,
das sind wir alle wissen es wohl
drei wunderschöne Sachen.

Jeder der hier zugegen ist,
soll nur sein Bestes geben
und darf nicht jeden kleinen Witz
gleich krumm und schief hinnehmen.

P o l i z e i v e r o r d n u n g !
■■■■■■■■■■■■■■■■■■■■■■■■■■■■■■■■■■■■■■■

§ 1   Beginn des Festes wenn es los geht.

§ 2   Schluss wenn keiner mehr da ist.

§ 3   Jeder hat den Alkohol als seinen schlimmsten Fein anzu-
       sehen , darumvertilge ihn jeder restlos.Wer voll ist hat
       vorsichtig unter den Tisch zu fallen,damit kein grosses
       Aufsehen erregt wird.

§4   Es ist verboten,unter dem Tisch liegende Schnapsleichen
       als Fussbänke zu benutzen.

§ 5   Wegen Kohlenklau wird geboten Licht zu sparen und dafür
       soll jeder seinen Geist leuchten lassen.

§ 6Es wird geboten beim Verlassen des Saales die Tür zu benutzen,
       Fenster dürfen nur mit besonderer Genehmigung des Kommandanten
       benutzt werden.

§ 7   Fällt aus wegen Nebel.

§ 8   Kragen und Kravatten sind an der Garderobe oder beim
       Kanonenmaat gegen Revolver oder Dolche einzutauschen.

§ 9   Bei etwaigen Saalschlachten sind Tische und Stühle zu chonen
       Waffen und Munition sind gegen Quittung beim Kanonenmaat zu
       empfangen.

§ 10   Übertretungen dieser Poliz iveerordnung werden mit Zuchthaus
       bis zu 15 Jahren , oder mit einer Geldstrafe bis zu RM 1,50
       bestraft.

- 2 -

W.C.,Herr Roosevelt und Stalin,
die sitzen heute am Kamin
um über deutsche U – Bootstaten
sich wieder einmal zu beraten.

Man siehts am finsteren Gesicht,
dass dieses noch das Ende nicht,
am Himmel leuchtet wenn auch noch fern,
von Hela her ein heller Stern.

Der Stern strahlt von U – 1223 aus,
denn hier sind Seeleute Heizer und Funktionäre zu Haus.
Die beste U – Bootsbesatzung der Welt
ist hier zusammengestellt.

Was auf diesem Boot zusammengestellt
wird einst der Schrecken der anderen Welt,
denn sollten sie auch noch an Siegen denken
wir werden ihnen die Sachen schon versenken.

I.W.O.

I.W.O.,Sportsmann,Kamerad,
ist militärisch wüst auf Draht.
Rauchen Trinken tut er nicht
für ihn gilt nur die eiserne Pflicht.
Doch heut wird bei ihm eine Ausnahme gemacht,
er muss saufen bis die Schwarte kracht.

II.W.O.

Man sieht ihn oft im Offiziersraum sitzen
und über seinen Akten schwitzen,
oft wird ihm auch das Zeug zu dumm
man kanns verstehn er ist noch jung.
Um sich etwas Luft zu machen
rast er durchs Boot wie ein feuriger Drachen.
Die Funker dürfen sich dann nicht rühren,
sonst hagelts Strafwachen für alle Vieren,
auch die Seeleute sind oft dran ,
wenn in Rass kommt der gute Mann.

Ob.Strm.

Unser Obersteuermann kriegt graue Haare mehr und mehr,
denn Sterne schiessen und Kurs eintragen ist auch schwer,
doch sonst ist er ein gesuchter Mann,
denn bei ihm gibts Zigaretten dann und wann,
wenn er auch mal lange dazu brauch ,
dann werden eben in Gottes Namen Kippen geraucht.
Doch das eine dürfen wir nicht vergessen er
er verschafft uns immer gutes Essen.

- 3 -

Fkmaat

Der Vorstand von der Intelligenz der Flotte,
das ist Funkmaat Neumann dies Motte.
Seine Arbeit ist,die Faulheit pflegen
und sich manmal von einer Seite auf die andere legen.
Zum guten Glück sind die Funker gut im Schuss
und sich darum nicht auch noch kümmern muss.
Von jeher als ein solider Mann bekannt,
doch kürzlich hat er sich doch in ein Mädel verannt
und zwar in Danzig wars gewesen ,
als er fand den alten Bes-n.
Nun sind seine grössten Sorgen,
was schreib ich meiner Hilla morgen,
kann doch nicht immer dasselbe schreiben,
dass sie soll Abends stets zu Hause bleiben
und ihm treu bleiben alle Zeit
bis er ist zu der grössten Dummheit bereit.
Hier wird er geplagt von innerlichen Trieben
bei ihr herrscht die grosse platonische Liebe
und morgens wenn er im Funkraum erscheint,
dann hat er mit Erfolg von seiner Hilla geträumt.
Doch all zu sehr wollen wir doch nicht hetzen ,
sonst könnten wir ihn am Ende noch verletzen.
Am Schluss wollen wir noch sagen,
sein Wesen ist im Allgemeinen ganz gut zu vertragen,
Ausnahmen gibts natürlich immer
und hoffentlich werden diese nicht schlimmer.

Mech.Maat.

Wir waren ja noch nie Leute zum Wetzen,
drm Mech.Maat nicht übel nehmen wenn wir heut ein bißchen het
Wenn auch viele Tatsachen bestehn
so ist man noch lang kein Grund durchzudrehn.
Zum stellvertretenden Komman ant
haben wir ihn schon längst er-nannt,
denn manchmal fegt er kreuz und quer
und tut als ob das Boot sein Eigen wär,
man sieht ihn meistens kauen
um sich dann in die Koje zu hauen,
die Kantine hat er sich auserkoren
und da hat ers faustdick hinter den Ohren,
wir wollen ja nicht darüber sprechen
es könnte sonst die Frendschaft brechen
und das möchte ich keinem raten,
man soll nämlich immer gut stehen mit dem Kantinenmaaten.
Ja gieb uns Schnaps und Zigaretten ,
dann kannst du die Besatzung retten.

301

- 4 -

Unsere Bootsmaate.

Nr.1

Eins zwo drei
Bootsmaat zu werden ist keine Hexerei,
brüllen und schrein kann jedes Schwein
das ist die Arbeit der Nr.1 tagaus tagein,
wenn er uns auch oft das Leben erschwert
das uns aber wenig stört.
Oft sieht man ihn sitzen den guten Mann,
wenn er nachdenkt
wie spitze ich am besten den Heckraum an.
Die Funker und Mixer die habens ihm angetan,
aber die denken er kann uns man .....
und unter wahnsinniger Wut und gröllen,
muss er zusehen ,
wie die Funktionäre doch amchen was sie wolen.

Nr.2.

Als Nr.2 bei uns an Bord
treibt Bootsmaat Wodetzki seinen Sport.
Damit der Tag nimmt seinen richtigen Lauf,
stellt er immer fleissig Wache auf.
Ach der Mann ist sehr geplagt
und oft auch schwer verzagt.
doch man hat seine Verdienste anerkannt
und ihn daher zum Wachtmeister ernannt.
Seine Arbeit die ist riesengross,
aber er macht alles tadellos.
Doch am meisten werden wir uns freun,
wenn wir bekommen von ihm den Urlaubschein.

Nr.3

Alle guten Dinge sind drei
und Bootsmaat Winkel kommt auch noch herbei.
Er ist zwar noch jung an Jahren
und ist im Anspitzen noch nicht sehr erfahren.
Doch das Manöver auf dem Heck,
das ist für ihn ein kleiner Dreck.
Den Friscur kann er im Leben nicht leiden,
denn die Haare lässt er sich nie schneiden.

/1s..schwergeplagte..F.u.n.k.e.r.e.i.

Wer kann es auch von den Seeleuten wissen ,
was die Funker leisten müssen.
Es ist nicht mit einem Wort zu sagen,
was die Funker alles müssen ertragen.
Der eine bringt von der Post Pakete an,
dass er sie oft kaum noch schleppen kann
der Zwote ist Kommandantenaufklarer
und seine Freizeit wir immer rarer,
der Dritte,ach was er bloss schwitzt
bis der Funkraum endlich blitzt,
und jetzt kommts noch grauenhafter
der Vierte der ist Offiziersbackschafter.
Ja das sind alles Nebensachen,
hört zu was wir noch alles machen.
Während die andern sich faul im Schlafe drehn,
müssen wir Funker Pressewache gehn.
Damit sich die Herrn recht wohl(fühlen)im Körbchen fühlen
müssen wir Abend für Abend Platten spielen.
Und kommt man an Oberdeck so hört man erzählen
die Funker werden heute Kartoffel schälen.
Bis jetzt war alles noch gelind,
wir dürfen aber nicht vergessen dass wir noch Funker sind.
Wir müssen Horchen,Schlüsseln,Geben,
auch ab und zu ,al Bücher kleben,
Schreiben,Rechnen,Hören
und auch mal ein Mädel betören,
F.T.,N.D. , Peilen
und zwischendurch mal Fingernägel feilen.
Weiter h gehts Empfangen , Senden,
das schicksal des Bootes liegt in unseren Händen.
Kaum hat man Ruh , doch ach du Jammer,
da steht ein Halbtoter in der Kommandantenkammer.
Das Blut läuft ihm von der Linken
und man darf den armen Seemann verbinden.
Dann kommt einer klagt im Kopf,
nun man schmeisst ihm eine Tablette in den Kropf,
der Nächste kommt und hats im Hals,
da hilft kein Schmalz und auch kein Kuss,
der Mann bekommt einen Esslöffel Rizinus.
Glücklich ist dann das vorbei,
ach Gott da stehn auch schon wieder drei,
sie warten wie auf heissen Kohlen
und wollen sich ein paar Bücher holen.
Ja was denn , ach du Schreck
die Besten sind natürlich immer weg.
Sie wollen nur Bücher von Abenteuer Liebe und Leben
und auf jeder Seite muss es mindestens 10 Tote geben.
Kaum hat man ihnen ein Paar Schmöker in die Hand gedrückt
da ziehen sie ab ganz hochbeglückt.
Na hoffentlich mal,Zeit eine Zigarette zu rauchen,
doch da kommt auch schon wieder einer gelaufen,
na Kumpel was willst du denn haben,
ach will dir bloss ein Skatspiel vertragen.
In Ordnung , ann gibt es eben dann
und auc er haut ab der arme Mann.
Sogar zum W.C.Dienst teilen sie uns ein
na das muss ja auch mal sein.
Auf der Brücke stehn wir am Flaggenmast,
beim Manöver sind wir Fändergast.
Auch dem Seegang müssen wir trotzen
und manchmal gehts nicht ohne Kotzen.
Quälen sie uns auch mal zu Tode,
die Funkerei ist und bleibt doch immer die

— 6 —

Mixer und solche die se es sein wollen !
==

   Der Funkerei ganz nah verwandt
   das sind die Mixer wohlbekannt.
   Auch sie besitzen noch etwas Intelligenz
   und verschaffen sich bestmöglichst einen guten Lenz.
   Nun ja was brauchen die auch zu machen ,
   wenn sie zusammen haben ihre sieben Sachen.
   Das kann natürlich die Nr. 1 nicht sehn
   und um ihre Freizeit ist's geschehn.
   Man kanns verstehn ,wenn sie da kommen in Wat
   und schwören der Nr.1 Tod und Blut.
   Den Seeleuten platzt vor Neid bald der Kragen,
   wenn sich der Mixer lässt von der Koje tragen.
   Ja geht nur hoch und stäht mal Wache,
   denn das ist des Seemanns Sache.
   Euer Handwerkzeug ist Feutel und Besen,
   zum Mixer seid ihr ja zu dumm gewesen.
   Drum müsst ihr euer Leid jetzt tragen
   und ihr habt da einfach nicht zu klagen.
   Ja meine Herrn es ist schon wahr,
   intelligente Menschen die sind rahr.

Unsere Seeleute.
================================

   Tragt euer Leid mit Geduld
   wer Seemann ist hat selber Schuld.
   Ja was seid ihr Funker ,Mixer denn schon Wert,
   wenn auf dem Boot kein Seemann fährt.
   Kommt bloss nicht mit euren kleinen Sachen
   was müssen wir dagegen alles machen.
   Winken,Morsen Spleissen,
   meine Herrn das will erst was heissen
   und unter militärischem Schliff m
   machen wir den ganzen Tag Reinschiff.
   Verteilt sind wir auf Back und Heck
   und unsere Arbeit hat wenigstens noch Zweck.
   Was fällt dem Obersteuermann alles zur Last,
   wenn er aht keinen xxxxxxixxxxxxx Steuermannsgast.
   Was macht unsere Kanone,
   ohne Seeleute schiesst sie keine Bohne,
   hätten wir den Pixgast nicht
   was würdest du anziehen du armer Wicht.
   Und der alte Schmuth
   nicht wahr zum Kochen ist er immer gut.
   Der Wachtmeister fänd nicht Ruh noch noch Rast,
   hätte er keinen Wachtmeistersgast.
   Tag und Nacht dann Wache stehn
   und im Turm ans Ruder gehn.
   Kaum ist man unten fertig zu wühlen ,
   da heisst es auch schon wieder Oberdeck spülen.
   Und ist das geschehn,
   da soltet ihr Nr.1 mal sehn,
   nein Herrn das wäre ja gelacht
   jetzt wird mal ein astreines Reinschiff gemacht.

— 7 —

Für Alle :
===============
　　　In dieser angespannten Zeit ist das Lokuspapier auf beiden
Seiten zu verwenden, der Erfolg liegt klar auf der Hand.

Nr. 1 Bts.Mt.Dickhoff u.
Sparkommisar

Dringend gesucht :
========================
　　　Zwecks baldiger Vermählung suche ich Trauzeugen.

Tonndorf Heiratsaspirant.

　　　Suche für mein Weltmeisterschaftsrekordschwimmen linken
und rechten Schwimmbeckenschreier.

I.W.O. Olympiaverdächti-
ger Kraulschwimmer.

　　　Wer verkauft ein Paar gebrauchte Schuhsohlen, da meine im
Laufe der Zeit durch die ewige Wetzerei zu stark verschlissen sind.
Gummisohlen werden auch angenommen.

Angebot unter "Werner Fiedler"
an die Redaktion.

　　　Da mir die Beförderung zum Bootsmaat bevorsteht, suche ich mir
3 Aufklarer. Nach Möglichkeit Nichtraucher.

Jäckle Mtr.Ob.Gefr. (Wüstenkönig)

　　　Patentrasierklingen zu kaufen gesucht, da ich ewig unter wider-
spenstigen Schweineborsten zu leiden habe.

Schnautz Offiziersbackschafter d.R.

　　　Für den heutigen Abend suche ich eine charmante Frau die sich
anschliessend von mir nach Hause begleiten lässt.

Mani Bühler
Grossdeutscher Fk.Ob.Gefr.

　　　Unterrichte gebildete Töchter von Schokolade und Zigaretten-
fabriken jederzeit kostenlos im Tanzen.

Horst Claus　　Jazkönig

8　　　Suche schnellstens einen Spind für verschobene Kantinenwaren
(Zigaretten , Schnaps)

I. Mech.Mt. Stellvert.Kommandant
u. Kantinenchef.

　　　Wer kann den Weg zur Libelle beschreiben ?

Auskunft erbittet der Kameradschafts-
dienst der Kriegsmarine .
Vorsitzender : Hansing

　　　Suche Zeit meine Kanonen zu putzen.

Fritz Tschirner　Kanonendompteur

— 8 —

preisungen :

Wie bringe ech die grössten Portionen in meine Magen ????
Auskunft über diese überaus wichtige Lebensfrage erteilt (auch Schrift-
lich .)

Günther Hülsenbeck
z.Z. Bei der Kriegsmarine

Biete mich an als Fremdenführer für U - Boote und Umgebung .

Steinert II . W.O. u.Schriftoffizier.

Suche neue Leute für meine Wach- und Schliessgesellschaft.

Wodetzki Bts.Mt.Und Wachtmeister.

Wir löschen jeden Brand!
Die erste Division.

Suche für mein Gesicht einen passenden Lokusdeckel.

Kunde(Seemann.)

Suche dringend Miefquirl zu kaufen , da meine Abgas-
klappen nicht mehr dicht halten.

Egner gen. Christian II Fk.Mt.
und Stationsleiter in Vertr.

Empfehle meine I a - Stangenkäse . Garantiert geruchfrei.
Ob. Steuermann u. Atömchenzuteilungs.
Offizer.

Suche Hut für meinen vermannschten Polder.

Hassler (U - Bootsmann)

Erbitte Aufklärung über Abfassung eines Testaments.

Kuklinski (Schmelings Essenträger)

Suche grösseren Posten Wachsplatten zur Aufnahme meiner
wahren Erlebnisse.

Czernia (U - Bootsfahrer)

Suche neueren U - Bootstyp wo ich meinen Körper als
Sehrohr verwenden kann.

Neumann Fk.Mt.

Suche moderne Arrestzelle mit allem Komfort,zwecks
siebentägiger Erholung .

Fuhs überlasteter Heckraummixer.

Habe I - a Haarwolle preiswert ,ohne Bezugschein abzugeben.

Winkel Kanonen - und Menagemaat.

– 9 –

Habe meinen Verstand verloren.Abzugeben bei Herre

Vinzens

Auskunft über Eheangelegenheiten erteilt garantiert sicher:

erfahrener Ehemann und glückliche
Familienvater

Hermann Dieminger

Was kann ich dazu beitragen ,dass ich als Offiziersback-schafter abgesetzt werde.

Alfred Kletzin
(Fk.Gefr.)

Schuldenfreiheitserklärung

.Meldung..

Ich erkläre mich hiermit einverstanden , dass ich keine Schulden habe.

Brunner Mtr. Ob. Gefr.

ççççççççççççççççxçççççççBwçççççç

Und nun ist ' s Schluss wer nicht bedacht,
hat trotzdem kräftig mtigelacht,
Die Zeitung wollen wir beenden
und uns an andere Künstler wenden
die warten auf den Auftritt schon

Auf Wiederhören

Die R e d a k t i o n .

Anlage 3: Das „LI-Fahrrad"

Ende November 1943 kam ich auf U 1223, dass ich über Gotenhafen mit dem Kaschuben-Express erreichte. Endstation Hela. Ich stieg als III. WO ein.

Plötzlich war es da, das Fahrrad. Keiner konnte sich erklären, woher es stammte. Der LI Georg Kuhlmann hatte besonders starkes Interesse an der Tretmaschine. Er beschlagnahmte sie, um an Land schneller beweglich zu sein. Sollte er doch etwas mehr über die Herkunft wissen?

Einmal hatte man das kostbare Modell mit einem Seil am Rohr der 10,5 cm-Kanone befestigt, so dass Maat Rudolf Hinz ausgeschwenkt und freischwebend etwa 60 cm über der Wasseroberfläche radeln konnte. Als ein Bösewicht ihn wegfierte, musste er schneller treten, sonst hätte er nasse Füße bekommen. Schließlich überstand der Drahtesel etliche Tauchmanöver, nur musste er öfters geölt werden.

[niedergeschriebene Erinnerungen von Hans-Hinrich Blank]

Maschinenmaat Rudolf Hinz auf dem „LI-Fahrrad"!

„Das Fahrrad"!

(Die Geschichte des Fahrrads in Reimen; Verfasser unbekannt)

Ja in Danzig da hat's angefangen,
dass unser Kommandant ist nicht mehr zu Fuß gegangen,
sondern nahm, was heut' zu Tag bequemer ist
zwei Räder mit einem Eisengerüst.
Dies sollte zwar ein Fahrrad sein,
nicht zu groß und nicht zu klein.
Schon damals hat die große Frage begonnen,
woher sollen wir bloß ein Fahrrad bekommen.
Doch es ist uns da immer geglückt,
die U.A.K. in Danzig hat's immer rausgerückt.
Man holte sich da die Lenkstange von der Wache,
das war ja noch eine einfache Sache.
Schlechter war's schon am deutschen Haus,
wenn der Kommandant nicht kam aus der Koje raus.
Der Start konnte nie schnell genug geh'n,
dafür konnte man dann eine Stunde vor dem Hoteleingang steh'n.
Doch da hatte man wenigstens noch mit der Straßenbahn Glück
und brauchte nicht immer zu Fuß zurück.
Nun die Zeit ging auch vorbei
und endlich hatte der Radfahrer ein paar Tage frei.
Jetzt Kameraden passt mal auf:
Da kam einst im schnellen Lauf,
in Königsberg, als wir lagen im Dock
unser LI mit einem steinalten Bock,
mit einem Fahrrad wenn man's so bezeichnen will
von einer Schuttecke klein und still.
Es schimmerte in allen Farben,
war überdeckt mit Löchern und Narben,
am Schlauch saß Fleck an Fleck
und das Ganze war überzogen mit Dreck.
Manche machten sich Gedanken schwer,
wo kommt bloß das Fahrrad her.
Doch wir glauben alle es fehlt verdammt nicht viel,
da ist doch bestimmt wieder eine Frau in Spiel.
Und so war es auch,
wie es ist bei ihm so Brauch,
hat er mal wieder eine lauschige Nacht
bei einer schönen Frau verbracht.

Zum Abschied sagte sie recht fein und mild,
nimm' den Bock, Georg, er ist dein Ebenbild.
Er sieht ihn an und denkt und spricht,
bin ich's oder bin ich's nicht.
Auf dem U-Boot angekommen
fing ein neues Leben an.
Einen Pflegevater hat er bekommen
der ihn putzt mal dann und wann.
Als Verkehrsmittel zwischen Back und Heck
erfüllt die Karre vorerst ihren Zweck.
Der beste Platz ist für den Göbbel auserkoren
im Bugraum zwischen den Torpedorohren.
Und zum ersten Mal in seinen vielen Lebensjahren
durfte das Fahrrad über's Wasser fahren.
So, nun her mit dem schmierigen Gesellen,
der LI erklärt sich schweren Herzens bereit,
dem Kommandant das Fahrrad zu Verfügung zu stellen.
Für den Weg nach Hela, so lang und weit.
Stolz und erhaben steht der Bock
am Turm in seinem braunen Rock.
Unten, wo sich's die Offiziere gemütlich machen,
da sind sie am Schimpfen und Lachen,
aus Versehen hat der II. WO von einem Bootsfahrrad gesprochen.
Der LI fuhr hoch wie von einer Otter gestochen,
was sagten sie da, sie Pimpf, sie Schnösel,
denken sie vielleicht ich wär' ein Esel?
Bootsfahrrad, habt ihr das gehört,
das Fahrrad, das mir eine Frau zur Belohnung beschert.
Ich glaube bei Euch da ist doch eine Schraube los
ein Bootsfahrrad mein, mein schönes Ross.
Der Kerl hat noch nicht mal einen Bart
und spricht so von meinem Fahrrad.
Und auch sie I. WO, sie Bartel,
kommen mir im Leben nicht in den Sattel.
Ich will mir auch mal die Faulheit pflegen,
hab' genug von dem geplagten Leben.
Zum Klagen habt ihr ja keinen Grund
und ich komm jetzt doch besser von der Stichbrücke zur „Swakopmund".
Von jetzt ab sieht man den LI in seinen alten Jahren,
nur noch mit Fahrrad diese Strecke fahren.
Eine schwere Zeit beginnt nun für unsern Wagen,
denn was muss er nicht alles tragen.
Unser Kommandant hat sich in Hela häuslich eingerichtet

und auch unser Bock hat sich zu treuen Diensten verpflichtet.
Zuerst nahm er Teller, Tassen, Gabel, Löffel, Messer,
dann Gläser, Dosen, Töpfe, Decken, das ging schon besser,
Kaffee, Brot und Milch und Butter,
dann noch etwas Senf mit Käse und Zucker,
Eier, Honig, Marmelade, Wurst,
Schnaps, Wein, Likör und Bier für den Durst
und weiter Filmrollen, Schmalz und Speck,
so gar die halbe Apotheke trug er weg.
Kartoffeln, Kraut und Margarine,
oft auch mal die Schreibmaschine.
Papier, Schrauben, Nägel, Draht
Essig und Öl für den Kartoffelsalat
und nicht zu seinen größten Freuden,
sieht er die Wunschzettel, voll auf beiden Seiten.
Am meisten muss er sich aber plagen,
wenn er muss den Kommandanten tragen.
Doch jetzt muss alles dies erblassen,
wenn wir die Taten des Reiters erscheinen lassen.
Wer fährt da so einsam durch Nacht und Wind?
Es ist ein Mann der Männer die auf U 1223 sind.
Es steht in keinem Buch,
aber auf der Karre sitzt schon mancher Fluch.
Man fährt Tag aus Tag ein,
von Hela raus, nach Hela rein.
Man frisst Pillen gegen Husten und Heiserkeit,
wenn es regnet, stürmt oder schneit.
Und immer in Klamotten blau,
kein Wunder man wird da mal zur Sau.
Manchmal ist das Wetter schön und lind,
doch morgen pfeift schon wieder ein eiskalter Wind.
Einmal ist es dunkel, das andere Mal hell,
oft kommt man mit dem Mistvieh nicht von der Stell'.
Dann läuft er wieder ganz famos,
wenn der Rückenwind ist groß.
Einmal fährt man vor dem Mittagsessen
und das schöne Kotelett und die Freizeit sind vergessen.
Auch schon früh morgens um drei,
ging los die Fahrerei.
Alarm, das ist der Ruf so wohl bekannt,
da muss schnell das Fahrrad zum Kommandant,
man jagt die ganze Ecksteinlunge zu Halse heraus.
Und ist man glücklich dann am Haus,

jetzt schnell, schon 10 Uhr sonst komm' ich noch zu spät,
was seh' ich da, der Kommandant liegt noch selig warm im Bett.
Die Zunge aus dem Halse hängt,
man hat sich wieder einmal umsonst angestrengt,
ein ander Mal lässt man die Räder langsam dreh'n
da sieht man ihm bestimmt schon wartend vor der Haustür steh'n.
Doch mit einem Male ist vorbei
die ganze Fahrerei
und es weiß die ganze Besatzung bald,
ja, ja der Bock wird schon alt.
Das Hinterrad ist vollkommen platt
und er schleicht in die Werkstatt müde und matt.
Die Dieselheizer sind am fluchen,
wenn sie müssen die Löcher suchen.
Da beginnt ein flicken und kleben,
denn auch das Vorderrad ist nicht lang` am Leben.
Im Diesel kann er sich erholen von den schweren Tagen
und das Leben lässt sich dort ganz schön ertragen.
Kaum ist er raus aus dem sicheren Versteck,
da lässt er auch vorne die Luft schon weg.
Von dort ab ging's Schlag auf Schlag,
etwas Neues mit jedem Tag.
Meine Herren ich bedaure sehr,
aber meine Alarmanlage funktioniert nicht mehr.
Die E-Heizer kriegen einen Schreck,
denn auch das Licht ist vollkommen weg.
Dies ist noch nicht der letzte Streich,
die anderen kommen gleich.
Schimpft und flucht man so sehr
der alte Bock er will nicht mehr.
Eines Abends als er wurde zum Kommandanten gebracht,
da hat er sich eine große Gemeinheit erdacht.
Der Kommandant steigt auf, denkt nichts dabei,
da ist auch schon die Kette runter, wie durch Hexerei.
Mit viel Müh' kommt die Kette auf ihren Platz,
doch das ist alles für die Katz',
denn nach 20 Meter froh und munter,
da sprang die Kette wieder vom Zahnrad runter.
Das Fahren wurde nun zur Qual,
denn der Vorgang wiederholte sich etwa noch 30-mal.
Doch auch dies' wurde wieder in Ordnung gebracht
und am Heiligen Abend fährt man besonders sacht,
man reitet wie auf jungen Fohlen

um den Kommandanten zur Weihnachtsfeier zu holen.
Nach dem er wieder abgeschmiert mit Öl und Fett,
lief er auch tatsächlich wieder ganz nett.
Auf einmal lief's mir eiskalt über den Rücken,
was musste ich da erblicken?
Zum Wald kam ich gerade noch hinaus,
da war aber auch schon die ganze Luft vom Hinterrad raus.
Ich nehm' die Pumpe und pump und pump,
doch der Hund, der ist ein alter Lump.
Mit der Karre war's gescheh'n,
der Kommandant muss zu Fuß zur Weihnachtsfeier geh'n.
Und nun ist wieder der alte Mist,
nirgends ein Fahrrad zu bekommen ist.
Der I. WO saust zur Werkstatt, „Swakopmund" und auch „Odin",
es haut einfach nicht mehr hin.
Hat man dann glücklich eins an der Pier,
so bürgt man mit dem Kopf dafür.
Meist kann uns dann nur eins noch retten
und zwar für eine Schachtel Zigaretten,
erklärt sich ein Mann der Wach- und Schließgesellschaft bereit,
sein Fahrrad zu leihen für kurze Zeit.
Das ist die Geschichte von dem Fahrrad
und was es alles auf sich hat;
über Herkunft und den Lebenslauf
klärt sie uns über vieles auf.
Über den Besitzer und wie er dazu gekommen,
alles hiermit aufgenommen.
Ja so ein Fahrrad, das hat Tücken,
kann aber auch erfreuen und beglücken.
Und wenn wir zum Schluss kommen leider,
dann sind nicht vergessen die tapferen Reiter.

Anlage 4

Der Di esel

gratuliert

zur

1o 000 000

Umdrehung

Ob.Masch.	_Heins_
Ob.Maat	_Schramm_
Masch.Maat	_Bachmann_
Masch.Maat	_Reitenwaller_
Masch.Ob.Gefr.	_Kiel_
Masch.Ob.Gefr.	_Quandbourg/M._
Masch.Ob.Gefr.	_Kaeding_
Masch.Ob.Gefr.	_Buchwald_
Masch.Gefr.	_Herrdenleb_
Masch.Gefr.	_Fabrizzi_

Was für das U-Boot ist
der Kommandante
Was für den Neffen ist
die reiche Tante
Was der Blumenkelch ist
für die Bienen
sind die Diesel-Heizer
für die Maschinen
Was braucht der Seemann
nach Genuss von Hammelköhler
Alkohöler-Alkohöler

Quellenhinweise und Literaturauswahl

Ungedruckte Quellen:

Kriegstagebuch U 1223 (nur Ausbildung) auf Microfilm-Rolle T 1022 (Rolle 3463)

Gedruckte Quellen:

Alman, Karl:
Ritter der sieben Meere, Rastatt 1975

Bekker, Cajus:
Verdammte See. Ein Kriegstagebuch der deutschen Marine, Herford 1978

Blair, Clay:
Der U-Boot-Krieg 1942-1945, München 1998

Busch, Rainer / Röll, Hans-Joachim:
Der U-Boot-Krieg 1939-1945
Band 2: *Der U-Boot-Bau auf deutschen Werften 1935-1945*, Hamburg, Berlin, Bonn 1997
Band 3: *Deutsche U-Boot-Erfolge 1939-1945*, Hamburg, Berlin, Bonn 2001
Band 4: *Deutsche U-Boot-Verluste von September 1939 bis Mai 1945*, Hamburg, Berlin, Bonn 1999

Dönitz, Karl:
Zehn Jahre und Zwanzig Tage. Erinnerungen 1935 bis 1945, Koblenz 1985

Hadley, Michael L.:
U-Boote gegen Kanada, Herford und Bonn 1990

Hadley, Michael L.:
Der Mythos der deutschen U-Bootswaffe, Hamburg, Berlin, Bonn 2001

Hirschfeld Wolfgang:
Feindfahrten, Das Logbuch eines U-Boot-Funkers, Wien 1982

Högel, Georg:
Embleme, Wappen, Malings deutscher U-Boote 1939-1945, Herford 1987

Kurowski, Franz:
Krieg unter Wasser, Düsseldorf 1979

Lange, Ulrich:
Auf Feindfahrt mit U 170, Radebeul 2002

Mallmann, Showell, Jak P.:
Die U-Boot-Waffe, Stuttgart 2001

Mulligan Timothy P.:
Die Männer der deutschen U-Bootwaffe, Stuttgart 2001

Rohwer, Jürgen / Hümmelchen, Gerhard:
Chronik des Seekrieges 1939-1945, Herrsching o. J.

Ruge, Friedrich:
Der Seekrieg 1939-1945, Stuttgart 1962

Topp, Erich:
Fackeln über dem Atlantik, Herford 1993

Wetzel, Eckard:
Der U-Boot-Krieg im Nordmeer, Utting o. J.

Bildnachweis:

Seite 70: „Fort Thompson" - Bibliothek für Zeitgeschichte in Stuttgart

Alle weiteren Fotos sind uns von den noch lebenden Besatzungsmitgliedern bzw. deren Angehörigen zur Verfügung gestellt worden (siehe Vorwort)!

Für Ergänzungen und Berichtigungen sind die Autoren dankbar.

Bitte senden Sie Ihre Hinweise mit präziser Quellenangabe an:

Hans-Joachim Röll
Obertorstrasse 8
97228 Rottendorf
Tel.: 09302-1685
Fax: 09302-3258
E-Mail: h.j.roell@t-online.de

oder

Besler Michael
Bahnhofstrasse 7
97228 Rottendorf
Tel.: 09302-3362
E-Mail: beslermichael@arcor.de